La Mafia en La Habana

La Mafia en La Habana

Enrique Cirules

ocean
sur

SEVEN STORIES

New York • Oakland • London

Seven Stories Press/Ocean Sur
140 Watts Street
New York, NY 10013
www.sevenstories.com

ISBN: 978-1-925317-31-2 (paperback)

Publicado originalmente como El imperio de la Habana, Editorial Letras Cubanas, Habana.

151267049

Índice

Agradecimientos

Quiero expresar mi reconocimiento a Frank Agüero Gómez, exdirector del periódico *Bastión*. Él me incitó a escribir este libro, publicándome en sus ediciones dominicales, a finales de 1989, una serie de artículos (en coparticipación con la licenciada María Mercedes Sánchez Dotres) sobre el narcotráfico internacional.

En posesión de un conjunto de importantes testimonios orales sobre la presencia de la mafia norteamericana en Cuba, la tarea más difícil (para la verificación de estas fuentes) fue la investigación a través de los documentos de la época, que pude realizar gracias al Archivo Nacional de Cuba, de sus especialistas, técnicos y empleados. Esa institución, dirigida por la doctora Verarda Salabarria, puso en mis manos valiosos fondos documentales, y la licenciada Mayra Mena resultó una eficaz colaboradora.

También estoy en deuda con la dirección de la Biblioteca Nacional José Martí.

Mi agradecimiento a la doctora Lucía Sardiñas, por su apoyo en el proceso de la investigación.

A Blas, custodio del desaparecido Archivo de Seguridad Social, quien puso sus conocimientos a mi servicio.

A la licenciada María Mercedes Sánchez Dotres, mi estrecha colaboradora, no sólo durante el proceso de la investigación; sino en el resultado final del proyecto.

Pero en un acto de sincera justicia, debo decir que el tema de la mafia norteamericana en Cuba tiene un gran precursor en el viejo obrero gastronómico Benigno Iglesias Trabadelo, quien durante los años sesenta escribió la monografía: *El Primero de Enero y el Hotel Deauville*. Iglesias Trabadelo, nacido en España en 1911 (en el nordeste de Asturias), arribó al puerto de La Habana en 1927, para iniciar un largo peregrinaje, como empleado de bodega, dependiente en bares, chofer de turismo. En 1947, empezó a trabajar en la red de restaurantes y cabarets de La Habana; cantinero en la ciudad de Caracas, Venezuela, en 1950; para volver a Cuba y emplearse en el Cinódromo de la Playa de Marianao, siendo uno de los primeros obreros gastronómicos que trabajó en los hoteles Havana Hilton, Flamingo, y Deauville.

Aunque Benigno conoció de manera directa muchas de las historias relacionadas con los más importantes mafiosos norteamericanos radicados en Cuba, su monografía permaneció inédita. En 1990, fui a visitarlo; y además de ofrecerme sus preciados testimonios, contribuyó generosamente a la investigación entregándome su libro.

Quiero agradecer también las enseñanzas del periodista Enrique de la Osa, por ser reflejo de su época, y dejar montañas de extraordinarios testimonios sobre los problemas sociales, morales y políticos de la nación cubana, en artículos y crónicas, publicadas en la sección «En Cuba» de la revista *Bohemia*.

Debo expresar también mi reconocimiento al escritor Imeldo Álvarez, quien me trasmitió las historias más fascinantes sobre la deslumbrante Habana durante los años cincuenta, presentándome de manera oral a don Amadeo Barletta Barlleta, Amleto Battisti y Lora, a George Raft, y a otros célebres personajes de la mafia y la política.

El doctor Elio Dutra me introdujo en el mundo artístico y social de la época; y mi amigo Oscar Fernández Padilla, testimonió sobre las fuerzas que se opusieron a los grupos mafiosos de La Habana. Fernández Padilla dirigió el proceso de rehabilitación a través del cual se incorporaron a la sociedad decenas de miles de prostitutas, que ejercieron esa profesión impelidas por la miseria.

Ofrecieron también sus testimonios, o fueron consultados en algún momento: Luis Sexto, periodista que aportó interesantes observaciones sobre el proceso que condujo al golpe de Estado del 10 de marzo de 1952. Miguel Ángel Domínguez, miembro del comando que ajustició al coronel Blanco Rico (jefe de los Servicios de Inteligencia Militar del régimen en 1956) en el cabaret Montmartre. Carlos Dotres García, de profesión telegrafista, jubilado. Arístides Guerra, (El Rey del Condumio), combatiente del Ejército Rebelde. Jorge Ibarra, historiador, por su ayuda y consejos. Julio Le Riverend, eminente historiador cubano. Naftalí Pernas, cuadro del aparato clandestino del Partido Socialista Popular. Juan Portilla, secretario del líder azucarero Jesús Menéndez, asesinado durante el proceso macartista en Cuba, en 1948. Gervasio Reimont, alcanzó los grados de capitán en los servicios secretos de la seudorrepública. En realidad, se trataba de un revolucionario infiltrado en las cúpulas político-militares del período (1934-1958). René Santiesteban Ochoa, de profesión abogado, jubilado. José *Pepe* Sosa, funcionario del Ministerio de Cultura. Como antiguo *dealer* en los casinos de la fabulosa Habana resultó una valiosa fuente oral de la época. Graciela Tabío, redactora de la Editorial José Martí. Evelio Tellería, periodista, especialista en el movimiento obrero cubano. Alfredo Viñas, exdirector de Radio Habana Cuba. Aportó sus profundos conocimientos sobre el mundo de la política, y la llamada alta sociedad habanera.

El autor asumió los testimonios del grupo de obreros gastronómicos que sirvieron de fuente a Iglesias Trabadelo: Lorenzo Sosa Martínez, Humberto Fernández, Rafael Carballido, Bruno Rodríguez, Juan Rivera, Emilio Martínez Hernández; el bodeguero Prieto; y otros empleados de hoteles, casinos y cabarets de La Habana. El chino Portela nos brindó importantes referencias no solo de su conocimiento directo; sino de lo que se ha conservado a través de la tradición oral.

Por último, deseo expresar mi gratitud a un grupo de personas, entre los que se encuentran dealers, dependientes de salón, cantineros, ascensoristas, parqueadores, antiguos choferes, o empleados que tenían acceso a las salas de juego, a salones, habitaciones y oficinas de célebres mafiosos. A viejos empleados bancarios. A los que prefirieron ofrecer sus testimonios de manera anónima.

A la señora Celina Ríos, y a su esposo Jorge, que me acogieron generosamente bajo su techo en los meses finales (los más difíciles) para la terminación de *El Imperio de La Habana*.

Enrique Cirules

Introducción*

Durante los años en que trabajé en el puerto de Nuevitas —hace casi cuatro décadas—, conocí un viejo *Liberty* de la Pacific Line que realizaba continuos viajes hacia el Lejano Oriente. El barco traía un sobrecargo hindú; silencioso, de blanco turbante, con una enorme barba, que, tan pronto como el buque concluía las maniobras de atraque, dejaba el mercante para internarse en aquel laberinto de barras, cantinas, bares y burdeles que proliferaban en la zona.

En un puerto suelen ocurrir las más insólitas revelaciones. Ese legendario personaje era íntimo de unos hermanos que regenteaban la más importante consignataria del lugar, encargados incluso de atender el tráfico de buques de la García Line, hacia los puertos del Golfo. Eran gente de mucha fama, dados a las extravagancias: al Buick último modelo, a las mujeres más hermosas de la comarca —el mayor de los hermanos, cada vez que proyectaban una película de gángsters, acudía al cine del pueblo donde, amparado en la penumbra de la sala, solía masturbar a su esposa—, además de añadirle al ron Matusalén los más delirantes polvos.

Lo cierto es que el dependiente de una de las cantinas del puerto ganaba veinticinco pesos al mes y almuerzo o comida, según fuera

---

* Para la edición de 1993, publicada por Casa de las Américas, año en que esta obra fue premio de esa institución, en el género testimonio. (*N. del E.*)

el caso; estos hermanos le ofrecieron que viajara a La Habana, de un día para otro, pasaje pago en el expreso con retorno al día siguiente, y treinta pesos de gratificación, a cambio de que llevara consigo algunos presentes.

Fueron tres, quizás cuatro los viajes que realizó. Los hermanos aparecían a la siete de la noche en la estación del ferrocarril con dos grandes jabas de pescado fresco en hielo, el pasaje, los treinta pesos, y en diez minutos despedían al emisario. El asunto era llegar a La Habana, tomar un taxi, buscar una dirección en la calle Zanja, tocar en la puerta y entregar las jabas a un personaje que, sin dar siquiera las gracias, daba cinco pesos más de regalía.

El muchacho —seis años mayor que yo—, salía de nuevo a la calle, desayunaba en un café barato, alquilaba una posada de a peso, dormía tres o cuatro horas, se levantaba rayando el mediodía, se duchaba, se ponía la vieja guayabera de ocasión, y después de ingerir algo se dirigía hacia uno de aquellos burdeles de la calle Zanja, a refocilarse por dos pesos con alguna muchacha. Luego, una media hora antes de que el expreso partiera hacia Puerto Tarafa, se presentaba en la Estación Central.

Pero ocurrió que al tercero o cuarto viaje, la curiosidad le hizo examinar una de las jabas. Nunca lo hacía, para evitar ese olor desagradable del pescado; pero en esta ocasión, antes de cumplir con el encargo, registró hasta encontrar el motivo de aquel trasiego; se trataba de varios paquetes envueltos en papel grueso, parafinado, de los que se usan para envolver manteca, y dentro, unas barras que podían pesar un kilo cada una, de un color ocre y un olor peculiar, desconocido. Algo sospechaba. Algo había oído; y de inmediato tuvo la certeza de que lo habían convertido en correo para pipas de ensueño, todo por tres billetes de a diez y un pasaje en el expreso de la noche.

Regresó al puerto; al no encontrar a ninguno de los dos hermanos, fue a donde estaba su patrón —garante de los viajes—; mas el señor Rasca se disculpó con una frase: él nada sabía, nada tenía importancia. Pero de cualquier modo, mi amigo se sentía engañado, y como era de carácter violento, arrinconó al patrón contra una pared y le puso una sevillana en el cuello, mientras Rasca se deshacía en excusas y perdones.

Al otro día la policía local lo detuvo. Lo fueron a buscar y lo internaron varios días en un calabozo, hasta que un teniente le aconsejó: lo mejor que podía hacer era arreglarse con el dueño, porque la próxima vez le traería muy malas consecuencias. Fue a ver a su patrón; Rasca le entregó un cheque por trescientos pesos, recomendándole que no tratara el asunto con ninguno de los hermanos; debía olvidarse incluso de la dirección de Zanja, comprar con el dinero aquel un auto de uso y dedicarse a chofer de alquiler, porque no lo quería ver más por su negocio.

Quince años más tarde leí por primera vez *El padrino*. Confieso que su lectura me dejó impresionado; no por el lenguaje, ni por la estructura del libro, ni siquiera por la misma historia narrada, sino por una cierta sabiduría que encierran sus más atractivos pasajes —además de enigmas humanos—, elementos que, tienen sus raíces en obras de algunos maestros del renacimiento italiano. Pero el libro de Puzo transcurre en los Estados Unidos, a partir de los años veinte, y se desliza hasta llegar a nuestros días (por lo menos en las películas que originaron esos textos).

De igual modo, aquel libro resultó también algo frustrante, por la sencilla razón de encontrarme ya persuadido de que la mafia que conocieron los cubanos no era esa hampa que Puzo nos presenta con maestría singular. En el caso de Cuba, yo sabía algunas otras historias, a través de algunos nuevos amigos que conocieron a la deslumbrante Habana en los días en que Meyer Lansky inauguraba el Hotel Riviera; y aunque por entonces algunos trataron de incitarme, nunca escribí una sola línea sobre algo que, sin dudas, hubiera resultado fascinante.

Después, el tema fue convirtiéndose en asunto cotidiano; embrujo casi extraordinario, especialmente a través de la literatura, donde no pocos autores han alcanzado notoria celebridad, quizás por lo imprevisible de historias que, a fuerza de tanto repetirse, el gran público las asume como la mejor manera de acercarse al núcleo de un gran misterio; pero para un cubano como yo —teniendo en cuenta que algunos de estos autores han incluido en sus cintas o textos audaces alusiones a la voraz presencia de una mafia en La Habana—, además de provocarnos a una gran reflexión, el estudio histórico de este asunto era cada vez más excitante.

En relación con Cuba —aunque no se había realizado hasta ahora un estudio— era tácito que lo real o verdadero en relación con la presencia de la mafia norteamericana siempre había sido algo más pavoroso.

Luego realicé mi primer viaje a Colombia, en el verano de 1988; poseía muchas referencias sobre aquel país, a través de lecturas de buenos libros; y conocía a algunas personas que siempre traían historias y leyendas. Fue un viaje de apenas cuatro semanas al país de los grandes contrastes: violencia, amor, riqueza, miseria, belleza, zozobra, ira o ternura. Gente extraordinariamente gentil y bondadosa. Nación de grandes ríos, colosales alturas, desmesuradas selvas, extensos llanos y praderas, y un hermoso paisaje costeño, con tantas playas, isletas y ensenadas.

Un año después —en el verano de 1989— regresé a ese país siempre tan querido por los cubanos, esta vez en compañía de María Mercedes, mi esposa; su abuelo había estudiado en Medellín a principios de siglo, y aquel viaje resultaba para ella algo muy grato. La estancia sería esta vez mucho mayor, no solo en Santa Fe de Bogotá, sino en la propia zona de la costa. Nos instalamos en la acogedora Barranquilla, con breves salidas hacia la antigua Santa Marta, o invitados por amigos del Congreso a la histórica Cartagena de Indias.

En realidad, fueron diversas las experiencias; pero ninguna comparable a esa generosa y cordial hospitalidad de los colombianos, ya sean costeños o de la meseta bogotana. Los vínculos entre colombianos y cubanos poseían un viejo y profundo pasado; muchos colombianos pelearon en las guerras anticoloniales que sostuvo Cuba contra España; muchos encontraron en Cuba mano amiga y refugio.

Esta segunda estación —casi tres meses— nos permitió conocer a un grupo de intelectuales, y entrar en contacto con el estudio de ciertos temas que resultan vitales para entender aspectos esenciales de aquel país. En Barranquilla conocimos además a jóvenes de gran talento: poetas y escritores, pintores, profesores universitarios, músicos o periodistas.

Uno de los recuerdos apreciados, fue iniciar amistad con el prestigioso Germán Vargas, quien desde el periódico *El Heraldo* constituía toda una institución. Amigo y profundo admirador de Cuba. Otro de esos recuerdos de estima fue entrar en contacto con el profesor Rafael Ortegón Páez, fundador de centros educacionales, un hombre profundamente preocupado por los problemas del estudiantado colombiano, y autor de un lúcido estudio: *Vorágine alucinante en la historia de las drogas*. Sostuvimos excelentes diálogos con el profesor Ortegón, quien nos trasmitió sus experiencias sobre los diversos aspectos que concurren en la problemática contemporánea del narcotráfico internacional; y aunque ese no era el objetivo de nuestro viaje, resultó de sumo interés conocer los criterios que sostienen sobre el tema los estudiosos colombianos.

Coincidentemente por esos días se inició una de las más feroces campañas internacionales dirigidas a manipular los acontecimientos que se desencadenaron en Cuba durante junio y julio de 1989, siendo sabido que el tráfico y consumo de drogas en nuestro país era un asunto definitivamente resuelto, desde las primeras semanas de 1959.

De cualquier manera, los intentos por implicar a la Cuba revolucionaria en aquellos sucios manejos, como siempre, fueron resueltos por la nación cubana de una manera ejemplar. Es entonces —todavía en Barranquilla y más tarde en Santa Fe de Bogotá— que comprendí que no se podía escribir un libro sobre el narcotráfico sin abordar el mundo financiero y sus vínculos con los servicios de la inteligencia norteamericana. Además de los centros de la mafia radicados en Estados Unidos, que, durante años, de una manera reiterada, entrelazados con estas mismas fuerzas, se habían dedicado a atacar el proceso revolucionario cubano.

Sin embargo, después de publicar una serie de artículos que abordaban aspectos del narcotráfico, sentí que estaba ante un gran dilema: tenía suficiente información para escribir sobre ese flagelo, pero en realidad, el proyecto sería tomado de la montaña de información que se publica cada año —libros, revistas, artículos y noticias— sobre las drogas y los intereses norteamericanos. Decido entonces darle un gran viraje al proyecto. El narcotráfico internacional no era realmente una problemática cubana, sino asunto resuelto tan pronto como el Ejército Rebelde derrotó el esquema de poder imperialista impuesto en Cuba, para iniciar un proceso de justicia social con todas las fuerzas dispuestas a realizar las transformaciones esenciales del país. Ahora lo más importante —esta idea se abrió paso poco a poco— era estudiar a la mafia que había operado en Cuba, tema que ni siquiera había sido tocado. ¿Acaso las actividades de la mafia norteamericana habían alcanzado en Cuba las desmesuras que algunos autores o cineastas extranjeros afirmaban? ¿Acaso habían manejado tanto poder como la tradición oral de los cubanos aseguraba? ¿O se trataba de una simple ficción?

Decidido el rumbo que debía tomar la investigación, es necesario decir que al principio solo me propuse estudiar la presencia de algunos célebres personajes de la mafia que escogieron a La Habana como centro de operaciones o para residir de manera eventual, los cuales habían dejado a su paso una estela de misterios y leyendas propias de su profesión.

De inicio, el proceso de investigación reveló la casi inexistente bibliografía cubana. Los asuntos de la mafia habían sido tratados con una increíble discreción, amparados por una extraordinaria cobertura oficial; en la mayoría de los casos los mafiosos habían operado con el reconocimiento o documentación que los acreditaba como hombres de gran prestigio en el mundo de los negocios, controlando bancos, dominando periódicos, canales de radio o televisión, o liderando importantes compañías o empresas, además de otras muchas actividades puramente delictivas.

Para el estudio de este período (1934-1958) existía un grupo de testimoniantes que habían conocido a muchos de estos mafiosos; entonces empezamos a reconstruir sitios frecuentados, lugares de reuniones, características personales, sus gustos, comportamientos, métodos preferidos y, por supuesto, surgieron ayudantes y guardaespaldas, amigos, mujeres, y esferas de influencias; pero lo más asombroso fue comprobar la impunidad que llegaron a alcanzar, en todo un lapso que incluía la gestión de varios presidentes.

Eran tan increíbles algunos de los testimonios sobre este período histórico, parecían tan fantásticas las historias de las operaciones de la mafia en Cuba, que, para nosotros, también se hizo válido lo que el senador norteamericano Estes Kefauver había expresado en mayo de 1950, cuando empezó a estudiar las actividades de la mafia en los propios Estados Unidos: se trataba de «[...] una conspiración tan monstruosa y ultrajante que mucha gente no va a creerlo [...]».

Pero para fortuna nuestra no corrían los años de 1950 ni estábamos en ese proceso evasivo en que se diluyeron los asuntos de la mafia en los propios Estados Unidos; por lo que inicié de inmediato el fatigoso trabajo de verificación de cada una de las afir-

maciones testimoniales, lo que nos llevaría a utilizar o consultar
diversas fuentes:

1. Una vasta documentación de archivos.

2. La bibliografía existente sobre el tema en Cuba (en la mayoría
    de los casos las referencias procedían de autores extranjeros).
    Por supuesto que también tuvimos que utilizar importantes
    textos económicos, políticos y sociales de autores cubanos,
    sin los cuales resultaba imposible comprender los mecanis-
    mos de dominio sobre la nación cubana; aunque la mafia
    había sido considerada hasta nuestros días como un grupo
    marginal y por tanto excluida de los análisis históricos.

3. La prensa periódica de la época.

Como no se trataba solo de profundizar en las relaciones o vínculos
de la mafia norteamericana con las cúpulas político-militares del
poder aparente —para las cuales estaban reservadas una parte de
los fraudulentos negocios del Estado o el robo del erario público—,
era necesario además reflexionar sobre esa compleja coherencia de
negocios compartidos y de intereses comunes con los grupos financieros dominantes.

Una primera conclusión siempre nos condujo a una segunda
interrogante: ¿cómo fue posible que una vasta organización delincuencial pudiera operar en Cuba casi veinticinco años sin que se
produjera el más leve rechazo oficial? ¿Qué grupos políticos y
financieros —dentro y fuera de la Isla— estaban directamente com-
prometidos en la conformación de aquel *Estado* de corte delictivo?

En consecuencia, no era posible entender ni siquiera medianamente el alcance de la presencia de la mafia norteamericana sin
un profundo estudio de la realidad económica, política y social
de aquel período. Es más, para responder cualquier otra significa-
tiva interrogante, era de impostergable necesidad conocer cuáles

factores —no solo internos sino externos— hicieron posible que el crimen organizado de Estados Unidos pudiera crear un poderoso imperio en la mayor de Las Antillas.

Hoy podemos asegurar que las actividades de la mafia norteamericana en Cuba no solo se concretaron a los hoteles y casinos, drogas o prostitución organizada. Las más recientes investigaciones revelan que se trataba de un proyecto de más largo alcance, encaminado a ocupar espacios cada vez más rentables. Hasta ahora hemos realizado el estudio de cuatro poderosas *familias*, que desde los años treinta poseían un fabuloso entrelazamiento de intereses y no pocas contradicciones con el resto de la mafia norteamericana: estas *familias* estuvieron a cargo de Amleto Battisti y Lora, Amadeo Barletta Barletta, Santo Trafficante —padre e hijo— y el más célebre de todos los mafiosos que operaron en Cuba: «el financiero de la mafia»: Meyer Lansky.

Los primeros resultados de estas investigaciones fueron publicados en la revista *Bohemia*, en siete artículos, entre octubre de 1991 y abril de 1992.

Al final —junto a la bibliografía— incluyo un listado de testimoniantes y consultores sin los cuales no hubiera sido posible realizar con éxito la investigación. La tradición oral, como fuente histórica, ocupó un lugar de primer orden. Los testimoniantes —el autor asumió con su voz el conjunto de los testimonios— pueden agruparse en tres grandes grupos: antiguos hombres de negocios o intelectuales; revolucionarios profesionales; y empleados de las instituciones donde operaba la mafia norteamericana: *dealers*, choferes o sirvientes. Algunos empleados de hoteles y casinos han pedido el anonimato. Los juicios y apreciaciones de periodistas o historiadores consultantes han sido de gran utilidad.

Enrique Cirules
La Habana, noviembre de 1993.

El paraíso de la rumba

Hacía solo unas pocas semanas que Umberto Anastasia había sido visto en las salas del aeropuerto internacional de Rancho Boyeros, y luego en los más diversos sitios de La Habana, con una maleta de cuero, el sombrero de ala ancha, la cinta de tres pulgadas, el traje gris abierto, y aquel además de fiereza con el que solía impresionar.

La estancia de don Umberto sería muy intensa: permaneció cinco, quizás seis días con sus noches, tirando fichas en los más lujosos casinos, asistiendo a las carreras de caballos, y a veces bebiéndose algunas copas, en uno de esos bares conocidos, para salir siempre con los mismos amigos, antes de la medianoche, en busca del cabaret más rutilante del mundo.

Con sus arcos de cristal, «Tropicana» era ciertamente el más cautivante de los refugios; ofrecía sus mulatas de fuego; el bingo de moda, con diez mil pesos para el ganador; un restaurante con raras y excelsas exquisiteces, y la más poderosa banca de juego. Anastasia insistió en verlo todo. Deseaba pesar cada idea, cada riesgo; esa resistencia que pudieran encontrar sus proyectos. Martin Fox lo recibió con extremas atenciones, para que el director de «Crimen S.A.» se sintiera como en su propia casa. Le tenía reservada una de las mejores mesas, con el más eficiente y refinado camarero, y gratas sorpresas.

Por esos días, Rodney —afamado coreógrafo y bailarín— celebraba su sexto aniversario: seis años organizando fabulosos espectáculos. Ahora el cabaret mantenía en pista pasajes de «Tambores sobre La Habana» y algunos cuadros del «Tropicana Souvenirs».

También en Nueva York se hacían los arreglos para que el ballet «Las Perlas del Oriente» aterrizara en Boyeros con veinticinco filipinas de encanto y sus tres grandes estrellas: Loma Duque, Vivian Thom y Erlinda Cortés. Y como si fuera poco, se anunciaba el retorno de Nat King Cole, que cobraría cinco de los gordos por cada tres canciones.

Con su inconfundible cara leonina —manchas de lepra en el rostro—, Roderico Neyra (*Rodney*) desataba un torbellino de tambores y trompetas; y las provocativas mulatas atravesaban puentes, descendían por mágicas escaleras, se deslizaban a través de las múltiples rampas, arrastrando humos, olores, estallidos, relumbres, entre luces y sombras, en aquel marasmo de árboles, palmeras y flores, bajo el esplendor de las estrellas.

Ese año de 1957 los anfitriones desplegaron toda clase de fantasías para halago de los miles de turistas norteamericanos que venían a beber y a bailar, a probar fortuna en los casinos, también los polvos de la cocaína, y a refocilarse con las mejores cinturas de La Habana, además de cualquier otro gusto o preferencia, por muy exquisito o insólito que pareciera. Así que, con el arribo de los adinerados se ponían en cadena taxistas y logreros; surgían como por encanto una legión de ayudantes, prostitutas con ropaje de alcurnia y siempre algún que otro genuflexo de rango.

La Isla era el paraíso de la rumbera, la maraca y el ron. El reino de la tolerancia; el sitio donde todo se podía arreglar con la mayor impunidad, ya fuera en los veranos luminosos y ardientes o en los meses del invierno, cuando sorprendían los feroces nortes; y el vendaval de ocasión terminaba estrellándose contra la costa; pero en los hoteles y sitios de lujo, al margen de lo que pudiera acontecer, el clima siempre resultaba gratamente acogedor. Por sus pistas desfilaban las figuras más estelares, en noches poco menos que interminables, matizadas por escándalos, prodigios y hermosas canciones.

Mario García —manager del «Montmartre» y su gerente publicitario— se había convertido con rapidez en todo un personaje, a dos pasos de La Rampa, en aquel cabaret cerrado ahora a causa de la ruidosa muerte del coronel Blanco Rico. El Jefe de los Servicios de Inteligencia de Batista había sido sorprendido y baleado a la salida de los elevadores, y como aquello era algo más de lo que se podía tolerar, los cerebros instalados en el «Hotel Nacional», para evitarle malas impresiones a los turistas, decidieron enfriar un poco el asunto. Por lo pronto, cerraron el cabaret y se dispuso que el múltiple García partiera de inmediato hacia Caracas, con un show conocido como «Las mil y una noches». El espectáculo, que había sido montado por el excelso coreógrafo Pedrito del Valle, en adelante haría sus presentaciones en uno de los más exclusivos casinos de Venezuela.

Pero el más imprevisible de los escándalos sería protagonizado por la indescifrable «Zizi de París». Poco después de aparecer en escena, la vedette fue presa de un gran arrebato, por un severo abuso del polvo. Fue algo de locura, realmente, que llegó a costarle a González Jerez la gerencia del «Sans Souci», a pesar de que este no le permitió que volviera a la pista.

Rolando Laserie entonces comenzó a cantar a toda voz; había sido llevado por sus padrinos hasta los predios de Santo Trafficante Jr. y enseguida se vio promovido: se le montó una orquesta, se le pagó una ruidosa propaganda y se le instrumentaron las más diversas facilidades (con un repertorio que no pasaba de cuatro canciones) para convertirlo en uno de los cantantes mejor cotizados de la época.

Durante las temporadas de carreras hípicas, las más fuertes apuestas se concentraban en el «Hipódromo de La Habana»; aunque las noches siempre se mantuvieran sujetas a muchas contingencias, en razón de tratarse de un ganador o un perdedor ávido. Lo más natural era que los clientes más gastadores desearan darse unos tragos, antes de cenar en algún sitio elegante y desde el «Hipódromo», o alguna de las salas del «Jockey Club», salieran en sus autos por la Avenida 51, hasta encontrarse con el breve tejadillo rojizo que franqueaba las instalaciones del «Sans Souci».

El «Sevilla Biltmore» abría también un espacio muy selecto a las mismas puertas del Palacio Presidencial. Además de poseer una arquitectura de empaque, desde sus ventanales y balcones —y a través del copioso ramaje de los árboles del parque— se distinguían pedazos de la mansión palatina. La cabeza visible de aquel emporio recaía en el corso Amleto Battisti, eje de las más refinadas maquinaciones —era ya Representante a la Cámara—. Amleto, además, se preciaba de que cada mes pasaba por su hotel una nueva remesa de prostitutas, para goce exclusivo de sus huéspedes.

El porvenir de La Habana resultaba siempre muy prometedor para los grandes negocios. La inauguración del lujoso hotel «Capri» estaba prevista para el 15 de noviembre en la esquina de N y 21, con su precioso Salón Rojo: un extraordinario casino decorado con lámparas, cortinajes, sedas y mármoles, en un ambiente de fastuosa opulencia, además de estar atendido por George Raft. Carlyle, otro de los afamados coreógrafos habaneros, era el encargado de preparar el espectáculo de apertura.

Las actuaciones de Naja Kajamura resultaban también fascinantes. Llegaba con los sugestivos bailes del Brasil y obtenía de inmediato un excelente contrato, para bailar dos veces en la noche, combinando su misterio con los más sutiles temores, porque la brasileña, en medio del baile, dejaba que varias serpientes se enroscaran en su cuerpo.

Había otras estrellas que gozaban de una fama poco menos que excepcional. Tal era el placer casi místico que producía en algunos las presentaciones de la pareja de baile Ana Gloria y Rolando. Constante inquietud la de aquella forma femenina. Rolando, el más experimentado, cuyas exibiciones se remontaban a 1944, en un noctámbulo conocido como «El Faraón», en la zona más pecaminosa del barrio chino, cuando todavía no había sellado pareja con la estupenda Ana Gloria.

Lucy Fabregas se reveló entonces como una gran sensación. Le gustaba el perfil marino de la ciudad, y acabó instalándose con sus canciones en el «Tolly Ho». No deseaba volver a Puerto Rico. Había encontrado en La Habana un marco propicio para su voz, acorde con su magistral estilo.

Al margen de los acontecimientos que ya estremecían a la Isla, lo de Gaspar Pumarejo sí que tenía el viso de la gran estafa. Pumarejo fue quien introdujo en Cuba esa pasión desmesurada por los golpes de suerte. Toda una filosofía de falsas esperanzas a través de la televisión. Apoyado en las técnicas más novedosas, lanzó la promesa de que, si una persona era lo suficientemente sagaz, en un acto casi mágico, podía ganar hasta sesenta y cuatro mil pesos. Poco se sabía entonces de los tratos secretos en que andaba Pumarejo con don Amadeo Barletta. De aquello surgiría algo así como un sueño de verano; un sentirse volando sobre una alfombra. En razón de las preguntas, usted dejaba o tomaba el premio en el momento en que lo apeteciera; surgían los imprevistos, como en un gran relámpago, reforzando la credibilidad de los programas de Pumarejo. Algo así fue lo que ocurrió con de Pastor Villa, un perfecto desconocido que fue utilizado como una gran pala. Lo presentaron en la televisión como un agente de productos farmacéuticos llegado de los confines de Pinar del Río, si no, ¿cómo era posible que respondiera tan diversas y complejas preguntas?

Auxiliado por Otto Sirgo, Pumarejo sería el anfitrión de las más estelares figuras de uno y otro continente trajo incluso a La Habana a la Marta Ruth para que desplegara sus encantos teatrales; pero el éxito de mayor resonancia lo alcanzaría con el contrato que firmó con Renato Carsone. Desde la misma Italia, Carsone arribó a La Habana de manera triunfal. Había cumplido los treinta y seis años, y era el director musical, pianista, compositor y arreglista de un grupo que contagiaría a los cubanos con Marcelino, su pan y su vino. ¡El juego! ¡Aquel rejuego de la suerte! La propaganda afirmaba que cualquiera podía descubrir el gallo tapado de Crusellas, con su torrente incontenible de plata. El jabón Rina, duro de verdad, dando guano en cantidad; en aquella estelar fanfarria que reforzaba la irresistible ilusión de que un flamante Pontiac podía estar escondido entre tapita y tapita de una lata.

> Cuba (escribía un cronista de entonces) se había convertido en el país de las sorpresas; la casa de apartamentos apretando el tubo que contenía el dentífrico; o en la misma cocina, mientras esperaban que el arroz creciera y soltara la balita de la suerte; o dentro de una batea, restregando ropa con un jabón. Juanita se encontraba en la ducha, cantando «Abrázame fuerte», cuando se produjo el desparramo del cuerno de la fortuna; pero si usted asistía a un Match de boxeo, y le empezaban a levantar el brazo al ganador, y el ganador era el mismo que estaba tirado en el suelo, noqueado, no se fuera a sorprender; porque esta Isla es el país de las grandes sorpresas [...].[1]

Todo manipulado. Todo escamoteado. Se conformaba con la mentira el mayor de los cultos. En medio de la miseria, se ponían en práctica las más diversas variantes del engaño; cada vez más refinado, alentándose una esperanza siempre amarga. En los propios Estados Unidos, en un artículo publicado por el *New York Times* firmado por el periodista R. Hunt Phillips, se reconocía que:

El juego ataca a Cuba como una tempestad. Las amas de casas se pasan la vida recortando cupones y tapas de cajas. Los programas del juego han invadido la *TV* con la fuerza de un huracán tropical [...]. Aún los grandes establecimientos han sucumbido. Cada cliente recibe un cupón por cada peso que gaste. —El gobierno suerte— [...].[2]

Hacía cinco años que el general Batista se había convertido en dueño absoluto del poder. Después de realizados los grandes arreglos, entró en el Campamento de Columbia para instalar en Cuba una sangrienta tiranía; pero de cualquier forma, ciertos negocios marchaban de maravilla, sobre todo aquellos que estaban amparados por los más exclusivos hoteles y casinos, restaurantes y cabarets. En la zona del puerto, eran cada vez más sórdidos los sitios nocturnos. Las casas de camas se extendían con rapidez. No había un sitio vital en la ciudad que no contara con un expendio de drogas, una mesa de juego, un apuntador, y cientos de prostitutas.

En vísperas de inaugurarse los más fascinantes hoteles se construía con rapidez; en la capital se abrían nuevas y hermosas vías; se levantaban edificaciones destinadas a la administración de aquel Estado de corte delictivo y a los centros financieros. Incluso ya se podía cruzar por debajo de la bahía, a través del sonado túnel de La Habana, enlazando la urbe con las playas del Este, en función de las más audaces inversiones que proyectaba la mafia norteamericana, desde la ribera del Jaimanitas a los blancos arenales de un Varadero tan promisorio.

Todo estaba saliendo a pedir de boca, en aquella Habana de un millón de habitantes, con miles de bares, cantinas, y pequeñas barras atendidas por una legión de muchachas que operaban con una eficiencia casi proverbial, cobrando desde una mínima cuota hasta las citas memorables, concertadas en exclusivas mansiones, siempre regidas por célebres matronas. Todo organizado. Todo calculado. Todo controlado. Marina[3] fue una cabeza visible de singular relieve.

Mientras la mitad de la población se encontraba en el desamparo. Era usual que por las calles deambulara un ejército de mendigos, huérfanos, enfermos, y viciosos. En cada esquina usted podía encontrarse con una vidriera de la bolita, el billete de la lotería, un bingo, el siló y la siete y media. Abundaban también los tiradores de la yerba de la locura. El polvo, no; era demasiado refinado y se consumía solo en los sitios de mayor prestancia.

En aquellos días el calor extremó su furia sobre La Habana; pero al gran Anastasia la capital cubana le resultó sencillamente encantadora. Los negocios prometían. El asunto era presionar un poco más, para que todos comprendieran que una maravilla como aquella no podía ser un coto cerrado. Por lo demás, de qué preocuparse, ¿presos?, ¿torturas?, ¿asesinatos? Ni siquiera tenía importancia que —después del presidio, exilio y desembarco de Fidel Castro—[4] ese año de 1957 se iniciara en Oriente con tambores de guerra. Se sabía que habían desembarcado, que habían sido sorprendidos y casi aniquilados. Se sabía que unos pocos habían logrado reagruparse y que, siempre en son de guerra, Fidel se había internado con doce hombres en los montes de la Sierra Maestra.

Fue a mediados del año cuando se restituyeron las garantías. No era mucho, pero se abrió un breve espacio en la férrea censura; en poco menos de una semana, los rumores aparecieron como informaciones ciertas. Al igual que los embates de un gran ciclón, las noticias sobre muertos, torturados, tiros y tiroteos, no se limitaban a las zonas de Oriente. En Pinar del Río el festival del tabaco se deshizo entre estallidos y llamas; ardía el edificio destinado a cuartel en San Juan y Martínez; se reportaban sabotajes, incendios y explosiones en Cienfuegos, Rodas y Camajuaní. Las carreteras del país aparecían como si fueran un mar de puntillas, alcayatas y grampas. Entre Güáimaro y Las Tunas los cadáveres de tres jóvenes debajo de una alcantarilla; en los bateyes, centrales y caseríos ondeaban banderas, proclamas y cartelones del «26 de Julio»; y dos campesinos en Guantánamo torturados, asesinados y colgados de un árbol. Candela en los cañaverales de Cárdenas. La explosión de una gran bomba en el centro de Camagüey; y la tea incendiaria arrasando con los campos de Jaronú, Cunagua, Jagüeyal, Steward y Ciego de Ávila. El Ejército y la Policía, por su parte, reprimían a los ferrocarrileros de Morón. Dos muertos en la carretera de Palma Soriano; sabotajes en Varadero, Banes y Puerto Padre; y cerca del Mariel un joven negro con dos tiros en la cabeza. Una madre denunciaba que a su hijo lo estaban destrozando en el regimiento «Leoncio Vidal» de Santa Clara; y un policía resultaba herido a balazos en un parque de La Habana; mientras que, en el Norte de Oriente, el coronel Fermín Cowley se declaraba dispuesto a erradicar cualquier vestigio de comunistas.

Desde La Habana, y según despachos dirigidos a Prensa Unida por el periodista Francis L. Carthey, el ejército de Batista había concentrado sus tropas contra el grupo de alzados en armas. Una especie de anillo de acero, cercando la zona donde se encontraban los guerrilleros de Fidel.

La prensa cubana acogió la nueva situación insertando en sus páginas una entrevista con el coronel Barreras.[5] Desde el central «Estrada Palma», cuartel general de las operaciones del ejército, Barreras, jefe militar de las tropas, explayó su famosa declaración:

—Estamos aquí —dijo—, y si los rebeldes se deciden a topar con nosotros, liquidaremos el asunto.

Pero el 27 de julio —dos semanas más tarde—, en una acción que fue para la dictadura casi un misterio, el naciente Ejército Rebelde ocupó las instalaciones del central. Las tropas insurgentes permanecieron dos horas en aquel lugar, tiempo más que suficiente para que ardiera el viejo cuartel del central «Estrada Palma». Luego los insurgentes se retiraron; y con las primeras luces del alba, los vecinos se empezaron a contar unos a otros que, antes de que se iniciara el ataque, habían escuchado el bramido del guamo clamando por la guerra.[6] Fue un año realmente excepcional; pero para los grupos de la mafia norteamericana que operaban desde el «Hotel Nacional», los acontecimientos que se producían en el otro extremo de la capital cubana no representaban todavía un verdadero peligro.

Es más, para los sostenedores del poder, eran más cautivantes los encuentros concertados a la media tarde; o aquellas rutilantes fiestas nocturnas que se sucedían en sitios encantadores; o noticias para relazarse, sobre los ídolos de Bervely Hill, Malibú Beach y Bel Air: la pelirroja Maureen O'Hara había sido sorprendida, engarzada sobre tres butacas de un teatro. Lo de Robert Mitchum fue todavía más delirante. En medio de una fiesta —después de fumarse un pito de mariguana— comenzó a desnudarse, y alegando ser un incomprendido, se roció el cuerpo con una botella de salsa y se puso a gritar que era el más exquisito de los hambergues; pero el mayor de los desastres fue la implicación en que se vieron envueltas dos famosas de Hollywood: esa Ava Gardner de leyenda siempre tan fatal, encontrándose con Lana Turner, en un conciliábulo de refocilo pecaminoso, en un discreto rincón de Palm Beach.

La mafia lo tenía todo proyectado. Poco a poco las más grandes estrellas de Hollywood harían acto de presencia en la esplendorosa Habana.[7] El primero sería Frank Sinatra —se coronó ese año como un monstruo de la popularidad—, ahora que la Gadner estaba por asumir el papel de la gran duquesa de Alba.

Durante aquel año de espanto, la prensa norteamericana estuvo asegurando que el Congreso de Estados Unidos se encontraba acumulando pruebas para encarcelar a los principales capos mafiosos; mas en Cuba, dentro de un conjunto de intereses, personajes como Amleto Battisti y Lora o don Amadeo Barletta Barletta, resultaban grandes cabezas visibles. Respondían por una mezcla de negocios impunes, entre lo semilegal y el reino del hampa. En los rejuegos mercantiles del azúcar, sobresalía el gran Julies Wolf; y hasta el escurridizo y astuto Meyer Lansky era tenido como un honorable hombre de negocios. Luigi Santo Trafficante Jr. no sería la excepción, porque los vínculos y relaciones de la mafia llegaban hasta el mismo despacho presidencial.[8]

Fue poco después del mediodía que apareció Anastasia en el motel «Copacabana». En realidad, permaneció en aquel lugar casi tres horas, para sostener una virulenta discusión con los interesados; se dice que llegó a violentarse, como siempre, con esos gestos suyos tan temidos; se dice incluso que abrió la gran maleta de cuero, para que no quedaran dudas sobre su pretensión. Luego apareció aquella imagen sangrienta que recorrió con rapidez el mundo: don Umberto contra el piso de una acristalada barbería en el *Hotel Sheraton Park*, de Nueva York. Fue poco antes de las diez de la mañana del 25 de octubre. Los gángsters (fueron dos, cubiertos los rostros con bufandas, de treinta o treinta y cinco años, vestidos a la moda, sombreros con cintas de tres pulgadas y espejuelos verdes) entraron por la puerta central, atravesaron el lobby, se deslizaron hacia la barbería y se situaron justamente uno a cada lado del sillón número cuatro, antes de empezar a disparar.

Los grupos rivales dejaron decenas de muertos en las principales ciudades norteamericanas. Los servicios especiales estadounidenses estuvieron elaborando algunas tesis sobre esa guerra mafiosa que estremeció a Estados Unidos, persuadidos de que, el origen de todo, se encontraba en los inmensos intereses que se estaban debatiendo en la capital cubana. Fue una gran disputa, realmente. Un asunto muy escabroso, entre las *familias* del imperio de La Habana y los poderosos grupos mafiosos de Nueva York, porque nadie estaba dispuesto a ser excluido ni marginado del fabuloso reparto de Cuba.

Los primeros mafiosos en Cuba **2**

El hampa organizada en los Estados Unidos había iniciado sus actividades en Cuba desde los años tempranos de la década del veinte, con el tráfico de rones y alcoholes; pero la creación de un imperio delictivo como tal comenzaría a forjarse a finales de 1933, cuando se produjeron los primeros arreglos entre el recién estrenado coronel Batista y el «financiero de la mafia» Meyer Lansky, por órdenes expresa del gran Charles «Lucky» Luciano.

De inmediato se organizaron operaciones a cargo de cuatro familias mafiosas dirigidas por el corso Amleto Battisti y Lora, don Amadeo Barletta Barletta, Santo Trafficante —padre—, y el propio Meyer Lansky.

En 1935 Amleto Battisti ocupó las instalaciones del antiguo hotel «Sevilla Biltmore», a un costo de dos millones y medio de pesos —oro americano—.[1] El hotel arrastraba una hipoteca desde 1922, a cargo del *City Bank Farmers Trust Company*; Battisti, después de asumir la hipoteca, estableció su cuartel operacional en aquel viejo y elegante centro turístico, en lo más regio de La Habana, a cien metros del Palacio Presidencial. Dos años más tarde, para legalizar sus múltiples rejuegos, fundaría el «Banco de Créditos e Inversiones S.A.».

Del calabrés don Amadeo Barletta Barletta se dice con razón que era el «administrador de los bienes de la familia Mussolini en América».[2] Se afirmaba también que era un espía encubierto —en realidad era un doble agente—, sembrado en el área del Caribe. Lo cierto es que el Buró Federal de Investigaciones FBI lo incluyó en la lista negra del 7 de febrero de 1942, y ordenaron su detención y la confiscación de sus bienes; pero avisado por los grupos de la inteligencia-mafia instalados en La Habana, escapó de la Isla y fue a refugiarse secretamente a la Argentina; sin embargo, al término de la II Guerra Mundial, Barletta apareció de nuevo en la capital cubana, como representante de grandes compañías norteamericanas. Llegó a ser una autoridad financiera dentro del país; representante de la *General Motors*: ómnibus y camiones; autos Cadillac, Chevrolet, Oldsmobile y otros; además de importante accionista en laboratorios farmacéuticos; ordenó la construcción del edificio de Infanta y Malecón, conocido como la *Ambar Motors*; abrió el canal dos de la televisión cubana y controló el periódico *El Mundo*. De esta manera conformó en poco tiempo, a través del «Banco Atlántico», una vertiginosa escala de negocios, con decenas de compañías tapaderas (empresas o compañías fachadas).[3]

La presencia en Cuba de Santo Trafficante —padre—, se remonta a los días en que Lansky se estaba entrevistando secretamente con el coronel Batista.[4] Trafficante poseía una extraordinaria experiencia como organizador del juego en el sur de los Estados Unidos; y muy pronto sería designado lugarteniente de Lansky. En 1940, cuando Lansky volvió a instalarse en Nueva York —estaba por convertirse en uno de los artífices de los arreglos que se realizaron entre la mafia norteamericana y los servicios secretos de Estados Unidos para los asuntos de la II Guerra Mundial—, el viejo Trafficante pasó a controlar todos los intereses de la mafia en Cuba.

Por esa época Trafficante se encargó además de preparar «cabezas visibles», surgidas entre los grupos de la política cubana, para que administraran ciertos asuntos de la mafia en La Habana. Si durante los años treinta los negocios en la capital cubana estuvieron directamente manipulados por sicilianos, corsos, hebreos o norteamericanos, a partir de los primeros años de la década del cuarenta serían incorporados elementos nacionales que regentearían no pocos de los intereses múltiples,[5] sin que fueran los dueños. Esto le permitió a la mafia no solo controlar el poder aparente en la Isla, sino la cúpula de los diversos grupos que desde la oposición constituían futuras opciones políticas.

Pero sin dudas, el más importante de todos los mafiosos en Cuba fue el segundo jefe de la mafia norteamericana, Meyer Lansky, creador y jefe del Imperio de La Habana. Hebreo, nacido en Grozno, sur de la antigua Rusia zarista —en esa época territorio polaco—, y llevado por sus padres a Estados Unidos en 1911. Luego Lansky acortaría su apellido —Maier Suchowijansky— para ostentar uno más norteamericanizado.

Lansky es merecedor de un estudio especial por parte de los historiadores cubanos. Es necesario precisar que, desde los años treinta hasta finales de 1958, no se produjo en nuestro país un acontecimiento político de magnitud o un gran negocio, sin que estuviera presente su mano o su atención, ya fuera negociando de manera secreta o interviniendo a través de «cabezas visibles», como actuante o consejero.

De Lansky se dice que era una inteligencia práctica, ingenioso, persuasivo, que prefería actuar en la sombra. Gran amigo de «Lucky» Luciano desde los días de la infancia; estudiaron en la misma escuela, y cuando apenas eran unos adolescentes, se organizaron en el mundo delictivo de Nueva York. Estos grupos gangsteriles acumularon grandes fortunas en Estados Unidos, en los años en que imperó la Ley Seca; y entre 1930 y 1931 —después de la muerte de Joe *the Boss* Masseria y Maranzano—, «Lucky» Luciano se dio a la tarea de reorganizar a la vieja mafia radicada en los Estados Unidos; más de cien bandas de diversos orígenes quedaron refundidas en veinticuatro grandes grupos que conformaron la mafia norteamericana actual.

Los acuerdos subscriptos por la mafia norteamericana y el coronel Batista a finales de 1933 serían rememorados de la siguiente manera:

> Lansky viajó a La Habana para encontrarse [...] [...] con el hombre fuerte de Cuba [...] y regresó con los derechos del juego [...] incluyendo el control del casino que ya funcionaba en el Hotel Nacional [...].
> Otras fueron las empresas legales [...]. Cuando Lansky y yo empezamos a hablar de comprar propiedades, algunos nos miraron como si estuviéramos chiflados [...]. Algunos no podían ver más allá de un plato de espaguetis [...].[6]

Para el estudio y cabal comprensión del proceso que condujo a la creación en Cuba de un Estado al servicio del hampa norteamericana, es necesario remontarse a los reiterados intentos de Estados Unidos —desde principios del siglo XIX— por apoderarse de la Isla, a través de la cesión, compra o anexión de su territorio, con el confeso proyecto de aniquilar los proyectos y aspiraciones de la nación cubana. Actos y pretensiones advertidos y denunciados por el genio político y militar de José Martí.

Estas reiteradas ambiciones, en lo que se refiere al siglo XIX, pudieran resumirse con un fragmento de la carta instrucción que Washington envió al general de las tropas yanquis dispuestas en 1897 para el asalto militar a tierra cubana.

> Su pueblo (el cubano) es indiferente en materia de religión, y por tanto, su mayoría es inmoral; como es a la vez de pasiones

vivas, muy sensual; y como no posee sino nociones muy vagas
de lo justo y de lo injusto, es propenso a procurarse los goces no
por medio del trabajo, sino por medio de la violencia; y como
resultado eficiente de esta falta de moralidad, es despreciador
de la vida. Claro está que la anexión inmediata a nuestra fede-
ración de elementos tan perturbadores y en tan gran número
sería una locura, y antes de plantearla debemos sanear el país,
aunque sea aplicando el medio que la Divina Providencia aplicó
a Sodoma y Gomorra. Habrá que destruir cuanto alcancen nuestros cañones, con el hierro y con el fuego; habrá que extremar el
bloqueo para que el hambre y la peste, su constante compañera,
diezmen a su población pacífica [...].[7]

En consecuencia, el siglo XX se inició para Cuba con un conjunto
de imposiciones económicas, políticas y sociales, desde la primera
intervención militar de los Estados Unidos en Cuba, con la sumi-
sión de una maltrecha oligarquía criolla, cada vez más dependiente, que le permitió al imperialismo norteamericano, de una
manera acelerada, realizar el proceso de dominación de la economía cubana entre 1902-1933, período conocido como *protectorado*,[8]
en el cual la política exterior de Washington hacia Cuba estuvo
implementada a través de reiteradas intervenciones militares o
amenazas de intervenciones, refrendadas por la Enmienda Platt;
injerencias de los embajadores norteamericanos radicados en La
Habana, o actividades realizadas por los llamados «procónsules»,
designados por el gobierno estadounidense cuando se requería de
algún tratamiento especial, para conjurar o manipular acontecimientos que podían resultar escabrosos para Estados Unidos. Este
período fue regenteado por un selecto grupo de generales y docto-
res que, sin excepción, sirvieron de cobertura a los grandes intereses norteamericanos. De cualquier modo, este esquema de dominio
impuesto a la nación cubana en el primer tercio de siglo se agotó

definitivamente a fines de la década del veinte, como parte de la crisis de poder que enfrentarían los Estados Unidos en Cuba.

El nuevo período histórico que se abrió con el derrocamiento de la tiranía de Machado ha sido también analizado por el más nefasto de sus protagonistas, para justificar su actuación contra los intereses del pueblo cubano.

En la oportunidad en que insurge triunfante, bajo nuestra dirección, la Revolución de los sargentos en 1933, Cuba está en trance de convertirse en una República Soviética. El desorden, la matanza impune en las calles, el centenar de grupos y sectores proclamándose a sí mismos y actuando con autoridad; la falta de personalidad y de fuerza moral en el gobierno, impuesto al amparo de la Enmienda Platt, para mandar al Ejército y a la Policía que estaban, por su parte, en Estado de desintegración; la anarquía en el área laboral y el derrumbe de la raquítica economía que aún restaba —un verdadero caos, en fin—, constituían el ambiente propicio para la pequeña y organizada fuerza roja. En algunos centros de trabajo se habían establecido ya los soviets, y el sepelio en La Habana de los restos de Julio Antonio Mella, el 29 de septiembre de aquel año, asesinado en México años atrás, era el pretexto para repetir el golpe de Estado que instrumentara Trotsky contra Kerensky.

El Ejército en ciernes y la vocación democrática que le imprimimos a la Revolución Septembrista, lucharon bravamente para expulsar de algunos ingenios azucareros y de otros centros de trabajo a los prosélitos del Kremlin. En las memorias del embajador Summer Welles hay constancia de nuestra firme actitud contra los rojos.

Durante alrededor de un lustro, posteriormente, Cuba estuvo sumida en una fase de conspiraciones, atentados, terrorismo y agitaciones. Entonces, como sucedió después, individuos y organizaciones ambiciosas rechazaban el camino de las urnas. Las elecciones generales de 1936 no trajeron la paz, sabo-

teadas aquellas y esta por los comunistas, por sus entusiastas
compañeros de ruta y los que le hacían el juego por incompren-
sión o coincidencia. En ese estado, los comunistas y aquellas
otras organizaciones políticas y revolucionarias adoptaron el
lema de «Constitución primero», oponiéndose a la celebración
de otras elecciones generales, y como nuestro propósito perse-
guía un clima de paz y de estabilidad institucional, les tomamos
la palabra [...].

[...] Ni los partidos democráticos en los que descansó mi
candidatura, ni yo como líder produjimos en ningún instante
manifestaciones que se identificaran con aquella doctrina
(comunista)[9] o compartieran alguna de sus tendencias [...].[10]

Fue tal la maduración política de la sociedad cubana en los años
finales del machadato, que las fuerzas revolucionarias estuvieron
a punto de impartirle un viraje radical al devenir histórico de la
nación cubana. Sería solo a partir del 4 de septiembre de 1933 que
la reacción empezó a recuperar posiciones, hasta conferirle a la
sociedad cubana un nuevo rumbo de subordinación. Es por ello
que los servicios especiales de Estados Unidos se dieron a la tarea
de elaborar nuevas fórmulas, cada vez más sutiles, en un acelerado
reordenamiento de las tradicionales estructuras del poder en Cuba.

Este conjunto de acontecimientos nos obliga a un estudio más
perspicaz de los veinticinco años que precedieron al triunfo de la
Revolución Cubana. El período que se inicia en 1934 constituye
un espacio histórico en el que entran en Cuba nuevas fuerzas —a
veces entrelazadas de manera magistral— que en unos pocos años
entretejen una compleja red de maniobras encaminadas a neutralizar las aspiraciones del pueblo cubano, en un proceso en el que
rápidamente se fue conformando un Estado al servicio de los peores
espacios del hampa norteamericana.

Para el logro de este objetivo se pondría en marcha un nuevo
esquema, a través de múltiples operaciones configuradoras de las

cúpulas político-militares de varios presidentes. El estudio de este período revela la existencia de un grupo de rasgos generales válido para toda esta compleja y en lo aparencial contradictoria etapa de la sociedad cubana.

En primer lugar, en los inicios de la década del treinta se observa una acelerada penetración en la economía cubana de los grupos financieros liderados por la familia Rockefeller —en sus dos ramas: John y William—, y en especial en lo que se refiere a los intereses de la *Standard Oil Company of New Jersey*,[11] quienes utilizando un complejo empresarial-bancario de gran magnitud —*City Bank*, *Chase National Bank*, y más tarde el *Chase Manhattan Bank*— entraron a reforzar el dominio sobre la economía cubana.

Los nuevos grupos que asumieron el poder económico y financiero en Cuba: grupos Rockefeller y sus afines: la banca alemana norteamericanizada Schroeder, el complejo financiero Sullivan & Cromwell, en el cual eran prominentes figuras los hermanos John y Allen Dulles, y otros, también arrastraban uno de los más siniestros orígenes, con el soborno, el chantaje, la violencia contra sus competidores, en todos sus matices, en una mezcla de procedimientos pérfidos y brutales, puestos en práctica en los propios Estados Unidos.

Este fenómeno no ha sido todavía lo suficientemente estudiado, si tenemos en cuenta la magnitud de los intereses financieros que entraron en juego, marcando también los más importantes acontecimientos políticos y sociales del período.

El otro rasgo esencial es la entrada en Cuba de la recién organizada mafia norteamericana. Contrario con lo que hasta ahora se ha pensado, ni la mafia norteamericana fue un grupo marginal en el dominio de la sociedad cubana, ni el poder y control de la Isla por esta fuerza fue el resultado del golpe de Estado de 1952, sino su coronación. Desde sus inicios, la capital cubana se le ofreció a la mafia norteamericana como el más esplendoroso de los paraísos, con el turismo y el juego organizado, a cargo de las familias

de Amleto Battisti, Amadeo Barletta, Santo Trafficante —padre e
hijo— y Meyer Lansky, quienes serían los encargados de controlar
los negocios delictivos de La Habana, en un acelerado crecimiento
que, para 1940, situaba a Cuba como uno de los más importantes
centros de la delincuencia internacional.

Entre 1937 y 1940 Lansky se instaló de manera permanente en
Cuba, para fundar «[...] un verdadero imperio: nueve casinos y
seis hoteles [...]».[12]

La mafia norteamericana [nos dice en su libro testimonio
(inédito) el obrero gastronómico Iglesias Trabadelo] desde el
primer cuarto del siglo XX operaba masivamente los casinos en
los hoteles de turismo, en los cabarets, en los centros de diversión, en los clubs aristocráticos, y hasta en los barrios en que
existían garitos populares, como bien nos testimonió Stephan
Yluck Klein (Estéfano), conocido como un gran técnico gastronómico, un verdadero profesional, quien nos aportó en su larga
vida, desde los años treinta, tantas enseñanzas. Stéfano vino a
Cuba contratado por la *Cuban American Realty Company* (compañía tapadera)[13] que empezó a operar junto con otras empresas:
el hotel «Sevilla Biltmore», el «Gran Casino Nacional», el «Summer Casino», el «Chateu Madrid», el «Sans Souci», el «Hipódromo de La Habana», «La Concha», el «Habana Biltmore
Country Club», y otros. El «Gran Casino Nacional» era el más
fastuoso de las Américas, cuyas ninfas pasaron a «Tropicana»,
cuando el «Country Club de La Habana» lo compró para ane-
xarse el terreno [...].[14]

La mafia comenzó a operar en el Hipódromo importantes carreras, vinculada al turismo y las apuestas. Quedaron también controlados los juegos populares; se inauguraron los más delirantes
cabarets, y otros centros de esparcimiento y recreación: restaurantes, negocios de usura, hasta conformar una Habana que empezó
a ser conocida como «el París del Caribe» o «el burdel más des-

lumbrante de América». En la medida en que entraron a controlar bancos, fundaron empresas aéreas —se inició para Cuba la era de la cocaína—, entidades financieras, compañías de seguros, casas importadoras y exportadoras; y así otros muchos rejuegos, en una insólita piramidación,[15] que incluyó esferas del comercio, la industria, el transporte, los medios de comunicación: prensa escrita, radio y televisión, y por supuesto el manejo de la política.

En correspondencia con el poder económico alcanzado, era lógico que la mafia norteamericana formara parte de las fuerzas que irían modelando las más imprevisibles situaciones. Incluso, por el volumen de sus operaciones, se presume que las utilidades que ofrecía el Imperio de La Habana eran mucho más sustanciosas que lo que se podían obtener al amparo de la explotación burguesa del resto de la economía cubana.

La otra fuerza —la tercera— que comienza a operar de manera directa sobre la sociedad cubana fueron los servicios de Inteligencia de Estados Unidos. Si antes de 1933, eran usuales las intervenciones o amenazas de intervenciones militares, a medida que avanzó el dominio y corrupción del Estado cubano —y creció la rebeldía del pueblo—, la inteligencia norteamericana no solo se dedicó a observar los acontecimientos —porque ya no se trataba solo de estudiar o recoger información—, sino que, en estrecha alianza con los grupos financieros dominantes, y las familias mafiosas en La Habana —en un entrelazamiento donde los grandes negocios no pocas veces eran compartidos—, los servicios especiales de Estados Unidos empezaron a utilizar los más pérfidos métodos para manipular importantes acontecimientos, con el fin de encadenar cada vez más el destino de la nación cubana.

Este nuevo esquema de dominio se vería notablemente reforzado con los arreglos que se produjeron en Estados Unidos en 1942, entre la mafia norteamericana y la inteligencia de los Estados Unidos,[16] con la inmediata repercusión en los asuntos de Cuba.

Los servicios especiales norteamericanos se hicieron cada vez más ostensibles, mediante un proceso que, después de 1952, se extendería extraordinariamente, en la medida en que el movimiento revolucionario, dirigido por Fidel Castro, ganaba fuerza y prestigio. Las redes de la Agencia Central de Inteligencia CIA, y otras agencias especiales de Estados Unidos, extendieron cada vez más su poder. Liyman Kirkpatrik, controlador general de la CIA, investido por la administración de Estados Unidos con poderes excepcionales, a partir de 1955 empezó a realizar continuos viajes a La Habana, en operaciones de apoyo a la tiranía regenteada por el general Batista.[17]

Esta trilogía de fuerzas: grupos financieros-mafia-servicios especiales norteamericanos, constituyó el sector más diabólico hasta entonces radicado en la Isla, y responsable directo de un proceso cuyo resultado esencial sería la conformación de un Estado de corte delictivo.

Un estudio de este fenómeno, demuestra que para 1937-1940 ya en Cuba se encontraba en plena marcha un Estado extraordinariamente flexible, donde todo era perdonable, permisible, tolerable, más eficiente para los intereses norteamericanos y cada vez más represivo en lo que se refiere a las aspiraciones del pueblo cubano.

En unos pocos años se diseñó una deslumbrante Habana, para disfrute del turismo adinerado; y empezaron a efectuarse grandes operaciones con fortunas no legalizadas en Estados Unidos, a través de los bancos instalados en la capital cubana, utilizando a cientos de compañías tapaderas.

En fecha tan temprana como 1937, el *Chase National Bank* asumió la cobertura de los intereses de la mafia en el Hipódromo de La Habana.[18] Eran usuales también las típicas operaciones de «lavado», en las que participaba el *The National City Bank of New York*,[19] —téngase en cuenta que los bancos realizaban estas operaciones sin que el Estado cubano ejerciera control, y si alguna de estas operaciones era descubierta, se pedía excusa o perdón, simplemente, por la falta de profesionalidad, y eso bastaba —; o el reordenamiento que realizó el *The Trust Company of Cuba* con los negocios de la familia Barletta, cuando asumió en 1954 al «Banco Atlántico».[20] Para 1949, casi a diario entraba en Cuba, procedente de los Estados Unidos, una caja de seguridad que contenía un millón de dólares con destino al «Banco Gelats».[21] Además, existen evidencias documentales de que la mafia también operó de manera directa en el «Banco Financiero S.A.», controlado por un personaje que lideraba un verdadero imperio azucarero.[22] Estos pocos ejemplos, tipifican de inicio los múltiples y complejos entrelazamientos entre los grupos financieros y la mafia en Cuba.

El Gran Elegido —después Batista pasaría a ser el Gran Elector— se deslizó de sargento taquígrafo a coronel, de Jefe del Ejército a Mayor General, a través de un complejo y escabroso proceso, para el que dispuso de varios presidentes, antes de instalarse en 1940 en la Primera Magistratura.

La explicación de la exitosa vorágine política en la que ilustres personajes de Washington, genios de la mafia y selectos cuadros de la inteligencia norteamericana, se ocuparon de aconsejar, instruir y asesorar al usurpador del 4 de septiembre, hay que buscarla en las circunstancias excepcionales que por esa época atravesó la nación cubana.

Por entonces, las fuerzas dominantes desataron un conjunto de maniobras políticas dirigidas a neutralizar o reprimir la rebeldía popular, y para implementar internamente esas medidas, Batista resultó la figura más adecuada. El exsargento demostró que era capaz de garantizar estos objetivos. Pero al margen de cualquier otra consideración, es innegable que el éxito de sus gestiones estuvo dado esencialmente porque las nuevas fuerzas norteamericanas que se instalaron en Cuba estaban en un acelerado ascenso dentro de la propia sociedad estadounidense. Lógico era pues, que los intereses

de estas fuerzas pasaran a entrelazamientos que, en los prolegó-
menos de la II Guerra Mundial, poseían una coherencia realmente
pavorosa.

De cualquier modo, para asumir por entero aquel período
Batista tuvo que legalizar las operaciones del Imperio de La
Habana, en tanto que propiciaba un clima extraordinariamente
favorable para el desenvolvimiento de los nuevos grupos financieros. En el orden interno desató una feroz represión, además de realizar progresivamente un conjunto de maniobras poco estudiadas
todavía, a la imagen y semejanza con que abordó Estados Unidos
los acontecimientos internacionales de la época.

Un estudio pormenorizado de los años treinta, además de los
combates en el «Hotel Nacional», el asesinato de Antonio Guiteras
o la brutal represión a la huelga de marzo de 1935, incluiría también las operaciones y maniobras, tanto económicas como políticas,
realizadas con el fin de insertarse en la dinámica de los acontecimientos que se produjeron durante la II Guerra Mundial, que le
dieron a Batista la posibilidad de manipular no pocos aspectos del
proceso antifascista en Cuba.

Los años de 1937-1938 resultan vitales para entender este nuevo
y complejo período de la sociedad cubana. El esquema impuesto
por Estados Unidos: grupos financieros-mafia-servicios de inteligencia, resultó de inicio tan desconcertante, que no pocas personalidades reaccionaron extrañados, casi asombrados, antes las
maniobras que, como «cabeza visible» del poder aparente, iniciaba
el coronel Batista.

[...] Esas proposiciones [escribió en 1937 Eduardo R. Chibás,
en relación con los manejos de Batista para implementar la Ley
de Coordinación Azucarera y Moratoria Hipotecaria], sin duda
de ninguna clase, son de recia envergadura revolucionaria.
Por propugnarlas, hasta hace muy poco, lo acusaban a uno de
comunista y lo mandaban a la cárcel. Ahora las ha hecho suyas

el coronel Batista. El proyecto se lanza a fondo contra intereses poderosos que, dentro del marco colonial, tienen en sus manos la hegemonía económica que no se dejarán quitar sin presentar batalla, sin defenderse con todas las armas a su alcance. En realidad, por el presente, esos intereses no se sienten intranquilos; no creen en esa sinceridad revolucionaria. Solo ven en el Plan Trienal un procedimiento justificativo de Batista para mantenerse en el poder y suprimir las actividades políticas. No conciben que Batista denuncie la alianza con ellos, renuncie a la función cómoda y apacible de conservador del orden establecido, por el papel más responsable de reformador social [...].[23]

Batista —extraordinario simulador— manejó de manera triunfal los hilos del esquema de poder norteamericano en Cuba, asesorado por los servicios especiales de Estados Unidos. Pero cuando el presidente Franklyn Delano Roosevelt regresó de la reunión de Teherán, ya traía en su cartera un asunto que consideraba de singular importancia. Durante los años de la guerra, las ideas marxistas habían alcanzado un extraordinariamente auge en la mayor de Las Antillas, por lo que, a pesar de los compromisos y alianzas antifascistas, la inteligencia norteamericana consideró que ahora lo más importante en Cuba era la represión de los comunistas y el movimiento sindical.

Sin embargo, lo más asombroso de la maniobra es cómo encaró el gobierno norteamericano este asunto. Roosevelt no le entregaría esta delicada misión a las agencias gubernamentales de Estados Unidos, ni siquiera a su embajador en La Habana, míster Sprulli Braden; sino al «financiero» de la mafia, Meyer Lansky, porque las relaciones de la mafia eran tan cercanas con Batista que:

[...] cuando el presidente Franklyn Delano Roosevelt quiso convencer al dictador cubano de no reelegirse en las elecciones de 1944, Lansky fue escogido como intermediario estadounidense.

El método de Batista como dictador era ya bien conocido y los Estados Unidos no podían arriesgarse a una rebelión en la Isla en el momento crítico de la guerra. Lansky llevó a cabo su misión, y Grau San Martín fue elegido Presidente de Cuba [...].[24]

Los estudios de cómo se implementaron los arreglos entre batistianos y auténticos, asesorados por la mafia y los servicios de inteligencia de los Estados Unidos, están todavía por realizarse. Lo cierto es que para poder instalarse en el poder, Grau tuvo que asumir un conjunto de compromisos, entre los que estuvo incluir en su gobierno a un vicepresidente sin pasado histórico con el autenticismo.

El doctor Grau San Martín fue a situarse en una coyuntura en extremo compleja y vorazmente peligrosa. Las fuerzas con las que se comprometió le allanarían el camino hacia el poder. El gobierno de los Estados Unidos, sus servicios de inteligencia y la mafia norteamericana —incluyendo a un grupo de selectos cuadros que respondían a los intereses de Batista— impondrían sus condiciones.

No obstante, el análisis de los acontecimientos refleja que Grau mantuvo ciertas dudas en relación con las intrigas y confabulaciones de sus nuevos amigos. ¿Lo dejarían ocupar realmente la Presidencia? ¿Lo dejarían en Palacio por mucho tiempo? Siendo fiel a la verdad histórica, el profesor de Fisiología no era hombre que tuviera fama de ser un personaje «duro» en política. Más bien, casi todos lo creían capaz de cometer cualquier desvarío. Por eso, algunos no entendieron de inicio lo que estaba ocurriendo realmente con esas «inexplicables» alianzas. Pero Batista fue quien sorprendió a todos. Siguió al pie de la letra el proyecto de los «invisibles». La propia prensa norteamericana no lo creía capaz de asumir un papel al margen de la fuerza y expresaría su admiración al ver su extraordinaria flexibilidad.

Los primeros seis meses de 1944 —en el camino hacia las elecciones— estuvieron matizados por grandes maniobras, que ni siquiera los más cercanos colaboradores de los contrincantes a veces llegaron a comprender. La imagen de Batista emergió como la de un gran demócrata, incluyendo los medios internacionales. Atrás quedaban once años de felonías y abyectos manejos. Ahora Batista asombraba a todos con aquel derroche de cortesía y pulcritud, de la que hizo gala durante la campaña electoral. Todos, o casi todos, esperaban que forzara las lecciones, pero contrario a una lógica de largos desmanes, el general se convirtió en el más auténtico partidario del doctor Ramón Grau San Martín. Lo primero que hizo fue ordenarle a sus políticos y militares que bajo ningún concepto Grau fuera atacado, ni en el plano social ni en el político. Era su deseo que se llevaran a cabo las elecciones más democráticas que se hubieran efectuado en toda la historia de la República. Asistido por fieles ayudantes, movió los hilos más sutiles para que Grau no sufriera ningún percance.

Por esos días se realizaron muy silenciosas y extraordinarias manipulaciones en la que tomaron parte eficientes edecanes. Eugenio Menéndez, uno de los personajes predilectos del Presidente, lo acompañó a las reuniones más importantes, a las secretas y a las discretas. Menéndez era conocido como «el hombre misterioso del juego». Otros contactos recayeron en Jaime Marimé, secretario privado de Batista; y los arreglos que tenían que ver con la prensa fueron manejados por Antonio D'Torra, quien gozaba de su más absoluta confianza. D'Torra, de aspecto jovial, era la viva estampa del hombre bonachón; se aparecía a las redacciones de los periódicos con un sombrero de gran ala, que le cubría casi todo el rostro. De él se decía que, después de haber alcanzado los favores del poder, se había olvidado de sus viejos amigos.

Incluso uno de esos periodistas, más perspicaz, notó por entonces que algo raro se precipitaba sobre la política cubana, y escribió
lo siguiente:

[...] Inexplicablemente —aunque se supone que alguna explicación política tendrá— el general Batista trata siempre de
mantener, y de procurar, que sus amigos mantengan gentiles
relaciones con el doctor Ramón Grau San Martín.

En 1940, el candidato de la Coalición Socialista Democrática
subió un día a su auto color negro, puesto en la radio la conga
«Batista presidente», y se dirigió a 17 y J con el objeto de recoger
al doctor Grau e ir los dos a Palacio, donde tenían concertada
una entrevista con el entonces Jefe de Estado, doctor Laredo
Brú (por supuesto que cuando Grau subió al auto del hoy Presidente, el chofer apagó la radio).

Ambos candidatos llegaron a Palacio por la puerta de la
calle Refugio y, sonrientemente, resistieron las preguntas de los
periodistas que, en nutrido grupo, esperaban a los dos políticos.
Grau vestido con un traje de «crash» blanco, y Batista con un
dril crudo y sombrero de jipi, se movían entre reporteros e intru-
sos personajillos que acudieron con la sana intención de que los
candidatos los vieran. Batista no desperdiciaba la ocasión de
elogiar al doctor Grau. Este, correspondiendo a las gentilezas,
pero con parquedad, tributaba esporádicamente alguna velada
alabanza a Fulgencio Batista. Al fin, la galantería acorraló tanto
al líder del autenticismo, que de sus labios profesorales afloró
la promesa incumplida después, de que «si el general Batista
resultaba electo sería el primero en felicitarlo». Batista dijo lo
mismo con respecto al jefe del PRC. Terminada la entrevista,
los dos líderes subieron por la escalinata de mármol siendo
recibidos en el segundo piso por el doctor Laredo, quien los
condujo al Salón de los Espejos. Allí se retrataron, y una de las
fotografías, en las que aparecía el general Batista con la diestra
extendida estrechando la mano izquierda del doctor Grau, con

el coronel Laredo al fondo —y con las manos en el aire—, fue
repartida profusamente por el interior de la República cuando,
días después, el candidato del CSD recorrió la nación en propaganda política.

Algunos amigos de Batista, con bastante mala intención,
decían a los campesinos que aquella fotografía hablaba elocuen-
temente de la amistad que existía entre los dos contrincantes.
(No sabemos si Batista sabía lo que se estaba haciendo).

Ocupada ya la presidencia de la República, y en varias oportunidades, el general Batista —a pesar de sus cáusticos discursos en contra de Grau durante su excursión presidencial—, ha
sugerido a sus amigos que traten de ser gentiles con el presidente del PRC. Conocemos casos recientes en los que el Presidente ha influido para que no se ataque con rudeza a su máximo
adversario político.

¿Qué habrá detrás de todo esto?[25]

Para el pase político de 1944 se tomaron todas las medidas y se
emplearon todos los métodos, desde los que tenían el viso de la
más absoluta legalidad, hasta los chanchullos más increíbles. El
estudio de los acontecimientos nos lleva a la conclusión de que,
desde enero de 1944 y en un período que se extendería hasta
noviembre de 1958, en lo que se refiere a la política que Estados
Unidos elaboró contra Cuba, se produjo uno de los más increíbles
maridajes entre los servicios de inteligencia de los Estados Unidos y
las familias de la mafia norteamericana instaladas en La Habana.
Fue durante el mandato de Franklyn Delano Roosevelt que se abrió
ese espacio, con el apoyo irrestricto al general Batista. Pero en 1944,
a la hora de designar la figura que debía de servir de garante en los
nuevos arreglos políticos que estaban por realizarse, la decisión de
Roosevelt fue la gota que selló el destino de Cuba.

En consecuencia, desde Palacio, Batista ordenó que las elecciones fueran estrictamente democráticas. Después de once años de

poder, en un discurso que ofreció ante veinticinco mil personas, declaró que el pueblo cubano había «esperado mucho tiempo para una verdadera democracia. Y al fin, hemos llegado a ver ese día de libertad».

Las órdenes fueron impartidas a los coroneles jefes de los regimientos provinciales, a los capitanes que en los municipios regenteaban los escuadrones, y a tenientes, sargentos y cabos encargados de los centrales azucareros, poblados y colonias de caña; a los políticos y funcionarios cuya responsabilidad consistía en dirigir y controlar los comicios. Nada ni nadie, bajo ningún concepto, podía interferir ni manipular el resultado de las elecciones.

Era algo que nunca había ocurrido en la Isla. Algo totalmente insólito. En un artículo publicado por la prensa cubana, tratando de demostrar la vocación democrática de Batista, se puso de relieve:

> [...] el cuidado que puso el presidente Batista de hacer conocer a todos los funcionarios y fuerzas armadas de su patriótico propósito. Sin ello, aunque los sentimientos íntimos del Primer Magistrado estuvieran puramente encaminados a cumplir con su deber, la pasión política hubiera hecho desviar quizás de su cauce a algunos, empañando aunque con tenues pinceladas, lo que la previsión presidencial ha convertido en algo más albo que el armiño.[26]

Sin embargo, para evitar cualquier imponderable, designaron al doctor Carlos Saladrigas como candidato opositor del doctor Grau San Martín. Saladrigas era un político absolutamente incapaz y frustrado. Había sido Primer Ministro en los primeros tiempos del régimen semiparlamentario, y por ser un hombre de absoluta confianza de Batista, presidió también durante cierto tiempo el Consejo de Ministros, cuando al ser interpelado en varias ocasiones, demostró ser un político poco hábil, que no poseía ni las agallas ni el carisma ni el prestigio para ganar unas lecciones como aquellas. Y como si fuera poco, se le hizo una propaganda con fotos en las que aparecía entre dos banderas, de un lado la de Cuba y del otro lado la norteamericana. ¿Quién votaría en Cuba por un hombre que ya se mostraba así? Además, Saladrigas era visto por todos como la misma estampa de Batista, a quien el pueblo repudiaba sinceramente.

En los últimos meses de 1944 se produjeron alianzas y divisiones entre los partidos contrincantes que favorecieron a los auténticos; sin contar con las desfavorables condiciones sicológicas desatadas por las escaseces y dificultades que trajo la II Guerra Mundial, acentuada por los turbios manejos, la bolsa negra y los fraudulentos negocios, cuya responsabilidad recaía también sobre el candidato del gobierno.

Era innegable que la mayor fuerza política opositora se concentraba alrededor del prestigio que había alcanzado el doctor Ramón Grau San Martín en sus largos años de reticencia al batistato. Lo asombroso fue que, para aquellas elecciones, Batista pusiera en práctica el voto directo, secreto y obligatorio; la neutralidad del Ejército, y las más estrictas órdenes para la realización de un proceso electoral que, contrario con esa larga tradición, ahora debía desarrollarse sin presiones, tiros ni golpes.

Después de consumarse el pase político, la revista norteamericana *Time* publicó un artículo —reproducido también en Cuba— donde, no sin un poco de cinismo, recordaba que desde 1933 ningún candidato gubernamental cubano había perdido las elecciones, ya que esos gobiernos siempre habían sido electos con el beneplácito del gobierno norteamericano.

El propio embajador de Estados Unidos en La Habana, míster Braden, puso en marcha una nueva fórmula que en adelante regiría la política de su país con Cuba. Braden prohibió de manera terminante, a nombre de su gobierno, que ningún norteamericano que poseyera en la Isla negocios o representaciones, podía destinar fondos dirigidos a las próximas elecciones, cosa que hasta entonces era práctica usual. Paradójicamente, para justificar esta medida, se empezó a hablar de «la madurez política de la democracia cubana». Era ya una tradición que las empresas norteamericanas o los ciudadanos del aquel país instalados en Cuba o que poseyeran inversiones en la industria azucarera, las comunicaciones, los bancos, minas y tierras, o cualquier otro sector de la economía, destinaran cierta cantidad de dinero para la elección de los candidatos gubernamentales, con los que, por supuesto, tenían ya viejas relaciones. Esto les aseguraba protección. Pero en las elecciones del 44, la mafia norteamericana introdujo un nuevo elemento: el arreglo con las partes, al que le dedicaron todos los esfuerzos. El embajador Sprulli Braden, cumpliendo las órdenes impartidas por Roosevelt, inició un repliegue, para borrar la imagen de un Estados Unidos interviniendo siempre en la política interna de Cuba. Fue una gran farsa. Todos debían pensar que el doctor Ramón Grau San Martín alcanzaba la Presidencia en un clima de extraordinaria democracia.

En realidad, Branden realizó otras muchas maniobras, no solo con los ciudadanos estadounidenses, sino también con los súbditos ingleses radicados en la Isla, para que todos se abstuvieran de ayudar al candidato batistiano. Por las gestiones de Braden, Saladrigas dejó de recibir los cuantiosos fondos que las compañías norteamericanas cedían para las campañas políticas del candidato gubernamental. Se calcula que esta vez Braden impidió que llegaran a manos de la Coalición que promovía la candidatura de Saladrigas casi tres millones de dólares, cifra de extraordinaria magnitud para los años de la II Guerra Mundial. Esto también benefició el ascenso al poder de la cúpula Auténtica.

Para que se tenga una idea exacta de la perfidia con que se manejaron algunas decisiones, basta decir que las medidas promovidas por el embajador Braden fueron manipuladas por algunos políticos del antiguo gobierno como algo estrictamente personal. Por tanto, llegó a exigirse que el gobierno norteamericano relevara a su embajador en La Habana.

Después las fuerzas armadas le ofrecieron un homenaje al Presidente electo en el Club de Oficiales de Columbia, y cinco días más tarde Grau partió hacia los Estados Unidos, para cumplimentar una invitación personal de Roosevelt. Grau hizo escala en Miami, con el oído receptivo a los consejos y sugerencias de los «invisibles», y al otro día continuó viaje hacia Washington; mientras que Batista se preparaba para abandonar el Palacio Presidencial, tomando un conjunto de medidas. Alejó del país al comandante Mariano Faget. Lo envió a Estados Unidos a realizar estudios en los centros especializados del Buró Federal de Investigaciones FBI. Faget había sido uno de sus más fieles y eficaces policías —vinculado a los servicios especiales norteamericanos—, y se había destacado por su astucia en la represión contra los enemigos del régimen y las buenas relaciones con Meyer Lansky. Había golpeado, había torturado; como todavía quedaba un largo camino, Batista no lo dejaría por detrás.

Con el estallido de miles de voladores y el relumbre de luces y marchas, Grau San Martín subió al poder. Doblaron las campanas; desde la fortaleza de La Cabaña tronaron las salvas de la artillería de montaña, al mismo tiempo que la Avenida de Las Misiones era invadida por una muchedumbre, deseosa de presenciar el pase oficial del poder al autenticismo.

Un mes después, con motivo de la visita que realizó Grau a Estados Unidos, el periodista Eladio Secades, con mucho de ácido humor, afirmaba que:

[...] En Cuba hay dos cosas que no puede dejar de hacer un presidente electo. Comer con los rotarios. Y dar un viaje al Norte. Candidato a la Magistratura que obtenga la mayoría electoral, obtiene también un cubierto para un banquete en el (hotel) «Nacional». Y un pasaje de ida y vuelta a Washington. Por eso nosotros opinamos que la invitación del gobierno americano debiera ser siempre en los primeros días del mes de octubre. Y así el presidente electo, además de visitar la Casa Blanca y la tumba del soldado desconocido, podría ver los juegos de la Serie Mundial [...].[27]

La alegría del pueblo fue inmensa, sin saber que la cúpula auténtica asumiría a viejos machadistas, batistianos, agentes de la inteligencia de los Estados Unidos y elementos vinculados a la mafia norteamericana. Fueron tales los compromisos de Grau que, a las pocas semanas de haber llegado a Palacio, solamente era defendido a ultranza por tres personajes que estaban —y estarían— estratégicamente vinculados al general Batista: el general Francisco Tabernilla Dolz —desde la fortaleza de La Cabaña— y los senadores «Santiaguito» Rey Pernas y Guillermo Alonso Pujol, *consiglieri* de Batista desde 1937.

La era de la cocaína 3

«Lucky» Luciano venía utilizando a Cuba como punto intermedio entre las fuentes abastecedoras de la heroína y los mercados consumidores de Norteamérica. Y el representante en La Habana de estos canales era el corso Amleto Battisti y Lora.

En el prólogo al libro *La nueva Era* donde Battisti teoriza acerca de la estrategia económica de su época, el periodista Fernando de la Milla asegura que don Amleto es un hombre:

> Alto, delgado, esbelto, de una elegancia elaborada a fuerza de sobriedad, con solo una desnuda sortija en sus dedos, jamás un alfiler en la corbata, ni siquiera un reloj en la muñeca, Amleto Battisti, pausado en su parla, afiladamente atento siempre a su interlocutor, con su brillante calva en cuarto creciente, parece un joven ministro francés de Negocios Extranjeros o un atildado profesor conferencista —a lo Bergson— dilecto de auditorios femeninos. La imagen sugerente de su figura podría multiplicarse hacia atmósferas de cortesía, diplomacia, salones selectos, cenáculos artísticos, refinamiento, en fin. Pero donde la imaginación comparativa fracasa es en el intento de asociar de algún modo la figura del hombre a su actividad específica. Quiero

decir, en suma, que Amleto Battisti, parece físicamente todo, menos lo que es: un hombre de negocios. Ni por la silueta, de dibujo galo, ni por la atención con que escucha, ni por la imperturbable serenidad, ni por el gesto mínimo, ni por la voz en permanente sordina, puede sugerir a nadie que su mente es mente de números, de posibilidades y riegos, de pérdidas y ganancias.[1]

En los años treinta, Battisti aparecía en ocasiones acompañando al Presidente de la República, conocido y aceptado como un prestigioso hombre de negocios, en la industria y las finanzas.[2] Luego, a pesar de ser un extranjero —cuando ya eran notorias sus actividades mafiosas— alcanzó incluso la inmunidad parlamentaria por el Partido Liberal.

La mafia encontró en La Habana su más seguro eslabón de enlace; si la droga llegaba a la capital cubana, virtualmente se encontraba en los Estados Unidos, a través de un intenso tráfico aéreo y marítimo. Para estos fines no solo se usaban los aeropuertos militares, sino pistas aéreas particulares, pertenecientes a los jerarcas de las cúpulas político-militares batistiana-auténticas, en las cada vez más numerosas fincas que estaban siendo adquiridas en las provincias occidentales.

Pero sobre todo, es necesario precisar que la mafia norteamericana fue la que desató sobre Cuba la era de la cocaína, treinta años antes de que esa droga se popularizara en los Estados Unidos. La droga que por entonces se consumía en mayor cuantía en Norteamérica era la heroína, y la entrada de la cocaína suramericana a los mercados estadounidenses hubiera significado un abierto desafío de las familias mafiosas de La Habana a los intereses que respondían en los Estados Unidos a «Lucky» Luciano.

Es justamente con el advenimiento del autenticismo (arribó al poder cuando ya el Estado de corte delictivo se encontraba perfectamente montado y engrasado, asumiendo el compromiso de, amparados en la más delirante de las democracias, instrumentar una feroz represión contra los comunistas y el movimiento sindical cubano) que la mafia norteamericana radicada en Cuba organizó el tráfico y consumo de la cocaína en la deslumbrante Habana, utilizando entre otros medios la creación de una empresa aérea denominada Aerovías Q, que de inicio apareció bajo la égida del doctor Indalecio Pertierra, Representante a la Cámara por la provincia de Las Villas. Pertierra regenteaba además otras operaciones —él y sus dos hermanos: «Tuto» y «Coky»—, incluyendo los negocios en el Hipódromo «Oriental Park» de Marianao.

Desde su fundación, en 1945, las «Aerovías Q» empezaron a operar en los aeropuertos militares; utilizaban gasolina, piezas de repuesto, mantenimientos y pilotos de la Fuerza Aérea cubana, con la autorización expresa del Presidente Grau San Martín. Desde época bien temprana, las «Aerovías Q» realizaban un vuelo semanal: Habana-Camagüey-Barranquilla-Bogotá. Un potente laboratorio radicado en Medellín producía «polvo» con destino a Santo Trafficante —padre—; pero todo parece indicar que en lo que se refiere a estos manejos, la ciudad de Camagüey y ciertos personajes de la política auténtica, vinculados a los negocios de los laboratorios farmacéuticos o droguerías, constituyeron parte esencial en los eslabones del tráfico.

La cocaína no siempre llegaba de manera directa a la capital cubana, sino que era transbordada en el mismo aeropuerto de Camagüey. Por entonces era cosa fácil la adquisición de un papelillo del «polvo» en la red de sitios nocturnos de La Habana, para el gran turismo adinerado o los grupos de poder.

Muy pronto, y solo por el concepto del consumo de cocaína, las ganancias representaron más utilidades que las que se podían obtener con las zafras azucareras. Fue tal el crecimiento de este negocio, que a principio de la década del cuarenta, las organizaciones internacionales empezaron a realizar importantes apreciaciones del papel de la Isla para el tráfico y consumo de drogas. Utilizando algunas de estas consideraciones, Antonio Gil Carballo, denunciaba en 1944 que:

El tráfico de drogas heroicas en nuestro país, es cada vez más alarmante, no solamente en la capital de la República, sino en el más lejano rincón de la Isla el vicio de los estupefacientes ha encontrado millares de adeptos, sin duda alguna por la despreocupación oficial en reprimir ese monstruo, en cuyos tentáculos se devora lo que más vale de su pueblo: la juventud.

La gravedad de este problema que desde hace más de ocho años he venido señalando por todos los medios a mi alcance y con carácter estrictamente personal; es que tal situación criminal y persistente aumenta, porque «cuatro bribones encumbrados en altas posiciones oficiales» lucran cobardemente con este estado de inmoralidad que tanto daña nuestro prestigio y nuestra moral.

[...] En todos he señalado los errores oficiales y hasta he dejado comprender (como en este), la intervención culposa de ciertas autoridades [...].

Todo ha sido inútil, porque el vicio continúa en camino ascendente, y los «traficantes poderosos» marchan aceleradamente por la «vía sin peligro para evadirse de los problemas judiciales».

[...] El consumo de narcóticos importados «ilícitamente» [...] ha sido en comparación con otros países *DIEZ VECES SUPERIOR*.

[...] El tráfico ha sido tan elevado que a Cuba le ha correspondido según las estadísticas mundiales, *EL PRIMER LUGAR*.

[...] En el aspecto del tráfico ilícito se nos designa por las demás naciones como «el centro conspirativo de la estabilidad social de Las Américas», y como una fuerte quinta columna de la *SALUD DE TODAS LAS NACIONES UNIDAS* [...].[3]

La Habana se había convertido en un sitio donde los mafiosos hacían gala de su presencia cada vez más; si con el Batista de 1934-1944 las actividades del Estado —sobre todo las relaciones con la mafia— habían sido manejadas de una manera discreta, con los auténticos las —familias— de La Habana comenzarían a operar desenfadadamente; poco a poco iban quedando atrás aquellas medidas de seguridad impuestas por Lansky, durante el proceso de creación del Imperio de La Habana.

Al concluir la *II* Guerra Mundial, como parte de los compromisos contraídos, el gobierno norteamericano procedió a liberar a «Lucky» Luciano de su condena, en reconocimiento a los servicios prestados a la democracia norteamericana; pero Luciano aspiraba a radicarse otra vez en Nueva York, para seguir dirigiendo sus negocios; más todo hace presumir que otros intereses mafiosos, encabezados por don Vito Genovese —quien ambicionaba convertirse en el nuevo jefe de la mafia estadounidense—, empezaron a mover relaciones secretas para que Luciano fuera deportado a la vieja Sicilia y no pudiera regresar jamás.

En junio de 1946 —cuando hacía varios meses que estaba en su país de origen—, Luciano abandonó clandestinamente Sicilia; se hizo un silencio sobre su rastro. Atravesó la bahía; se instaló en el lujoso hotel «Excelsior» de Nápoles; y cuando los funcionarios encargados de arreglar su documentación concluyeron el trabajo, se trasladó de nuevo, en secreto, esta vez hacia Roma, y ocupó una lujosa suite en la Vía Veneto, en espera de los correos.

Fue en los primeros días del otoño cuando recibió el mensaje cifrado, lacrado. Hacía varias semanas que no tenía noticias de Nueva York, y menos de La Habana; pero el mensaje que ahora recibía resultaba un tanto impreciso: «Diciembre, Hotel Nacional».

Sin dudas, esas tres palabras fueron para Luciano algo desconcertante. ¿Qué pretendía Lansky realmente? ¿Acaso la reunión ordenada con toda la Hermandad se realizaría en diciembre?

¿Acaso los arreglos que se realizaban en Cuba solo podían concretarse en diciembre?

La conversación que sostuvo con el correo fue todavía más inquietante; se trataba de un viejo amigo, que traía noticias muy frescas: los capos que regenteaban las más importantes familias en Norteamérica se mantenían a la expectativa, porque Genovese había comenzado a actuar en Nueva York como si Luciano nunca fuera a regresar. El correo también trajo informaciones de Costello. Frank le mandaba a decir que lo de California se complicaba cada vez más al punto de rayar en la traición. Buggy Seigel se estaba adueñando de los fondos y se regaba además a dar explicaciones.

Esa misma tarde Luciano despidió al correo. Estaba en posesión no de uno sino de dos pasaportes, totalmente legales, a nombre de Salvatore Lucania también tenía en su poder un montón de visas, con las que podía recorrer países de Europa y América; y por supuesto, contaba con una flamante visa que le permitía entrar en territorio cubano.

El vicecónsul de Cuba en Roma le hizo llegar la documentación en la mañana del 19 de septiembre de 1946; Luciano partió esa misma tarde, en vuelo hacia Barcelona, para cuatro días después abordar el avión que lo dejaría en Lisboa. La estancia en la capital lusitana fue mucho más breve, antes de emprender el gran salto; pero el avión en el que Luciano atravesó el océano no se dirigía hacia México, ni hacia Venezuela, ni a Colombia, ni a ninguna otra isla del Caribe, sino a una de las más hermosas ciudades del Brasil.

Los equívocos históricos que luego se produjeron en relación con el periplo que realizó «Lucky» Luciano antes de llegar a La Habana, tuvieron origen sin dudas en las numerosas visas que Luciano portaba, porque en 1946, si exceptuamos algunas relaciones que poseían Lansky o Santo Trafficante —padre—, la mafia norteamericana todavía no poseía grandes vínculos con los países de Sudamérica.

Es probable que entre los planes de Luciano también estuviera hacer contactos con los productores de cocaína, o con intermediarios que controlaban pequeños negocios. Aunque por entonces, ya en las principales ciudades cubanas —sobre todo en la red de turismo de la deslumbrante Habana— era algo normal que se pudiera adquirir el «polvo» a un costo que solo estaba al alcance de sectores adinerados. Era de conocimiento público que en las fiestas y saraos organizados en los más exquisitos barrios residenciales, en los clubs, casinos y grandes cabarets, o en los espléndidos burdeles de la capital, la cocaína corría siempre como el agua en las cabañuelas de mayo.

Luciano arribó al aeropuerto de Río de Janeiro el 27 de septiembre. Era el preámbulo de lo que se encontraría en la fabulosa isla de palmeras y mulatas, con la diferencia de que, en la cubanidad de Ramón Grau San Martín, todo era legal, duradero, estable, en un mundo donde reinaba la mayor impunidad.

A los pocos días ya Luciano se encontraba en la fabulosa Habana. Entró a Cuba por el aeropuerto internacional de Camagüey, en vuelo directo del Brasil. Lo que sí parece discutible es el hecho de que Lansky conociera o no la fecha y el sitio de su llegada. Sabe esto hay testimonios contradictorios. Algunos, que por razones obvias prefieren el anonimato, aseguran que el primer sorprendido fue Lansky. Sin embargo, otros personajes que estuvieron vinculados a las redes de La Habana, afirman que la mayor impresión la recibió el propio Luciano. No había avisado de su próxima presencia, pero en cuanto bajó del avión, se encontró con varios coches de lujo a un costado de la pista y a Lansky, esperándolo con varios guardias de *corps*.

Almorzaron en el «Gran Hotel». Era el sitio más afamado del interior del país. Desde su comedor terraza podía observar toda la ciudad, con sus tortuosas calles, campanarios y grises tejados.

El almuerzo fue exquisito: se sirvieron los más deliciosos platos, acompañados de un buen ron santiaguero. Por la noche asistieron a una cena en la casa de campo de aquel Ministro, dueño de la gran droguería en la calle Avellaneda. Fue una cena típica, con frijoles negros, arroz a la marinera, ensaladas criollas, aguacate y piña, y jugosos pedazos de cerdo asado. Además de la guardia siciliana, estuvo presente el capitán de la policía local, con varios agentes de paisanos.

Luciano llegó a La Habana con dos meses de antelación; su entrada en el «Hotel Nacional» se produjo bajo una intensa lluvia, un fuerte viento y un tropel de truenos arrastrados por una de esas tormentas tropicales; pero al cabo de los años, Luciano recordaría aquel instante memorable en el lustre de los días venideros:

> [...] el botones corrió las cortinas de las grandes ventanas y eché una mirada. Casi podía ver toda la ciudad. Las palmeras me llamaron la atención. Donde dirigieras la mirada, había palmeras, y sentí como si estuviera en Miami. De súbito, me di cuenta por primera vez, en más de diez años, que no estaba esposado y que nadie estaba a mi lado, algo que sentía hasta cuando paseaba por Italia. Cuando miré al Caribe desde mi ventana, me di cuenta de algo más: el agua era tan hermosa como en la bahía de Nápoles: pero estaba solo a noventa millas de Estados Unidos, y eso significaba que estaba prácticamente de nuevo en América [...].[4]

Le encantó el «Hotel Nacional» —ocupó la habitación 724—, sitio deseado, añorado; poseía el rigor vetusto de lo imprescindible y un lujo tan sobrio, a la medida del buen gusto. El hotel poseía además el saloncito de los Mandatarios, y un elevador tachonado con herrajes dorados, para uso exclusivo de la Primera Magistratura.

En ausencia de los terribles ciclones, octubre solía estar dominado por una transparencia casi irreal. Diciembre sería otro desafío. En diciembre aparecían los primeros nortes, húmedos y ventosos vendavales cuyas olas solían estrellarse en las rocas que sustentaban el hotel. Fulgencio Batista ya no estaba, pero Lansky aseguraba que todavía dominaba su presencia ausente. Once años de poder era un espacio de tiempo demasiado largo, por tanto, quedaban sus incontables cabezas visibles: el montón de políticos a quienes todos, o casi todos, creían inconformes o resentidos enemigos del general, cuando, en realidad, respondían a cualquier requerimiento suyo, por muy escabroso que fuera. Los dos poderes, o los tres, casi paralelos. Estaba el poder que había forjado Batista, por más de una década, ahora mezclado, disperso, diluido en esa otra cúpula del poder aparente, cuyo más excelso representante era un doctor en Fisiología. El otro poder —cada vez más ilimitado— era el de los «invisibles», siempre tan cercanos en esta Isla a los intereses de la *Cosa Nostra*. Todos y uno, con tal de que los negocios confluyeran.

La reunión de La Habana había sido convocada para diciembre de 1946. Para esa fecha la situación de la mafia norteamericana era inmejorable. Habían acumulado fabulosas fortunas; se iniciaba una creciente penetración en importantes áreas de la economía de Estados Unidos, incluyendo el sistema bancario y espacios vitales de la política. Dicho con otras palabras: compraban, sobornaban, corrompían, al mismo tiempo que avanzaba el proceso de legalización de grandes fortunas, en un entrelazamiento con el capital financiero, que se iría haciendo cada vez más ostensible y al mismo tiempo más tolerable, sin dejar los intereses tradicionales: con la apertura del Imperio de Las Vegas, las cadenas del turismo floridano o las inversiones legales.

Lansky seguía manteniendo intereses en el sur de La Florida, pero no existía ni siquiera en Estados Unidos un lugar tan impune para las operaciones como Cuba; así que a la reunión de La Habana asistiría la elite de la mafia estadounidense. Unos quinientos personajes, entre jefes y subjefes de familias, directores, guardaespaldas, asesores, invitados especiales, y más de cien abogados vinculados a los grandes negocios.

Cerraron el «Hotel Nacional» para un concilio de varios días —las reuniones se efectuaron entre el 22 y el 26 de diciembre de 1946—. Fue uno de los mayores encuentros realizados hasta ahora, presidido por Charles «Lucky» Luciano, donde estaban también Frank Costello, don Vito Genovese, Albert Anastasia, Meyer Lansky y otros. En aquellos días de Navidad, hasta el inefable Frank Sinatra viajó a La Habana para cantar en honor a Luciano; mientras se reordenaban esferas de influencias, no solo en Estados Unidos sino en las más importantes zonas del Caribe.

No se pedían caviares desde las más lujosas suites, ni filetes ni lomos ni champañas, sino aquellos exquisitos enchilados de cangrejos o cobos traídos de la cayería del Sur, pechugas de flamenco al horno, estofado de carey y asados de tortuga, con zumos de limón y ajo; langostinos de Cojímar, ostiones de Sagua, lascas de emperadores al grillé y las deliciosas chuletas de venado a la parrilla, enviado por ese Ministro ganadero de Camagüey; o cuando no, el misterio suculento de una incomparable textura —en su variedad de sabores— con que solían regocijar las carnes del manatí. Exigían también los buenos rones, tan largamente añejados; habanos Montecristo, y a la mesa, siempre, «Hatuey» o «Tropical», la cerveza.

Comían dos o tres veces durante la noche, mientras bebían o discutían o precisaban importantes cuestiones; y a veces, a una hora tan desacostumbrada, podían llamar al Palacio Presidencial.

Al conciliábulo confirmaron su presencia Mike Miranda, con negocios en agencias de automóviles, máquinas tragaperras, hipódromos, compañías de seguros y sobre todo, una gran experiencia en el dominio de sindicatos. Otro de los presentes fue Joseph Magliocco. Lo hacía con mucho gusto. Magliocco manejaba diversos intereses que estaban relacionados con la bebida, empresas de importación y exportación, cadenas de establecimientos para el lavado y planchado, distribución de aceites de oliva, y una gran influencia en la rama de los sindicatos.

Por supuesto que también asistió don Vito Genovese. El gran don Vitone, cuyos intereses incluían hipódromos, negocios de importación y exportación, empresas de anuncios, cadenas de restaurantes y bares, todo un entrelazamiento al que no escapaban las actividades portuarias; pero sobre todo, lo más importante era que por esa época don Vito aspiraba a ser el jefe de la mafia norteamericana, con el fin de controlar por entero el tráfico de drogas.

Los negocios diversos, complejos, entretejidos. Giuseppe Bonanno respondió también de manera positiva. Los intereses de Joe Bonanno giraban alrededor de las pompas fúnebres, la industria del traje, importación y exportación, cadenas de lavado y planchado, distribución de aceite de oliva y quesos.

Sería demasiado extenso el listado de los intereses y negocios que poseía cada uno de los personajes que viajaron a La Habana a fines de 1946. Solo nos resta decir que concurrieron las principales cabezas de las *familias* de New York y New Jersey: Joe Adonis, Albert Anastasia, Frank Costello, Tommy Luchese, Joe Profaci, Willie Moretti y Angie Pisano. Por Chicago estuvieron Tony Accardo —uno de los principales consejeros—, los hermanos Fischetti: primos y herederos de Al Capone, y Charles Rocco.

Se dice que Al Capone envió un saludo a su amigo «Lucky»: aunque había salido de la cárcel, no podía asistir a la reunión, porque agonizaba de sífilis cerebral en una de sus mansiones de Palm Beach.

A La Habana concurrieron además Carlos Marcello, por New Orleans; Steve Magaddino en representación de las familias de Búfalo, y por la zona de La Florida, el viejo Santo Trafficante.

La mafia dispuso que el «Hotel Nacional» resultara el lugar más apacible del mundo. El primer piso se acondicionó para las deliberaciones, para una reunión de hombres de negocios. Por las noches se ofrecerían las más encantadoras fiestas, con los detalles más refinados. De noche el «Nacional» debería ser todo sosiego, esparcimiento, con mujeres escogidas en las nóminas del «Tropicana», «Montmartre» y «Sans Souci», o en las excitantes «Casas de Marina». Era de primer orden lo referente a la tranquilidad de los huéspedes. Que nadie fuera a sentirse molestado, amenazado, en aquel memorial encuentro. Pero el 29 de noviembre de 1946, los 480 empleados del «Hotel Nacional» se declararon en huelga.[5] Exigían un aumento de un 30% en sus salarios. Todo quedó desierto: bares y salones, la cocina, el garaje, la pizarra; las mesas quedaron a medio servir; no había quien limpiara un vómito, sirviera un trago o trajera una cajetilla de cigarros. La gerencia usó a sus abogados y tramitó con rapidez el caso en los tribunales, pero como era algo de mayor envergadura, el asunto pasó de inmediato al despacho de la Presidencia. Grau y su Primer Ministro, Carlos Prío Socarrás, se disponían a tomar serias medidas. Habían citado para Palacio a la gerencia del hotel y a los representantes de los huelguistas. El «Hotel Nacional» había accedido a un 25% de aumento; pero los gastronómicos se mantenían en sus treinta; hasta que, a última hora, se recibió una llamada de los invisibles comunicándole a la Presidencia que habían concedido el aumento del 30%, porque deseaban que para esa temporada de invierno, servidos y servidores se mantuvieran en estrecha armonía.

Para uso del personal auxiliar se reservó una buena cantidad de habitaciones en los hoteles «Presidente», «Inglaterra», y «Sevilla Biltmore»; y en el aeropuerto de Boyeros y otros sitios de la ciudad se tomaron medidas de excepción. El «Hotel Nacional» cerró sus puertas a todo interés foráneo. Nadie podía pasar a los predios de la instalación, ni periodistas, ni policías, ni funcionarios del gobierno cubano. Cincuenta autos, con cincuenta choferes, y una selecta comisión encargada de recibir a los invitados, teniendo en cuenta que alguno de ellos, por cualquier motivo, pudiera retrasarse.

Los accesos al hotel también fueron resguardados por hombres escogidos: se protegieron los jardines, las entradas al Malecón, y las sendas que conducían a la calle O, sin que todo esto levantara mucha suspicacia. Dada la envergadura de la reunión de La Habana y en evitación de cualquier riesgo, todo fue previsto, calculado. El 15 de diciembre de 1946, justamente una semana antes de que empezaran a arribar los personajes —estaba previsto que comenzaran a llegar del 20 al 21—, la *National Airlines* inauguró un servicio directo entre La Habana y Nueva York.

El manto formal para una reunión de tal importancia fue un viaje que realizó a La Habana un grupo de admiradores de Frank Sinatra. A Sinatra lo había invitado un millonario italiano, para ofrecerle un homenaje en los exquisitos salones del «Hotel Nacional de Cuba». En relación con esto, el propio Luciano ha dicho:

[...] Si alguien hubiera preguntado, había una razón aparente para semejante reunión. Se celebraba para honrar a un chico italiano de New Jersey llamado Frank Sinatra, el cantor que se había convertido en ídolo de los adolescentes del país. Había volado a La Habana con sus amigos, los Fischetti, a conocer a su amigo Charlie Luciano, y durante la semana se daría una gala en su honor [...] Frank era un buen chico y todos estábamos orgullosos de él, del modo en que había llegado al estrellato [...]. Trabajaba para la banda de Tommy Dorsey y ganaba unos ciento cincuenta dólares a la semana; pero necesitaba publicidad, ropa, diferentes aparatos de música y todo eso costaba bastante dinero; pienso que fueron unos cincuenta mil o sesenta mil dólares. Di el visto bueno para lo del dinero y salió del fondo, aunque algunos chicos pusieron algo extra, como aporte personal. Todo eso le ayudó a convertirse en una gran estrella, y ahora mostraba el agradecimiento, al venir a La Habana a saludarme.[6]

Anthony Summer, en su libro *The Secret Lives of Marilyn Monroe*
toma como fuente textos publicados por el periódico *Times*, para
asegurar que en el caso de Sinatra se trata de la:

> [...] imagen popular de un gángster, modelo 1929. Tiene unos
> ojos brillantes y fieros, y sus movimientos hacen pensar en la
> elasticidad del acero; habla con la boca torcida. Viste de forma
> llamativa, estilo George Raft: camisas oscuras, caras, y corba-
> tas blancas con dibujos [...]. Es amigo de Joe Fischetti, un per-
> sonaje entre lo que queda de la pandilla de Al Capone, y una
> vez se metió en un buen lío por andar con Lucky Luciano en La
> Habana [...].[7]

La presencia de Luciano en la capital cubana fue realmente muy
ruidosa. Después de concluido aquel cónclave de 1946 (donde se
discutieron esferas de influencia, problemas territoriales, el asunto
del tráfico de drogas y la apertura del Imperio de Las Vegas, con el
muy famoso «Hotel Flamingo»), Luciano se dedicó a una vida de
festejos y saraos, carreras de caballos, romanceos, y maravillosos
encuentros.

Al concluir aquella reunión todos partieron. Alegando problemas personales, Lansky también se marchó hacia La Florida; pero
Luciano, no; no estaban entre sus planes alejarse de La Habana, y
se quedó rodeado de un especial círculo de amigos.

Abandonó el «Hotel Nacional» y fue a instalarse al exclusivo
reparto de Miramar, a unas pocas cuadras de la mansión particular
del Presidente Grau San Martín. Era su refugio la calle 30, en una
verdadera casa de seguridad, con salidas a través de una especie
de páramo o hacia la calle tercera, a poco más de cien metros de la
Quinta Avenida.

Dos semanas más tarde, un grupo de selectos norteamericanos
que radicaban en el mismo reparto conocían ya de su presencia, y

muy pronto le empezaron a llegar invitaciones a la edificación marcada con el número 29.

Durante aquellos días, Luciano fue casi feliz. La Habana se le iba convirtiendo en el sitio ideal. Incluso, la mayoría de las veces se movía solo con dos guardaespaldas, asignados por «Neno» Pertierra. Uno de los pistoleros había sido *dealer* en el casino del «Montmartre»; se nombraba Armando Feo, y de él se decía que era muy buen tirador, con unos nervios de acero y modales de gran señor. El otro era un *bonzer* de aspecto guaposo, conocido por el sobrenombre de «Trabuco», con una bien ganada fama de consumado bugarrón, que la mafia utilizaba para resguardar los casinos de visitas indeseables.

Luciano ya había conocido a «Paco» Prío. «Uno de nuestros mejores amigos —dijo Lansky, con cierto orgullo, el día que se lo presentó—. Es hermano del Primer Ministro; y sin dudas, uno de los más importantes políticos».

Pero el jefe de la mafia norteamericana constantemente dejaba por cualquier pretexto a Armando Feo en la residencia de la calle 30; y con su mayordomo al timón, salía a entrevistarse con el calabrés Barletta o el corso Amleto Battisti.

Barletta llegaría a ser uno de los más influyentes personajes de Cuba. Gozaba de la exclusiva representación de la *General Motors*; y con los años, sus negocios, como gran cabeza visible de la Hermandad, se irían ramificando hasta alcanzar grandes inversiones. Montaría también su banco y se dedicaría por entero a transacciones para legalizar enormes capitales. Llegó a controlar algunos negocios en los Estados Unidos. Asumió el control de importantes medios de prensa en la Isla. Pero en los días en que se reunía casi a diario con el señor Lucania, don Amadeo era poco menos que un perseguido.

El otro personaje, Battisti, siempre se había movido en las más influyentes instancias. En un pasado no tan lejano se había encargado del más fuerte banco de terminales de La Habana; sin contar que estuvo al frente del «Hipódromo» y fue cabeza de negocios en el «Casino de la Playa».

Luciano siguió recibiendo invitaciones de ricos norteamericanos; todo era muy grato y respetable. En una de esas mansiones de la calle Paseo ni siquiera lo dejaron llegar; lo esperaban en el amplio portal como si se tratara de un viejo amigo. Le franquearon la entrada con gentilezas; atravesó la gran sala afelpada, rodeada de mármoles y cristalerías, hacia un jardín inglés, mientras en la pérgola orquestaba un quinteto de jazz.

Fue una tarde increíble, más que grata; se sorprendió Luciano y terminó encantándose, cuando le presentaron a una de las muchachas más hermosas de la fiesta; pero en realidad, Bervely Paterno también lo andaba buscando, y extendió su blanca afilada mano, en un gesto de elegante coquetería.

Estuvieron sentados, con amigos comunes. Charlaron y bebieron y bailaron hasta la despedida. Además de ser una gran belleza, la Paterno pertenecía a una refinada familia que frecuentaba los sitios más encumbrados de Nueva York; y quedaron en verse, al otro día.

Esa noche, Luciano pidió el auto para las nueve, y partió con Armando Feo y dos de sus guardias de *corps*; al rato, se puso a tirar fichas en el casino del Hipódromo; al filo de las once salieron en busca del «Sans Souci».

Dejaron atrás el portón, con aquel tejadillo rojo, y enseguida vieron las luces del fondo. Había música, voces, aspavientos por una pelea de gallos, organizada para impresionar a un advenedizo. El auto avanzó por el sendero de grava, tan suavemente como Feo era capaz de conducir, hasta detenerse bajo los enormes laureles.

Miguel Tray, como siempre, lo hizo pasar de inmediato a su oficina, para las primeras cortesías. Era noche de rumberas y canciones, con una preciosa vedette que después le haría compañía; pero Luciano declinó el ofrecimiento: deseaba estar solo, jugando, y tomándose también unas copas.

Permaneció en el casino del «Sans Souci» casi hasta las dos de la madrugada; al salir, un hombre le cortó el paso. La protección de Luciano se puso en guardia.

—Me pareció que era usted una persona conocida —declaró el inoportuno, sin darse a conocer. Se trataba del periodista norteamericano Harry Wallace—, y no me he equivocado. Lo hacía en Italia, en su pueblo natal; vaya sorpresa encontrarlo en uno de los sitios más afamados de La Habana.

—No —declaró Luciano—. No soy la persona que usted busca.

No deseaba ser molestado. No quería oír ninguna propuesta que pudiera herir su dignidad; y los hombres que lo acompañaban trataron a Wallace con demasiada rudeza, a pesar de la insinuación de que estaba dispuesto a ser muy discreto.

Wallace era realmente muy conocido en La Habana;[8] escribía una columna de rumores y comentarios para el periódico *Post*, que se editaba en inglés, y por entonces sus crónicas tenían una cierta acogida.

Con el amparo oficial que disfrutaba, Luciano creyó que no tenía nada que temer. Sus amigos eran personas de gran influencia como para que pudiera sentirse amenazado por asunto tan simple. Algo parecido le había ocurrido años atrás, cuando se convirtió de pronto en una celebridad que asistía a los mejores salones; y ahora, casi embriagado, sentía que todo lo podía obtener, con aquella muchacha que se mostraba tan dispuesta.

Juntos recorrieron los sitios más excitantes de La Habana. Juntos fueron a las carreras de caballos; saborearon helados de coco; se tomarían unos tragos, o disfrutarían del sol en alguna playa cercana. En las tardes, solían sentarse en las marquesinas del puerto o se ponían a caminar a través de los paseos arbolados. Hoy era el estreno de una película, mañana la cena en un restaurante de moda; y por las noches, algún rutilante cabaret, apreciando música de tambores, rodeados por cinturas de fuego, con ritmos que a ella siempre la enardecían.

Pero lo que no podía sospechar Luciano es que ya estaba envuelto en una gran publicidad. Él, que debía mantenerse alejado de los escándalos, se había dejado arrastrar por sus pasiones. La Paterno incluso había contratado a un agente de relaciones públicas,[9] desencadenando un plan de rumores y chismes, de fotos sacadas en sitios elegantes, acompañado por una dama distinguida, en la zona del puerto, en un paisaje con fondo de mástiles y buques, pitazos, ruido de coches, destellos de luces y voces en la calle. La brisa traía un fiero olor marino y a veces una canción, en aquel barrio de negros, mientras devoraban una deliciosa paella, sentados en el portal de «El Templete».

Luego la Paterno desapareció. Abandonó la capital cubana con el mismo misterio con que había llegado; dejando, por supuesto, promesas, encantos, y el ruidoso programa de sus andanzas. En poco menos de una semana, comenzaron a aparecer en Estados Unidos las primeras noticias: el «Rey del Hampa» se encontraba instalado en La Habana.

En su libro *La Mafia*, Frederic Sonders Jr. afirma que Luciano:

> [...] con su habitual visión y habilidad, comenzaba a mezclarse en la política cubana. Legisladores, jueces y jefes de la policía asistían a las magníficas fiestas que daba el señor Lucania; ellos y sus esposas recibían costosos regalos de una mano siempre abierta. Todo hacía aparecer que el señor Lucania estaba en camino de ser una autoridad en Cuba.[10]

Según Harry J. Anslinger —Comisario de la Oficina de Narcóticos del Departamento de Tesorería de Estados Unidos—, la policía norteamericana, en relación con Luciano, como no tenía ningún apuro «[...] vigilaba todos sus gestos desde Washington».[11]

Es innegable que don Vito Genovese había estado arreglando los asuntos. Lo de Luciano instalado en La Habana apareció primero como un simple rumor y después como una precisa certeza. Allí estaba el lugar exacto de su residencia; y las redes y contactos del fabuloso negocio de las drogas, al que se había entregado por completo. La propia Oficina de Narcóticos de Estados Unidos afirma que antes de que Luciano saliera hacia Cuba, ya tenían los más secretos hilos del tráfico, gracias a unos informes secretos telegrafiados desde Roma. El otro grave revés de Lucania fue una más clara operación subterránea. Se sabe que por esos días «una célebre estrella de Brooklyn y Hollywood, amiga de Charlie Luciano, fue a La Habana a verle».¹² Venía en plan de regocijo o sosiego, y se alojó en el «Hotel Nacional» porque, ¿dónde una celebridad podía sentirse más feliz?

Lo cierto es que aquella encantadora mujer, por razones muy prácticas, deseaba agradecerle al señor Lucania uno de esos favores que había recibido, y qué mejor manera de expresar su admiración que volar a La Habana para verlo.

Esa noche, en dos amplias habitaciones, se efectuó una fiesta. Asistieron los amigos más cercanos. Hubo cena. Hubo música. Hubo baile; y fue tal el exceso, que nadie reparó en la eminencia del amanecer.

Todavía no ha podido conocerse cómo llegó aquel rumor a la escuela. Algunos afirman que fue a través de la prensa, cosa poco probable. En aquel internado —que era atendido por monjas— estudiaba un número considerable de muchachas que pertenecían a familias adineradas. En cuestión de media hora se perfiló el proyecto, conformado al calor de la llegada de aquella famosa estrella, que en los últimos tiempos había cautivado a todos con una inmejorable película: ¿cómo se iba a desaprovechar la ocasión?

Se arregló el asunto: encargaron rápidamente un ramo de flores a una de las más selectas florerías; y ya estaba listo el ómnibus para

las pupilas, el pergamino que se debía entregar y la muchacha que
había sido designada para expresar, en un perfecto y cálido inglés,
las palabras de regocijo, después que le entregara a la célebre una
caja de bombones con sabores de piña y mango.
Partió la comitiva, como si se encaminaran hacia una romería,
con una veintena de pupilas. Iban las más dispuestas. Las más
comunicativas. Las que resultaban más sensibles para la época. A
la dirección del plantel se le ofrecía una gran oportunidad. Podían
enaltecer la institución con acciones audaces.

Entró el ómnibus por la entrada principal del hotel y se detuvo
cerca del pórtico; descendieron las muchachas, con aquel precioso ramo de flores, sin saber que todo sería tan sencillo. Nada
las detuvo en el lobby. Fue como si las estuvieran esperando. Las
llevaron hacia uno de los elevadores, el que parecía ser el anfitrión
se las entregó al ascensorista, que las condujo hasta el séptimo piso.

Se abrió la puerta del elevador y se vieron en el afelpado pasillo; de nuevo acudía una mano servicial: uno de esos diligentes
botones, con el que recorrieron el largo pasillo, hasta encontrar una
puerta entreabierta por la que penetró aquel torrente de muchachas, capitaneadas por una monja,[13] hacia el centro de una estancia,
donde «[...] había un caos de lujuria. Botellas por el suelo, pren-
das de vestir colgadas en las paredes, y la gente dormida donde se
había desplomado [...]».[14]

La salida resultó más torrentosa todavía. Aterradas por la ines-
perada visión, las muchachas se precipitaron hacia el elevador,
con gritos, risas, histerias, y las echaron de golpe en el piso bajo
del hotel, para que abordaran el ómnibus. Fue un escándalo, realmente, «[...] la hermana dijo su informe a la madre superiora, la
madre superiora al obispo [...]».[15]

Desde antes, según la policía norteamericana, el Comisario de la
Oficina de Narcóticos ya había «[...] mandado a La Habana a dos
agentes de narcóticos, y varios empleados del «Hotel Nacional» figu-

raron temporalmente en la hoja de pago del Departamento de Tesorería, un muchacho del ascensor y un telefonista entre otros [...]».[16]
   El mismo Harry J. Anslinger —Comisario de Narcóticos de Estados Unidos—, en el prefacio del libro *Brotherhood of evil: the mafia*, escribió en 1958 que Sonders Jr. era una persona capacitada para narrar con precisión las historias de la mafia en Los Estados Unidos, porque había «[...] estado durante años enteros muy cerca de nosotros en distintos campos de la defensa de la ley y ha librado a nuestro lado muchas batallas. Conoce muy a fondo lo que está hablando».[17]
   En consecuencia, de Sonders Jr. citamos:

[...] Sólidas razones hacían creer que antes de abandonar Italia, (Luciano) había dejado una extensa organización en aquel país para introducir narcóticos de contrabando en Cuba, que desde allí mandaría a los Estados Unidos. Anslinger se dispuso a esperar, hasta saber lo más posible acerca de sus contactos y métodos de operación.
   El Plan estuvo a punto de fracasar por un incidente que dio lugar a uno de los más divertidos informes existentes en las sombrías fichas del Departamento [...] (se refiere a la incursión de pupilas y monjas en las habitaciones de Luciano).[18]
   [...] Agentes de narcóticos enloquecidos, comunicaron inmediatamente a Washington que la publicidad arruinaría todos sus planes. Pero esta publicidad, gracias a unos sobrehumanos esfuerzos, fue evitada. Charlie Luciano no supo jamás de aquella visita matutina y la vigilancia continuó.[19]

Luego, armado de una inocencia proverbial, agrega que:

La prensa cubana, como es natural (prensa que había demostrado su gran docilidad durante la reunión de diciembre en el «Hotel Nacional» y que ahora parecía tener luz verde)[20] descubrió quién era aquel rico y generoso señor Lucania, y la noticia

causó sensación. Pero la reacción del público no fue la que el
comisario Anslinger esperaba. Nadie pareció preocuparse de la
presencia de Charlie Lucky Luciano en la Isla. Todo lo contrario.
Por aquel tiempo, Anslinger había descubierto ya todo lo que
quería saber, en particular que los primeros envíos de droga, vía
La Habana a los Estados Unidos, estaban siendo organizados, y
quería bloquear el canal.[21]

Han transcurrido más de cuarenta años y todavía los asuntos relacionados con la derrota que sufrió Luciano en La Habana yacen
envueltos en el misterio; si nos atenemos a las consideraciones que
realizó el Comisario de la Oficina de Narcóticos del Departamento
de Tesorería estadounidense: había «[...] —descubierto ya todo
lo que quería saber [...]», era lógico que Luciano tuviera sus días
contados; seguramente sería detenido y enjuiciado, y los canales del
tráfico destruidos; pero era de esperarse también que, dado sus
notorios vínculos con las —familias— de La Habana, la estructura
delincuencial del hampa norteamericana radicada en Cuba fuera
barrida, y se desmantelaran sus grandes negocios.

Cuando Luciano convocó a toda la mafia norteamericana para
La Habana, se encontraba en una situación extremadamente des-
ventajosa. Pero no tenía otra opción: expulsado como estaba de
Estados Unidos, sin que se vislumbrara alguna esperanza que le
permitiera volver. Entonces decidió que lo mejor que podía hacer
era instalarse de manera permanente en la capital cubana. Por la
cercanía a Estados Unidos y la favorable situación que ofrecía la
Isla para las operaciones, seguiría ejerciendo el control y la hegemonía. De lo contrario, tarde o temprano resultaría desplazado, y
su influencia, cada vez menor.

Es necesario precisar que, a partir de 1942, el peor enemigo de
Charlie «Lucky» Luciano no era el gobierno de Washington, y en
particular sus servicios especiales —con los que habían ampliando
considerablemente sus relaciones—. El principal enemigo de

Luciano fue la creciente influencia económica y política de otros grupos o *familias* de Estados Unidos, encabezados por don Vito Genovese.

Pero el hecho de que Luciano escogiera a La Habana como centro de operaciones, polarizó con rapidez muchas ambiciones y temores, para desatarse sobre él un conjunto de fuerzas que contribuyeron a sacarlo de la capital cubana; en primer orden, con la intención de alejarlo definitivamente de Estados Unidos. Para el logro de este objetivo, actuó una primera fuerza siempre negativa para Luciano, representada por don Vito Genovese y otras *familias* afines. La segunda fuerza estaba relacionada con los intereses de Lansky. Meyer era el lugarteniente de Luciano y jefe del Imperio de La Habana; su ayuda en cualquier otra circunstancia hubiera resultado de extraordinario valor, pero el hecho de que el jefe de la mafia se instalara definitivamente en Cuba, convirtió su presencia en una verdadera amenaza; y todo nos lleva a pensar que Lansky contribuyó secretamente —y en no poca medida—, a que se produjera el desplazamiento de Luciano.

Lucky Luciano no entendió de inmediato aquella situación. Tuvieron que pasar varios años antes de que se diera cuenta de los rejuegos a los que había sido sometido.

La tercera fuerza pudo haber sido perfectamente una poderosa aliada de Luciano. Estuvo representada por el gobierno de Washington —particularmente sus servicios especiales—; si tenemos en cuenta el resultado estratégico de la alianza mafia norteamericana-servicios de inteligencia de Estados Unidos, alianza que condujo a la libertad de Luciano para principios de 1946, y sobre todo, si nos atenemos a las consideraciones que esgrimió el gobierno norteamericano: patriotismo, fidelidad y espíritu democrático de Charlie «Lucky» Luciano, no hubiera sido extraño que gozara de una mayor tolerancia o impunidad, como resultó con algunos otros mafiosos, dado el acelerado proceso de integración, legalización, y entrecru-

zamiento de intereses que se estaba produciendo, con las grandes
fortunas proveniente de la delincuencia organizada.

Esta afirmación resulta irrebatible, ya que la acción emprendida
por el gobierno de Washington, cuando se hizo pública la presencia del jefe de la mafia norteamericana en La Habana, no estuvo
dirigida a reprimir a la mafia en territorio estadounidense, ni al
desmantelamiento del Imperio de La Habana, sino exclusivamente
a obligar al gobierno cubano a expulsar a Luciano, para confir-
marlo de nuevo a la vieja Sicilia.

En poco menos de una semana la presencia de Luciano en Cuba
se convirtió en algo realmente escabroso. Lansky fue el primero en
confirmarle el clima desfavorable que se estaba gestando en Estados
Unidos, como resultado de las intrigas de Genovese. En Washington había mucha gente agarrada a su nómina; y ahora todos atravesaban un gran riesgo. Podrían desmantelar los casinos, resentirse
los negocios en los *nigth clubs* y grandes cabarets, los canales de la
droga, el tráfico de piedras preciosas; se espantaría el turismo adinerado, y hasta el asunto de los abortos, el juego popular, las carreras
de caballos, y las operaciones en empresas y compañías que estaban alcanzado cada vez mayores espacios. Era probable también
que se dañaran los grandes rejuegos en los bancos; pero la desgracia
pudiera extenderse incluso a los amigos del Gobierno.

El Comisario de la Oficina de Narcóticos del Departamento de
Tesorería de Estados Unidos rápidamente comenzó a presionar.
Anslinger alegaba que en La Habana se encontraba el «Enemigo
Público Número Uno», y para evitarle problemas al gobierno
cubano, Washington «vería con muy buenos ojos que volviesen a
mandar a Luciano a Italia».[22]

Transcurrieron varios días, y como nada aconteció, el Comisario
endureció sus posiciones; hizo nuevas declaraciones a la prensa de
Estados Unidos acompañadas esta vez por un documento que envió
a las autoridades cubanas, exigiendo la salida inmediata de Luciano.

El presidente Grau San Martín se limitó a contestar aquella nota con un memorándum en el que agradecía el envío de referencia, pero sin precisar compromiso alguno. Esto, y una entrevista que sostuvo el Ministro de Gobernación, Dr. Alfredo Pequeño, con el Excelentísimo Embajador norteamericano en La Habana, fue la única respuesta; porque, según la cúpula Auténtica, a pesar del mal prestigio que arrastraba ese personaje, su permanencia en La Habana constituía un acto absolutamente legal: sus papeles se encontraban en regla, y el pesquisaje que le habían realizado no revelaba que estuviera contraviniendo la ley.

Anslinger comprendió muy pronto la fragilidad de sus gestiones, y requirió la ayuda personal del Presidente Truman. Según Anslinger, la policía norteamericana conocía todo lo relacionado con las redes y manejos que realizaba la mafia desde La Habana; por lo que el Presidente norteamericano autorizó las medidas que se consideraran oportunas; pero a pesar de que había logrado la aprobación de Washington, la Oficina de Narcóticos de Estados Unidos no fue más allá de la primera exigencia: el gobierno del doctor Grau San Martín debía sacar con urgencia a Luciano de Cuba, y eso era todo.

Las fuentes revelan que por esos días Grau sostuvo una reunión con un importante grupo de políticos, en el segundo piso del Palacio Presidencial. El Primer Ministro Carlos Prío también asistió a ese encuentro, donde el Presidente —en esta ocasión— mostró su contrariedad por la injerencia norteamericana. Al cabo, diría Grau San Martín, si éramos libres, por qué no se podían otorgar visas a quien el Gobierno de Cuba estimara conveniente.

Se precisó también, en esa reunión, que los informes remitidos por la policía secreta de Cuba a la oficina Presidencial, aseguraban que el millonario italo-norteamericano conocido como Salvatore Lucania estaba sometido a la más estricta observancia, y se había comprobado que llevaba en La Habana una apacible existencia.

Muchos le tenían como un gran pendenciero; mas, según Grau, no había nada legal que lo obligara a salir del país, si seguía comportándose de una manera tan digna.

Ante los primeros síntomas del escándalo, Luciano se puso muy inquieto. A todas luces los peligros mayores venían de las intrigas; esos arreglos que realizaba don Vito; si no, cómo podían ocurrir tantas desgracias. Luciano estaba dominado por las dudas. ¿Acaso tendría que ver en esto el periodista del *Post*? Wallace se encontraba en tratos secretos con la policía secreta cubana, y sus amigos eran muy influyentes. Lansky, sin embargo, expresó su negativa. No, hombre, no, en este país no hay policía que sea enemigo nuestro.

Desde el principio —por lo menos en lo aparencial— Lansky fue partidario de resistir. Luciano estuvo de acuerdo; y el gobierno de Cuba estaba respondiendo a su real gusto. «Lo de Luciano es algo que no tiene importancia», precisaba un documento firmado y foliado en la oficina presidencial. De esa manera, atendían en lo formal a los reclamos recibidos a través de la Embajada norteamericana.

Las exigencias de Anslinger encontraron una enconada resistencia, hasta que el gobierno norteamericano anunció que la Isla sería sometida a un bloqueo de productos farmacéuticos, que ninguna droguería cubana podría importar drogas médicas, ni cualquier otra compra ni envío de drogas legales, para ser usadas en productos medicinales. Cuba estaría sujeta a un embargo, hasta que no se hiciera realidad la partida de Luciano.

Fue un gran escándalo, con notas, llamadas a media noche, discursos privados, encuentros secretos y trajines de emisarios y correos que hicieron que este asunto alcanzara poco menos que la dimensión de una guerra. De los sucesos ocurridos en La Habana, en aquel febrero de 1947, Gosch y Hammer aseguran que:

> [...] El Presidente cubano Ramón Grau San Martín se indignó ante la «injusticia» de la amenaza norteamericana. El doctor José

Andreu, el director nacional de salud pública y un signatario de la Convención Internacional que cubría el uso de las drogas por todas las naciones, no solo dudaron que Luciano estuviera detrás de un supuesto aumento en el tráfico de drogas, sino que también afirmaron que no había ninguna fuerza legal capaz de cortar el suministro a Cuba de drogas legales mientras esta cumpliera las obligaciones del tratado. Las acciones norteamericanas, decían, «era arbitrarias e injustas». Pero estas eran meras palabras. Los cubanos, en realidad, no tenían otra opción que acceder a las amenazas y exigencias: el país no tenía capacidad para fabricar las medicinas necesarias y era totalmente dependiente de los Estados Unidos para su suministro.[23]

Frederic Sonders Jr., por su parte, nos dice:

Las autoridades cubanas pusieron inconvenientes. Finalmente, fue necesario la presión conjunta del Departamento de Estado y Tesorería para persuadirles de que la presencia de Charlie Lucky sería una constante fuente de perturbaciones entre los dos gobiernos. Pero hasta que Washington no amenazó con cortar todo embarque legítimo de narcóticos, el gobierno cubano no tomó ninguna medida..., y con reluctancia [...].[24]

Además de la furibunda oposición que presentó Grau San Martín, de forma paralela se formó un bloque de políticos, a espaldas de la opinión pública, que empezó a actuar de manera secreta. Luego, como casi siempre, el Presidente Grau San Martín terminó delegando el asunto en manos de sus ayudantes.

En aquel frente de avezados políticos se movieron varios personajes: el doctor Carlos Prío realizó las gestiones más delicadas, para que no se «corroyera» la posición monolítica del Estado cubano, en aquella cuestión de soberanía.

Para las gestiones aglutinantes, se escogió a Indalecio Pertierra, el Representante Liberal. En su mansión se efectuaron algunas de las reuniones, con todas las banderas políticas. Se encontraron en una misma sala, como viejos amigos, distintas tendencias: «Paco» Prío, Eduardo Suárez Rivas, Miguelito Suárez Fernández, Germán Álvarez Fuentes, Acosta Rubio, Alonso Pujol y «Santiaguito» Rey. Existieron otras muchas adhesiones entre los representantes y senadores, hasta se temió que si el asunto cobraba mayor vuelo y llegaba a oído de los más reticentes, el tema fuera a ventilarse en las sesiones del Congreso.

No fue. Lansky se encontraba maniobrando; y realizó un segundo viaje a Daytona Beach, impelido por Luciano, para precisar qué nueva idea podía ponerse en práctica.

Regresó con dos ideas magistrales. El general Batista era hombre de gran imaginación, y había elaborado algunas variantes, de las cuales no sabría realmente cuál sería la mejor.

La primera tenía relación con su antiguo secretario particular, el discreto Mariné, quien andaba ahora por Caracas regenteando uno de los mayores casinos. Las gestiones se podían hacer con el gobierno venezolano para una visa que legalizara la entrada de Luciano en aquella capital, por vía de la República Dominicana.

Como se trataba del mismo Caribe, era una variante que podría luego evolucionar. Luciano sería bien recibido, contaría con muy buenos amigos, y se estaría siendo flexible ante las presiones de Washington.

La segunda variante era todavía más audaz; contó enseguida con la apasionada defensa de «Neno» Pertierra. Le pedirían al doctor Grau que ante la amenaza del gobierno norteamericano y de acuerdo con las facultades conferidas por la nación, se le respondiera al bloqueo de las medicinas con la negativa de Cuba a enviar ni una sola gota de azúcar a los Estados Unidos.

A Luciano aquella idea le pareció demasiado peregrina y consultó con abogados amigos; oyó también los consejos de Amadeo Barletta y sobre todo la opinión de Amleto Battisti; todos coincidieron en que aquello era un imposible, ¿con qué carajo iba a resistir Cuba?

No había otra salida; y le pidió a Lansky que dejara ese asunto.

Un día antes de que fuera detenido, Batista le envió un correo; y de la conversación que sostuvo con aquel emisario, Luciano coligió que todo estaba perdido. El general, sin preámbulos, le mandaba a decir que lo más sabio era poner tierra de por medio, hasta que vinieran tiempos mejores; pero Luciano, dominado por el escepticismo, estaba persuadido de que, si salía para Italia, nunca más podría volver al continente americano.

Al otro día fue detenido —23 de febrero de 1947— en un restaurante del Vedado. Benito Herrera, jefe de la policía en La Habana, delegó la operación en uno de sus lugartenientes. El oficial designado se comportó con extrema cortesía. Le pidió a Luciano, por favor, que los acompañara. Era sábado, y podían pasar por la residencia de la calle 30, para que recogiera lo que considerara oportuno.

Luciano no perdió su compostura, se mostró también muy cortés; se despidió afectuosamente de sus guardias de *corps* y salió tranquilamente, hacia los autos, franqueado por los agentes cubanos.

Lo vería Lansky dos o tres veces más, mostrándole toda la hipocresía de que era capaz: temía por las redes; le preocupaba de manera especial la seguridad de los hombres más valiosos; pero en realidad, ningún otro mafioso sería perseguido ni molestado. A pesar de haber sido detenido, Luciano no fue acusado ni juzgado; ni la estructura operativa que la mafia norteamericana poseía en La Habana fue tocada. Lo único importante era que Luciano saliera de Cuba. La farsa había sido montada de manera magistral; a los pocos días, ya las droguerías cubanas empezaron a traer otra vez los cargamentos de drogas legales, o sea, materia prima que supuestamente utilizarían en los medicamentos. Tenían en su poder una licencia que los autorizaba a entrar al país una partida

de drogas, y giraban contra aquella autorización una y otra vez,
durante todo el año.

Observados los acontecimientos que protagonizó Charlie
«Lucky» Luciano en La Habana en marzo de 1947, estos no signifi-
caron una represión para las actividades de la mafia norteamericana
en Cuba. Al contrario, el auge fue mayor, la impunidad cada vez
más creciente; con los años los negocios continuaron extendiéndose,
y quedó demostrado que el único estorbo era Luciano.

Hasta hoy día, no son pocos los que aseguran que la salida de
Luciano de Cuba se debió a las presiones y exigencias del gobierno
de Washington. Nada más falso. El gobierno de Estados Unidos
actuó en lo aparencial. Hubo exigencias, pero exigencias manipuladas, que respondían no a las buenas intenciones del gobierno estadounidense, sino a las contradicciones existentes entre las familias
de la mafia, a causa de ambiciones y celos de poder. Todo conspi-
raba para que Luciano se alejara de La Habana: los poderosos intereses mafiosos radicados en Nueva York, y del otro lado, la perfidia
con que manejó este asunto el jefe del imperio de La Habana.

La actitud de Harry J. Anslinger fue estrictamente profesional. Los rencores de don Vito Genovese eran de otra naturaleza:
si Luciano regresaba a Estados Unidos, adiós a sus pretensiones.
Lo de Lansky era todavía más simple. Para él era muy embara-
zoso que Lucania se mantuviera en La Habana por mucho tiempo;
mientras «Lucky» permaneciera en Cuba, el Imperio que él había
forjado no sería enteramente suyo. Lo tendría que compartir con
alguien de mayor rango. Luciano era su jefe, y además un siciliano.
No tenía por qué protegerlo, y todo ocurrió con mucha rapidez. Se
cumplía una ley inexorable: cuando los intereses de los enemigos
eran coincidentes con los deseos de los amigos, no había nada que
hacer. Fueron dos grandes fuerzas contra Luciano; dos fuerzas que,
a finales de la próxima década, acabarían enfrentándose, en una
guerra brutal por el reparto de Cuba.

El 29 de marzo de 1947, Charlie «Lucky» Luciano abandonó la Isla a bordo de un carguero turco, viajó en primera clase. Su partida fue todo un suceso: sus andanzas tendrían eco resonante en las acusaciones radiales que cada domingo protagonizaba Eduardo R. Chibás. Dos senadores pelearon en el Congreso y un Ministro terminaría encausado.

Mucha gente importante fue a despedirlo; Lucania correspondió con esas maneras suyas, tan beatíficas. Estuvo cortés, agradable, incluso simpático; muy generoso y espléndido; pero de todos, ningún abrazo fue tan cálido ni fuerte como el que le propinó «Paco» Prío, hermano mayor del futuro Presidente.

Los políticos y el crimen organizado

Para fines de 1946, se habían estado efectuando también importantes reuniones en la residencia del expresidente Batista. Grau, por su parte, mantenía pretensiones releccionistas; mientras los sectores más pobres tenían que soportar la desocupación, la bolsa negra, y los privilegios y latrocinios de la democracia Auténtica.

Es en esta época cuando los grupos gangsteriles de la política cubana inician la represión macartista, en operaciones que alcanzarían una especial dimensión, contra los comunistas, la intelectualidad progresista, y el movimiento obrero —sindical— y campesino, para evitar que se produjera la unidad de todas las fuerzas patrióticas de la nación cubana.

Detrás de este proyecto concebido para enfrentar, dividir y aniquilar la influencia revolucionaria, se encontraba la mafia y el aparato de inteligencia de los Estados Unidos.

Los temores imperiales seguían siendo los mismos: temían que en algún momento se fuera a producir una insurrección que arrastrara a los sectores oprimidos mayoritarios en la sociedad cubana.

Los servicios especiales y la mafia coincidían en que el paso de las huestes del grausismo por el poder aparente era más bien temporal. En realidad, en su ascenso, fueron demasiados los compromisos para que el autenticismo —Grau— pudiera explicar esas alianzas y rejuegos con machadistas y batistianos, como en los casos de Aquilino Lombard y Guillermo Alonso Pujol.

Pero de todos los arreglos políticos a los que se vio forzado Grau, ninguno sería tan incomprensible para la opinión pública, como la componenda que realizó con un hombre que ocuparía la vicepresidencia. Traído de afuera —no era Auténtico—, se le conocía como un furibundo conservador. Había publicado en 1922 un libro en el que negaba la existencia del imperialismo norteamericano, donde además justificaba la política de intervención de Estados Unidos en Cuba. Era partidario de la Enmienda Platt, y sus ideas no se correspondían con el programa político que sustentaba la cúpula auténtica, en los momentos en que fue llamado a conformar el Gobierno.

En consecuencia, en 1944, Grau organizó un gabinete bajo los mejores auspicios. Designó como Primer Ministro al doctor Felix Lancís y Sánchez, dado a las prebendas y dominado por una absoluta desidia.[1] Otro de sus ministros fue el doctor Segundo Curtis —hijo de italianos radicados en La Habana— quien en un gesto de extrema admiración, declaró que Grau San Martín era el Presidente más excelso de la historia de Cuba. Al doctor Curtis le correspondió el Ministerio de Gobernación.

La cartera de Agricultura recayó en un camagüeyano dueño de droguerías, de haciendas y otros variados negocios: el doctor Álvarez Fuentes, anfitrión en el aeropuerto internacional de Camagüey de los vuelos que realizaban las «Aerovías Q». La droguería suya se encontraba en el centro de la capital agramontina, y sus éxitos ya trascendían las fronteras del Caribe.

Para asombro de todos, al vicepresidente de Batista, doctor Gustavo Cuervo Rubio, se le asignó en el gobierno entrante la cartera de Ministro de Estado. Esa misma tarde —10 de octubre de 1944—, después de la entrega de poderes en Palacio Presidencial, después de muchos abrazos, susurros conciliatorios y sonrisas para las cámaras de la prensa, Cuervo Rubio tomó posesión de su nuevo cargo —Ministro de Relaciones Exteriores—, que hasta ese instante había ocupado Jorge Mañach, de la agrupación profascista ABC. Pero el más espectacular reparto de los cargos ministeriales fue el que se le concedió a «Mosquito» Clark. Según la prensa de la época, el afortunado no era un consumado político, ni tenía fachada de «revolucionario», ni era un personaje de gran carisma, ni poseía influencias políticas o relaciones sociales. Tampoco contaba con experiencia en las lides del poder. Sencillamente, durante un cierto tiempo «Mosquito» Clark se había radicado en la zona de Las Tunas, como empleado de una compañía azucarera; y ahora, resultaba para todos muy extraña aquella designación, de un personaje que no era rico, residía lejos de la capital, y por lo tanto era desconocido por completo en los medios en que, de manera aparencial, se decidían los destinos de Cuba.

Pero con «Mosquito», a pesar de estas inconveniencias, todo marchaba de maravilla, hasta que un curioso periodista se puso a revolver entre los misterios de la suerte, y descubrió que el flamante Ministro de Comunicaciones era muy aficionado —apasionado— a la radiotelegrafía, en la que solía invertir horas y horas, encerrado en un cuarto, con paredes saturadas de paisajes norteños; y como era en realidad un hombre de confianza de la compañía del central «Manatí», podía darse el lujo de permanecer días frente a una mesa, con un aparato de comunicaciones, trasmitiendo y recibiendo mensajes.

Fue a la caída del tirano Machado cuando «Mosquito» demostró ser una persona sumamente útil. Los centrales azucareros estaban siendo ocupados por destacamentos obreros, que se dieron a la tarea de organizar los soviets. El personaje de nuestra historia observó que los obreros de su comarca se disponían a ocupar el central de los Rionda; preocupado con aquella situación, se le ocurrió poner en práctica sus conocimientos radiotelegráficos, y se puso a trasmitir en inglés, a la flota norteamericana que ya rodeaba la Isla, para que los marines desembarcaran y pudieran actuar.

Es por esto que gracias a los muchos avatares del autenticismo el nuevo pase político al general Batista se encontraba muy adelantado para 1948. Este proceso se inició el mismo 10 de octubre de 1944, con su exilio hacia Daytona Beach —donde estuvo cuatro años, un mes y nueve días—; allí disponía de los asuntos de Cuba, mientras esperaba ser llamado de nuevo.

Era su casa un hermoso chalet rodeado de árboles y flores, en una de las zonas floridanas más exclusivas. Además del parque inglés, por detrás de la casona se deslizaba la apacible corriente del Halifax River, con un pequeño embarcadero.

En Estados Unidos Batista siempre se mantuvo protegido por una docena de guardaespaldas, sin contar los servicios especiales que le brindaban los agentes del Condado. El resto de su personal era de absoluta confianza. El comandante D'Torra —su antiguo jefe de publicidad— se había convertido en el personaje más conocido del aeropuerto. Los que llegaban para entrevistarse con el exmandatario siempre eran recogidos por él, excepto si se trataba de una persona tenida en muy alta estima o rango. Entonces, quien acudía al aeropuerto era el señor Morales del Castillo.

Entre noviembre y diciembre de 1946, Morales del Castillo se trasladó en numerosas ocasiones al aeropuerto. Era un trabajo agradable. Los visitantes solían expresar frases de respeto y halago; y cada vez que se referían al general, lo hacían como si Batista continuara siendo el Primer Mandatario.

La señora Carmen Gomero hacía las veces de secretaria particular. Esperaba las visitas en el portal y de inmediato las conducía hasta al despacho; pero cuando la identidad o los asuntos de los que llegaban debían permanecer en el más estricto secreto,

Batista en persona salía a su encuentro y juntos atravesaban por los sitios más arbolados; se iban hasta el embarcadero y abordaban uno de los botes —siempre remando Batista— hasta un cercano remanso del río.

Para asuntos usuales, la casa; para las relaciones protocolares o amistosas, el parque inglés; y los encuentros más discretos en el río, en el bote, al caer la tarde, con los resplandores del Beach Street Boulevard en la distancia.

En Miami Batista optó por un atuendo más sencillo y natural. Los visitantes no tenían que guardar aquel rigor que imperaba durante su mandato. Por aquel entonces no se podía ir a ver al general si no se cargaba con saco y corbata. Nada de *ensemble*. Nada de *sweater* o *jacket*. Atrás habían quedado los días de su disputa con Pedraza.

Era usual que importantes políticos cubanos desaparecieran de La Habana, en breves o discretos viajes al sur de Estados Unidos. Navegando en la corriente del Golfo, en un yate privado, en unas pocas horas se podía llegar a la Florida; pero la mayoría de estos personajes preferían los vuelos especiales de las «Aerovías Q». Otras líneas más inocentes volaban a diario de La Habana hacia Chicago, con escalas en Houston, donde los viajeros podían reordenar el rumbo. Eran muy eficaces también los Douglas del «Expreso Interamericano». Estos aviones realizaban dos, tres y a veces cuatro escalas: en Miami, Vero Beach, algún otro punto de La Florida, y finalmente aterrizaban en Daytona Beach.

El listado de los personajes que por entonces se entrevistaron de manera secreta con Batista es muy numeroso: exmilitares, políticos de nuevo y viejo cuño, empresarios, pistoleros, policías, jugadores profesionales, agentes invisibles y algunos mafiosos.

José Manuel Alemán, Ministro de Educación de Grau —quien era el encargado de pagar los grupos gangsteriles—, en varias ocasiones se ausentó de la capital cubana para reunirse con Batista.

Se sabe que más de una vez se hizo acompañar por Rolando Masferrer —uno de los principales jefes de los grupos de pistoleros macartistas—, para tratar asuntos de mayor envergadura. El excandidato presidencial Carlos Saladrigas se trasladó varias veces a la Florida. Las reuniones de Saladrigas en Daytona siempre resultaron muy cálidas. Algunos otros organizaron viajes para tratar asuntos significativos, más tortuosos, como en el caso del catalán Eusebio Mujal Barniol, que dirigía el frente obrero Auténtico; él y Masferrer eran personajes muy vinculados a los servicios de inteligencia estadounidense. Viajes discretos también realizó el exgeneral Tabernilla; los acuerdos que se alcanzaban en aquellos encuentros entre Tabernilla y el general Batista, siempre eran trasmitidos a un grupo de militares en retiro.

Viajó Julio Lobo, alegando cuestiones de salud. Alonso Pujol y «Santiaguito» Rey salían de Cuba cada vez que se precipitaba algún acontecimiento de importancia; y viajó «Paco» Prío, con los mejores deseos de su hermano. Cada cierto tiempo pasaba por la casa del general el excomandante Mariano Faget. Llegaba a expresarle su fidelidad y respeto. Las visitas del Representante a la Cámara Indalecio Pertierra eran usuales; y se produjeron algunas estancias de los hermanos García Montes, sobre todo el abogado y consultor del *Chase Manhattan Bank*. Igual ocurría con los señores Martínez Sáenz y José Manuel Martínez Zaldo, personajes claves en las operaciones de la *familia* Barletta.

De las *familias* de la mafia instaladas en La Habana, solo a Santo Trafficante padre le era permitido acercarse a Batista para tratar algún que otro asunto. Barletta medía mucho sus movimientos, ahora que comenzaba a organizar de nuevo notables negocios al amparo de los Prío. En general, los asuntos con Batista eran manejados directamente por Meyer Lansky, a pesar de que el jefe del Imperio de La Habana se había radicado de nuevo en los Estados Unidos. Podían encontrarse en rápidos viajes a Nueva York, aunque lo normal era que, cada cierto tiempo, Lansky cruzara por la Florida, donde podían conversar con toda tranquilidad.

De todos estos viajeros, quien siempre se comportó con mucha cautela fue el senador Auténtico Miguel Suárez Fernández, Presidente en el Senado de la República.

Visto en su dimensión histórica, resultan impresionantes los múltiples contactos de Batista —amparados por la mafia y los servicios secretos de Estados Unidos— con las más importantes figuras de la cúpula Auténtica; no solo en su residencia, antes de 1948, sino después de 1950, en la habitación 726 del lujoso hotel «Martinique», en Miami Beach. Unos y otros —auténticos y batistianos— llegaban secretamente a saludarlo o a aconsejarse en los asuntos más delicados o escabrosos que enfrentó el autenticismo.

Con su cúpula, por otra parte, Batista sostenía un constante tráfico de opiniones, criterios y valoraciones (en once años había dejado organizar un aparato delincuencial al servicio del hampa norteamericana de tal magnitud, que era lógico pensar que en cualquier momento podía ser llamado de nuevo a regentear el poder aparente) alrededor de las perspectivas de la política cubana. Algunos personajes «múltiples»: enlaces entre la inteligencia y la mafia norteamericana, como «Santiaguito» Rey Pernas o Eduardo Suárez Rivas, pasaron muy pronto a cumplir misiones dentro o muy cerca de la cúpula Auténtica.

Como parte de los entrelazamientos, se incluyó en la comisión de propaganda encargada de la campaña electoral del doctor Carlos Prío Socarrás, al doctor Fernando Sirgo, quien era viejo amigo de Batista, y eficiente secretario de su despacho.[2]

Es necesario precisar que ya para 1946 los auténticos habían perdido todo prestigio, y el poder que ejercía su cúpula era un verdadero caos, manteniendo solo un mérito para los intereses de Estados Unidos: la más feroz persecución contra los comunistas, y el dominio y represión del movimiento sindical cubano.

Para esa fecha, coincidiendo sus ambiciones personales con los intereses futuros de los grupos financieros-mafia-servicios especiales, Batista estaba persuadido de que otra vez constituía una opción. Es en ese instante que comienza a manejar su regreso a Cuba. De inicio, Batista estuvo alegando que su vuelta a la Isla no sería para participar en los asuntos de la política, sino para fundar un gran diario. El encargado de crear esta leyenda fue Eduardo Suárez Rivas. Esta historia se empezó a conformar a través de llamadas telefónicas, conversaciones, notas, visitas, discrepancias y negativas, manejadas por la prensa a veces de una manera muy pérfida y en otras ocasiones con una total ingenuidad.

Pero para que Batista pudiera materializar su regreso, tendrían que realizarse no pocos arreglos. Debía de evitar, entre otros inconvenientes, que no se fuera a poner en vigor la causa número 30 de 1943, causa que estaba pendiente en la Sala Primera de lo Criminal de la Audiencia de La Habana, seguida contra sus desmanes, estafas y abusos cometidos en las obras del dragado de Cárdenas, Isabela de Sagua, y el llamado saneamiento de la playa de Varadero.

Desde la Florida —en medio de los viajes que realizó Alonso Pujol—, Batista negaba, se contradecía, simulaba, se comportaba de una manera a través de la cual todos pudieran pensar que lo que hacía —o haría— se encontraba en el marco de la más estricta espontaneidad.

En Daytona, el teléfono del general era el 5595; resultaban frecuentes las conversaciones que sostenía con Suárez Rivas. El senador Rivas —senador por Las Villas—, siendo presidente del Partido Liberal, había servido de fachada para que «Lucky» Luciano se pudiera instalar en Cuba. Rivas, además, había participado en la famosa disputa entre el autenticismo y el gobierno de Truman; y era notoria la actividad que realizaba un sobrino suyo en los negocios del juego. Más tarde, durante el mandato de Prío, Suárez Rivas pasó a ocupar el Ministerio de Agricultura; y ya para 1950-1955, se manejaba su nombre como un posible candidato a Presidente por la Coalición Auténtica. Luego, después de 1952, fue muy destacada su participación junto a Batista, en el proceso de reorganización del Estado de corte delictivo. Por último, comenzó a desempeñarse como secretario de la «Compañía Hoteles La Riviera de Cuba S.A.» —compañía tapadera— que era utilizada por el «financiero de la mafia» para proyectos de largo alcance —con el fin de convertir a La Habana en la más rutilante cadena hotelera del Caribe—; pero entre 1947-1948, sería injusto atribuirle a Suárez Rivas las más importantes maniobras que posibilitaron que Batista pudiera entrar de nuevo en Cuba.

Los principales artífices de estos arreglos fueron Carlos Prío y Guillermo Alonso Pujol, y en particular, un personaje que ostentaba dentro del autenticismo la Presidencia del Senado: el doctor Miguel Suárez Fernández.

Desde antes, en septiembre de 1947, Prío se había comprometido, si llegaba a tomar el poder, a que permitiría el regreso de Batista a la Isla con todas las prerrogativas y garantías que merecía un expresidente.[3] Según documentos, este recado se le trasmitió a Batista a través de Guillermo Alonso Pujol, quien era el vicepresidente de Prío.[4]

Lo proyectado era que Batista regresara siendo senador, para que ante cualquier contingencia pudiera gozar de inmunidad parlamentaria. Sin embargo, es necesario precisar que, para 1948, Batista no tenía la menor posibilidad de ocupar un espacio en el Senado de Cuba, ni por Las Villas ni por ninguna otra provincia, ya que era un hombre absolutamente repudiado por el pueblo. Además, la comarca villaclareña se encontraba dominada por la agrupación Auténtica. Los auténticos mantenían en esa provincia una mayoría senatorial. Por tanto, la opción Batista para Senador era absolutamente imposible.

Lo que ocurrió fue que el Partido Auténtico y su máxima figura en Las Villas, Miguel Suárez Fernández, fueron a un total repliegue. No organizaron en Las Villas el proceso eleccionario. Renunciaron a la mayoría senatorial de esa provincia, con el fin de que Batista tuviera todas las posibilidades de utilizar una gran «sargentería» política, a través de una intensa campaña, a un costo verdaderamente millonario.[5] Fueron los auténticos, con el senador Miguel Suárez Fernández a la cabeza, los que permitieron que el acta senatorial de Batista alcanzara el promedio de votos requeridos.

Esta maniobra política contra la nación cubana —mayo de 1948—, no pasó inadvertida para los más perspicaces:

La provincia de Las Villas viene resultando una incógnita electoral para las fuerzas gubernamentales; por el contrario, para los liberales y demócratas es una región ya ganada. Esto, que parece un jeroglífico, tiene una explicación sencilla: la ostensible neutralidad de Miguel Suárez Fernández, inactivo ante la tarea de captar votos para la candidatura presidencial de la Alianza. No obstante sus ataques a la «coalición Machado-Batista, mantiene a los auténticos y republicanos huérfanos de una ayuda que pudiera resultar decisiva. De ahí que los seguidores de Nuñez Portuondo consideren a la provincia central de la Isla como un tanto a su favor.[6]

Y añadía el periodista:

[…] por los predios políticos villareños ha venido circulando el rumor de que los auténticos de la región han limitado su ambición a la conquista de la minoría senatorial […].

La versión de tierra adentro afirmaba también que el Presidente del Congreso (Miguel Suárez Fernández)[7] no regresaría de Miami hasta pasados los comicios generales. El hecho de haber dejado su casona de las riberas del Almendares al cuidado de un sirviente de confianza, despidiendo al resto de la servidumbre era un síntoma revelador de su actitud [...]. [8]

La cúpula Auténtica manejó este asunto como si se tratara de un sortilegio, encubriendo acciones y objetivos esenciales, para otorgarle al general Batista la preciada acta de Senador, con la que regresó a Cuba para finales de 1948.

Esto, por supuesto, no era nada nuevo. Mucho antes, la noche del 27 de noviembre de 1946, en un acto cívico que se efectuó en la colina de la Universidad de La Habana, se afirmó que:

> [...] el PRC le dio la victoria al doctor Grau, pero el doctor Grau no gobierna con su partido... Con Grau están ordenando los mismos que ayer gobernaron con Batista, no es la revolución de Trejo y Guiteras la que está en el poder [...].[9]

Los titulares que publicaron los periódicos durante esa semana revelaban los verdaderos problemas por los que atravesaba Cuba: POR ORDEN DEL PRESIDENTE GRAU SE SUSPENDE EL DESFILE DE EMPLEADOS PÚBLICOS QUE PEDÍAN AUMENTOS DE SUS SALARIOS. *Afirma el abogado Salvador García Agüero que el general Genovevo Pérez, jefe del Ejército, es el único conspirador.* RETIRAN LOS ESTUDIANTES DE LA UNIVERSIDAD DE LA HABANA LA CORONA QUE ENVIARA GRAU AL MONUMENTO DE LOS MÁRTIRES DE 1871. *Los oradores que intervinieron en la velada universitaria del 27 de noviembre le advierten al Presidente los riesgos y peligros que entrañaría su reelección.* EN SANTIAGO DE CUBA LA SOCIEDAD CHINA *KUO MING TANG* ACUSA AL CORONEL EPIFANIO HERNÁNDEZ DE HABER ASALTADO LA SOCIEDAD Y DESTROZADO LOS MUEBLES. *En una conferencia con el Presidente, el director de la Renta de la Lotería Nacional declaró que considera inexplicable los turbios negocios que se cometían al amparo de su Institución.* EL CAPITÁN PORTO DESERTÓ DE LA

POLICÍA NACIONAL Y SE REFUGIÓ EN MIAMI ALEGANDO QUE SE ENCONTRABA AMENAZADO POR LOS GÁNGSTERS CUBANOS. *El Ministro de Educación José Manuel Alemán declaró a la prensa que no tenía nada de qué arrepentirse.* FUERON DESPEDIDOS DE SUS TRABAJOS SIN NINGUNA COMPENSACIÓN 550 OBREROS DE LA TEXTILERA ARIGUANABO. *Anuncian los panaderos que se aproxima una gran escasez de harina.* REGRESA A CUBA MÍSTER HENRI NORWEB, NUEVO EMBAJADOR AMERICANO. *Finaliza a todo tren la temporada hípica en el Oriental Park de La Habana.* DIEZ DISPAROS HECHOS POR DESCONOCIDOS MATAN EN LUYANÓ A UN EXTENIENTE DE LA POLICÍA. *Violentos debates en el Senado con motivo de la propuesta de investigación de los manejos del Ministro de Educación Alemán.* REPORTADOS 600 CASOS DE MALARIA EN ZONAS DE BARACOA. *Falta el pan en Manzanillo desde hace tres meses.* WALL STREET CONSIDERA A CUBA UN BUEN CAMPO DE INVERSIONES DEBIDO A SU BAJO «TAXES». *Promete Hacienda pagar a los bancos los cheques falsificados y exige Grau disciplina a los senadores auténticos.* Mientras SE PRODUCE UNA RIÑA TUMULTUARIA EN GUANTÁNAMO DURANTE UN MITÍN DE PROTESTA CONTRA UN SOLDADO AMERICANO QUE HUBO DE PISOTEAR LA BANDERA CUBANA.

Escándalos, robos y fraudes

Al margen de otras bajas pasiones, intereses personales, ajustes de cuentas, vendettas, ajusticiamientos y un sinnúmero de acciones delictivas, el gangsterismo criollo —macartista— constituyó en Cuba un eficaz medio de corrupción que sería utilizado —su fuerza principal— contra el viejo Partido Comunista y el vigoroso movimiento obrero dirigido por Lázaro Peña.

La organización de este gangsterismo le permitió al doctor Carlos Prío Socarrás, primero desde el Ministerio del Trabajo y después como Primer Ministro, deslizarse hacia la presidencia de la República, para un segundo período Auténtico, con un vicepresidente que respondía por entero a la cúpula político-militar del general Batista.

En un informe entregado al Tribunal de Cuentas, publicado en la prensa de la época, el joven abogado Fidel Castro acusó al Presidente Prío por sus estrechos vínculos con el gangsterismo:

> [...] Prío no es ajeno al trato con las pandillas. Lo escoltaron celosamente a través de toda su campaña política. Subió al poder saturado de compromisos.

[...] Así, por ejemplo, aparte de otros más pequeños, al grupo de Guillermo Comellas le dieron 60 puestos; al Tribunal Ejemplar Revolucionario 110 puestos; a la Unión Insurreccional Revolucionaria, 120; a Acción Guiteras, 150 puestos; al grupo del Colorado, 400 puestos; al grupo de Masferrer, 500 puestos; y al grupo de Policarpo, que era el más temible, 600 puestos, que hacen un total, según datos que obran en mi poder, de 2 120 puestos que se cobran sin prestar servicios en los Ministerio de Salubridad, Trabajo, Gobernación y Obras Públicas.

El número de puestos por personas en algunos casos es alarmante: por ejemplo Manuel Villa tiene 30 puestos; Guillermo El Flaco 28 puestos, Pepe «El Primo» 26 puestos, el «Boxer» (ignoro su nombre) 26 puestos, distribuidos por nóminas o por caché en jornaleros bajo distintos nombres.

[...] Las pistolas con que se mata, las paga Prío.

Las máquinas en que se mata, las paga Prío.

Los hombres que matan, los sostiene Prío.

[...] para concluir estas líneas en las que he puesto la mayor suma de honradez y sinceridad, solo me resta repetir aquellas palabras de Martí cuando exhortaba a los cubanos a la lucha: «Para ti, Patria, la sangre de las heridas de este mundo, y la sonrisa de los mártires al caer. ¡Para ti, Patria, el entusiasmo sensato de tus hijos, el dolor grato de servirte, y la resolución de ir hasta el fin del camino![1]

Los recursos para este gangsterismo macartista eran sacados a través del famoso inciso «K». Se llegaron a invertir 3 400 000 pesos mensuales —igual al dólar—, para apoyar y financiar a estos grupos. Para octubre de 1948, este inciso «K» tenía un sobregiro de once millones de pesos, acumulados de los diez meses anteriores.[2]

Los Prío, además de ser amigos de los más importantes mafiosos norteamericanos, se aficionaron con rapidez al uso de la cocaína; constituyeron un clan que ejemplificó el delirante período

de conformación de un Estado de corte delictivo, en su segunda
etapa (1944-1952).

Para los primeros meses de 1948, la manteca se compraba en
Chicago a 16 pesos el quintal y se vendía en Cuba a 65 pesos. Por
este negocio le entraba al tercer piso del Palacio Presidencial 5 000
pesos diarios. Los fraudes del Consejo Corporativo —compras al
exterior— eran también millonarios; mientras que en los dispensa-
rios antituberculosos del país no existía ni un solo gramo de estrep-
tomicina. La malversación en la Aduana de La Habana ascendía a
siete millones de pesos; y se segregaban decenas de millones con la
cobertura de la conversión del dólar y la compra de oro. Se defrau-
daban con cifras millonarias las zonas fiscales del país. Hacienda
también arrastraba defraudaciones por varios millones. Las filtra-
ciones en los rejuegos del cobro de los tributos otorgaban a Palacio 60 000 pesos diarios. La Lotería Nacional dejaba dos pesos de
gabela por cada billete vendido, lo que multiplicado por 43 000
billetes, alcanzaba una cifra de 80 000 pesos semanales.[3]

El autenticismo se caracterizó por grandes escándalos, robos,
fraudes y malversaciones:[4] la Causa 182, por 74 millones de pesos;
las falsas incineraciones de decenas de millones, en billetes retirados
de la circulación; y el desmontaje de la red tranviaria de La Habana.

El sistema tranviario es uno de los medios de transportes mejores y más económicos para un país que no posea grandes recursos
energéticos o financieros. En Cuba, las redes tranviarias fueron des-
manteladas no solo en la capital, sino en otras importantes ciudades, para que el transporte pasara a depender por entero de la gran
industria automotriz norteamericana: consumo de lubricantes, piezas de repuesto, neumáticos y la constante y cada vez más costosa
importación de vehículos. Muy pronto casi todo el transporte de
pasajeros en la Isla dependió de la cada vez más costosa importación de ómnibus, alegándose que los tranvías eran ineficientes,

incosteables, cuando grandes ciudades de Europa mantienen todavía estos servicios, por nuevos o diversos medios con que cuenten. Durante el Autenticismo se generalizó la corrupción administrativa: fue una práctica diaria la especulación, los negocios fraudulentos, bajos salarios y un espiral inflacionario de gran magnitud, que afectaron extraordinariamente los intereses populares.

Grau y Prío acentuaron hasta el delirio la corrupción, a través de una estelar democracia nunca antes conocida en América; pero en lo esencial, la crisis del Autenticismo ante el esquema impuesto por el imperialismo, se debió a las desmesuradas ambiciones de su cúpula.

El esclarecimiento de este asunto revelaría que los personajes Auténticos más encumbrados siempre tuvieron la sensación de encontrarse en un fugaz tránsito, como fuerza emergente, al servicio de los grupos financieros-mafia-servicios especiales de Estados Unidos, y por tanto, para enriquecerse tenían que apurarse.

El análisis del período anterior (1934-1944) revela otra situación. Batista había mayoriado toda la década del treinta, además de ser un fiel representante de cada una de las fuerzas que entraron a operar contra los intereses de la nación cubana; pero en especial, el exsargento había contribuido a crear sólidas bases para conferirle a ese período una rigurosa continuidad. Batista siempre mantuvo el control real dentro del poder aparente; pero los auténticos ni siquiera habían logrado eso. Es por ello que las fuerzas que entraron a dominar la economía y la política cubanas, le otorgan a Batista cierta participación en negocios que estuvieron siempre controlados. Aunque, como hombre extraordinariamente precavido, el general nunca realizó dentro del país grandes inversiones —a pesar de haberse apropiado de una millonaria fortuna—, como no fuera de cabeza visible, en esferas que pertenecían por entero a los intereses de la mafia.

Lo real es que para la cúpula Auténtica solo estaban reservadas las estafas y robos que dependían de la administración, mientras que otros muchos jugosos negocios eran coto cerrado. No sería extraña entonces la reacción del gobierno norteamericano cuando Prío fue incitado a excederse en un marco de exigencias competitivas,[5] reservados solamente para los grupos dominantes del poder. Además de las pretensiones moralizadoras de Eduardo R. Chibás, el otro acontecimiento que aceleró los arreglos subterráneos de los grupos financieros-mafia-servicios especiales norteamericanos, conducentes al golpe de Estado de 1952, fue el escándalo producido en los Estados Unidos con las revelaciones de la Comisión Kefauver.[6]

Para marzo de 1950, el senador Estes Kefauver, legislador por el Estado de Tennesse, había realizado un extenso pesquisaje sobre el crimen organizado en las principales ciudades estadounidenses, y había llegado a la conclusión de que las operaciones de la mafia en Estados Unidos conformaban una conspiración monstruosa, ultrajante.[7]

La Comisión Kefauver presentó un listado que incluía los más relevantes capos del bajo mundo americano. Estos mafiosos habían logrado crear verdaderos imperios, no solo en lo referente a negocios ilícitos, sino en cada vez más importantes y numerosas empresas legales. Las ciudades más afectadas por el dominio en esa trinidad de intereses: crimen, negocios y política, eran Miami, Tampa, Nueva Orleans, Saint Louis, Detroit, Los Ángeles, San Francisco, Las Vegas, Filadelfia, Washington, Chicago y Nueva York.

El propio senador Kefauver, quien encabezó aquella investigación, precisaría algunos de los aspectos que caracterizaban la expansión de la mafia en Estados Unidos.

1. En Los Estados Unidos (escribiría el senador), existe un sindicato del crimen que abarca toda la nación, pese a las protestas de numerosos criminales, de los políticos a su servicio,

de algunos ciegos de nacimiento, y de otros que pueden estar honradamente equivocados, quienes sostienen que no existe tal combinación.

2. Detrás de las bandas locales que forman el sindicato del crimen nacional, hay una organización internacional que permanece en la sombra, conocida como la Mafia, tan fantástica que muchos americanos consideran difícil creer en su realidad.

3. La infiltración de los bandidos en los negocios legales ha ido progresando de una manera alarmante en los Estados Unidos. El Comité de mi presidencia descubrió varios centenares de casos en que conocidos bandidos, muchos de ellos empleando la coacción, se habían infiltrado en más de setenta negocios legítimos.[8]

Estas revelaciones también pusieron al descubierto que, desde 1942, se habían realizado arreglos para abrir todavía más los canales de la droga, que se encargaban de «[...] traer heroína de Marsella, vía Cuba, hasta Kansas City, para su distribución por el Oeste Medio [...]».[9]

En marzo de 1951 —y durante ocho días—, la Comisión que presidía Kefauver efectuó un conjunto de audiencias públicas en Nueva York. Para estas audiencias fueron requeridas «la flor y nata de los *rackoters*[10] norteamericanos; fueron reclamados, sentados e interrogados frente a las cámaras de la televisión; y puesta en debate muy seriamente la existencia de la mafia. Por primera vez se utilizaron los medios televisivos para cuestionar el crimen organizado en Estados Unidos; las presentaciones, trasmitidas a todo el país, permitieron que decenas de millones de norteamericanos se enfrentaran a esa realidad.

Con aquella denuncia se estremeció la nación entera; es de presumir que la mafia se sintiera verdaderamente amenazada. No pocos de estos grandes personajes: Joe Adonis, Frank Costello, don Vito Genovese, Humberto Anastasia, Meyer Lansky, Joe Profaci y otros célebres, experimentaron un extraordinario temor, porque sus intereses se encontraban en grave peligro. Se trataba de una élite enriquecida, que había alcanzado gran preeminencia, y que para esa fecha, iniciaba un proceso que los llevaría a la legalización de sus multimillonarias fortunas.

Por tanto, en 1950, a pesar de los múltiples arreglos realizados, y de lo mucho que se había avanzado en los entrelazamientos en la economía y la política de Estados Unidos, la Comisión Kefauver demostró que la mafia todavía era vulnerable.

Luego, en las nuevas circunstancias que propiciaron los grupos de poder en Estados Unidos (incluso «la obra total [de la Comisión Kefauver], contentiva de la investigación, no ha sido nunca puesta en pleno conocimiento público»),[11] estos descubrimientos fueron diluyéndose, a través de un dilatado proceso manipulado en las más altas instancias y que finalmente conduciría, en 1963, al asesinato del Presidente John F. Kennedy.

Pero a mediados de 1951 la mafia debió de sentir que sus intereses se encontraban verdaderamente amenazados. Este peligro incluía, por supuesto, a los grupos que se habían instalado en La Habana desde 1934 cuando Luciano reorganizó más de cien bandas, y a Meyer Lansky le correspondió la Florida y áreas del Caribe, incluyendo la mayor de Las Antillas.

Los grupos de La Habana habían avanzado con mucha rapidez. Ya para 1940 poseían un extraordinario imperio, reforzado notablemente después de los arreglos que se produjeron con la Inteligencia norteamericana. A partir de entonces, se abrió una más secreta y tolerante complacencia para los intereses de la mafia en los propios Estados Unidos. Era lógico que los grupos de La Habana también se beneficiaran con aquella bonanza y extendieran algunos negocios hacia zonas de Nueva York, en la expansión acelerada de Las Vegas y, sobre todo, en esas crecientes inversiones que se estaban realizando en la península floridana.

Sin embargo, La Habana seguía siendo un sitio de primera magnitud. Aunque en lo referido al turismo adinerado, la infraestructura no creció, más bien se concretaron en mantener a la Isla como una sólida base para el tráfico de drogas o piedras preciosas, el juego en sus más diversas variantes, los tradicionales centros hoteleros y lujosos cabarets, el consumo creciente de la cocaína, importantes carreras de caballos y otros negocios, como eran los nexos con el centro internacional financiero radicado en la capital cubana, que posibilitaba a las *familias* de La Habana mantener excelentes relaciones con el resto de la mafia en Estados Unidos, en lo relativo a la legalización de grandes fortunas. También operaban decenas de compañías y empresas que servían de cobertura legal.

Para 1951, el Imperio de La Habana era extraordinariamente poderoso. Incluso habían comenzado a operar espacios cada vez más importantes de la economía cubana, en un entrecruzamiento con los grupos financieros y los servicios especiales; y aunque no había aumentado —algunos afirman que mermado— la afluencia del turismo millonario, ahora canalizado hacia Los Ángeles, Nueva York, Florida o Las Vegas, La Habana continuó siendo un emporio de singular alcance para asuntos muy lucrativos o delicados.

De todas formas, con los escándalos que propició en Estados Unidos las revelaciones de la Comisión Kefauver, los grupos de La Habana eran los que estaban en mejores condiciones de reorganizar una retaguardia que siempre les aseguró impunidad. El asunto era lograr que el Imperio de La Habana fuera cada vez más estable, eficiente, tolerante, ahora que aparecían algunas inquietudes en Cuba, relacionadas con las próximas elecciones, para un nuevo período que comenzaría en 1952.

Estas dos situaciones presentes para 1950-1951: presiones a que estaba siendo sometida la mafia en los propios Estados Unidos y ese programa de moralización y adecentamiento del Estado burgués en Cuba, preconizado por Eduardo R. Chibás, constituían sin dudas los mayores peligros para los intereses de las *familias* instaladas en La Habana.

En realidad, ahora en Cuba la amenaza más real, más inmediata, más temida para los negocios de la mafia, provenía de un ala disidente de las filas del autenticismo, liderada por Chibás.

Aunque la cúpula del partido de Chibás estaba siendo objeto de una acelerada penetración —por políticos tradicionales, oportunistas, agentes encubiertos y latifundistas, entre otros— era este partido el que arrastraba para 1951 a las grandes mayorías insatisfechas, que exigían un gobierno que fuera capaz de combatir tanta corrupción imperante.

Las otras fuerzas que hubieran podido ofrecer una resistencia organizada a las maniobras que emprenderían los grupos financieros-mafia-servicios especiales norteamericanos, habían sido perseguidas y reprimidas durante años. Los sindicatos, asaltados, y la izquierda revolucionaria desalojada del antes poderoso movimiento obrero cubano, en manos ahora de Eusebio Mujal. De igual modo, habían desatado una gigantesca campaña de calumnias y difamaciones contra el viejo Partido Comunista. Amparados por esa gran campaña, se procedió al asesinato de prestigiosos dirigentes, entre ellos Jesús Menéndez, de los azucareros, y Aracelio Iglesias, de los portuarios de La Habana. Los movimientos campesinos en Camagüey y Oriente fueron también perseguidos, y asesinados algunos de sus destacados representantes.

Para 1951 los servicios especiales norteamericanos consideraban que las fuerzas de izquierda en Cuba, dada la intensa batida represiva de la que eran objeto, no estaban en condiciones de encabezar una inmediata resistencia ante cualquier maniobra: arreglo o pase político que se produjera en la Isla.

Los medios de comunicación masiva en Cuba: radio, televisión y prensa escrita, utilizados para estos fines, estaban alcanzando un extraordinario auge, y constituían un verdadero poder en la manipulación de los acontecimientos políticos. Además de los tradicionales medios de la prensa cubana, surgían otros importantes consorcios, como el que regenteaban los hermanos Mestre, y otros órganos que respondían a las diversas cúpulas político-militares situadas en el poder aparente o la oposición. La mafia, a su vez, buscando una mayor influencia en aquel complejo y precario equilibrio, también entró a operar con sus medios, a través del periódico *El Mundo*— la cadena radial «Unión Radio» y algunos canales de televisión.

Pero a pesar de todo, Chibás sería sin dudas el próximo Presidente; y aunque su programa político no ofrecía profundas transformaciones económicas y sociales, sí planteaba el urgente saneamiento administrativo, moral y político del país, cosa que, dada la situación a la que había sido arrastrada la nación cubana, no se correspondía en modo alguno con los proyectos del esquema impuesto en Cuba por el imperialismo norteamericano.

Es ilustrativo el fragmento de la carta que el 31 de diciembre de 1950, enviara Orestes Ferrara —corrupto político de origen italiano— al vicepresidente de Carlos Prío Socarrás: Guillermo Alonso Pujol.

Usted me dirá (escribió Ferrara desde Nápoles) que yo considero a Chibás ya en la presidencia. No: a la distancia no puedo dar opiniones tan precisas. Pero las elecciones deben ser honradas e inapelables, por lo que se debe pensar bien, antes, lo que se hace […]. En la situación en que se presenta Cuba o hay que llevar a Chibás por un camino constructivo, tranquilizador, de solidaridad, sin estridencias, o hay que presentar una situación que

se oriente hacia sus mismos fines de honorabilidad y decencia
pública, quitándole la exclusiva de un programa que, después
de todo, es una aspiración de todo buen ciudadano y no de tal
y cual partido […]. Si le he hablado de esto en dos ocasiones es
porque lo considero un problema crucial. Mi síntesis es esta: si
la voluntad popular manifiesta es que Chibás sea Presidente,
debéis procurar que llegue al poder como hombre de Estado y
no en actitud demagógica. Si esto no es posible, debéis procurar
desviar la opinión pública, presentando candidatos y programas que hagan ineficaz la predicación del caudillo en gestación.
    Como Chibás irá al gobierno a título personal (porque el par-
tido es él) resulta más importante que en otros casos saber de
antemano lo que piensa […]¹²

La carta era delicada en extremo —para esa fecha Charlie «Lucky»
Luciano también se encontraba en Nápoles—;¹³ pero Pujol procedió de inmediato a su publicación, con el fin de evitar que pudiera
implementarse una opción parecida, ya que por entonces él se
encontraba en secretos contactos con el general Batista, para los
asuntos del golpe de Estado.¹⁴

    Un análisis del acoso sicológico a que fue sometido Chibás —aco-
so que lo arrastró al suicidio— nos lleva a pensar que los servicios
especiales norteamericanos hicieron un riguroso estudio de su personalidad, con la intervención de verdaderos profesionales, antes de
montar la operación encubierta, con el fin de eliminar lo que consideraban en ese momento el mayor obstáculo interno, utilizando para
esta manipulación sicológica al Ministro de Educación del Presidente
Prío: Aureliano Sánchez Arango.

    Chibás se encontraba enfrascado en un intenso proceso de acu-
saciones y denuncias. Eran tales los desmanes y la desmoralización
que, ante las continuas exigencias de la opinión pública, en una
sensacional entrevista, el Presidente Prío declaró que no podía:

aceptar que se ataque al Ejército de esa forma, con esas denuncias que ustedes vienen formulando. No hay derecho a que los ataques se concentren sobre Columbia [principal campamento militar del país] cuando el fenómeno de los contrabandos se dan también en otros aeropuertos De acuerdo con las estadísticas, solo un veinte por ciento del comercio ilegal se efectúa por el campo de Columbia [...].[15]

Lo primero que hizo Aureliano para implementar aquella operación, fue hacerle una provocación al líder de la ortodoxia: lo acusó de estar comprometido con sucias especulaciones que se estaban produciendo con el café. Chibás tomó aquella falsa acusación como un asunto de honor. Lo tomaría también como algo absolutamente personal.

Andaba en el ambiente ciertos misteriosos viajes que estaba realizando el Presidente Prío a Guatemala, en el avión particular de Aureliano, sin la autorización del Congreso; como si se tratara del preámbulo de una nueva fechoría. Chibás se encontraba librando una batalla general contra la corrupción del gobierno Auténtico y de pronto, sin que todavía se pueda precisar cómo, entre las mil y una felonías cometidas a diario por el autenticismo, fue inducido a denunciar una supuesta operación fraudulenta.

Como era usual, se lanzó a fondo: en una de sus emisiones radiales acusó a Aureliano de haber comprado con los dineros del desayuno escolar unos terrenos en Guatemala para la construcción de un lujoso reparto.

Aureliano contraatacó de inmediato, trató a Chibás de difamador y mentiroso. Lo emplazó a que presentara pruebas. Chibás, a su vez, respondió comprometiéndose a mostrar las evidencias, porque, según él, las pruebas de aquel nuevo fraude se encontraban en su maleta, a partir de ahí, los invisibles empezaron a manipular todo el asunto.

La polémica Chibás-Aureliano pronto se convirtió en el centro de interés nacional; con sucesivos aplazamientos, estudiados, meditados; muy bien asesorado Aureliano, para un proceso que conduciría a un enfrentamiento público a través de la televisión. En realidad, en aquella polémica se siguió un intenso cambio de posturas, retos y réplicas insidiosas de los auténticos, que rápidamente ocuparían todos los espacios: hogares, calles, plazas, centros de estudios y laborales; en un rejuego que se caracterizó por una magistral manipulación de espacios radiales, columnas periodísticas, rumores y chismes que acapararon rápidamente la opinión pública. Cualquier otro asunto quedó postergado, en espera de que Chibás abriera su famosa maleta.

Para que se efectuara aquel debate, le fueron imponiendo al líder de la ortodoxia un sinfín de condiciones; Chibás las fue aceptando una a una.

La primera condición fue que el debate debía durar cuatro días. Era algo insólito, pero Chibás aceptó. La otra condición —también impuesta por Aureliano— fue que Chibás no podía involucrar ni utilizar ni acusar al Presidente de la República. Era algo más que insólito, pero Chibás también aceptó.

El asunto del reparto en Guatemala se había convertido para Chibás en algo obsesionante. Aureliano puso una nueva condición: no se podría hacer ninguna alusión al gobierno de Prío: el debate solo debía concentrarse en una supuesta inversión suya en un reparto de Guatemala.

El encuentro quedó fijado para el 21 de julio de 1951, a las nueve y treinta de la noche, en el hemiciclo del Ministerio de Educación, lugar desde donde sería trasmitido por la televisión y las cadenas de radio. Chibás debería concurrir absolutamente solo, con la maleta de las pruebas en la mano.

Como parte del plan, se echaron a rodar rumores y amenazas. Incluso llegó a decirse que el debate no sería cubierto por la prensa ni trasmitido por los medios televisivos; y Chibás temió que aquel deseado encuentro no pudiera realizarse.

Chibás creía, o se le había hecho creer —o simplemente alguien le había prometido aquellas pruebas—, que el debate (el asunto del reparto en Guatemala) se encontraba en sus manos, y temía que el enfrentamiento pudiera ser suspendido o diluido por la cúpula del autenticismo; por lo que, el mismo 21 de julio, le envió a Aureliano una carta donde le ofrecía nuevas concesiones.

Acepto de antemano (escribió Chibás), sin discusión, todas las nuevas condiciones que ha formulado y las que pueda formular en el futuro, hasta las 9:30 de la noche de hoy. Acepto que el tema a tratar sea el que usted señala: «Terrenos en Guatemala y malversaciones del desayuno y el material escolar». Acepto también que el tema sea exclusivamente «Guatemala», eliminando los otros dos. Acepto de entrada cualquier otra variante que usted proponga. Acepto lo que usted quiera con tal de evitar que el debate se suspenda. Solo reclamo una cosa: absoluta libertad de palabra.[16]

La conjura estaba en marcha. Aureliano sostuvo reuniones secretas con el Ministro de la Presidencia y el Jefe de la Policía Nacional; los Prío y sus asesores. La prensa conoció también que «se habían renovado febrilmente las licencias de armas del personal policiaco adjunto a Educación».[17]

Una prueba de la manipulación síquica a que fue sometido Chibás, es la carta que el líder de la ortodoxia recibió a última hora:

Me ha costado tiempo y paciente trabajo, pero al cabo te he situado en el terreno que correspondía y del que has hecho ingentes como vanos esfuerzos para escaparte, dignos de mejor causa. Te espero, pues, esta noche en el hemiciclo del Ministerio de Educación para debatir, exclusivamente, estos tres temas, además correlacionados: tu infame calumnia en el sentido de que yo estoy fomentando un reparto residencial en Guatemala con el producto de las malversaciones de los fondos del material y del desayuno escolar [...].

Te espero para esto, recuérdalo bien, para esto y solo para esto. Cuando tú en la utilización de tus métodos habituales —que yo conozco mejor que nadie en Cuba—, te separes del tema, te será llamada la atención por el coordinador. Cuando tú repitas tu burda maniobra —que es sin dudas, a lo que tú vienes al hemiciclo—, te tendrá que ser retirado el uso de la palabra con carácter definitivo. Yo sé que tienes el plan —24 años hace que conozco tus miserias, y tus simulaciones, y tus farsas, y tus acrobáticas maniobras, todas de mala fe y de mala ley, tus estridencias y tu histerismo feminoide—, yo sé, te repito, que tienes el plan de incumplir estas condiciones y de no acatar la autoridad del coordinador.

Otra cosa, y es la última: el único que ha estado entendiendo tu famoso e insistente parrafito sobre la libertad de palabra, en todo este tiempo, he sido yo. La libertad de palabra, para ti, significa concretamente libertad de insulto contra el Presidente Prío, su familia y su gobierno, y por otra parte, libertad para escaparte, para fugarte de tu cobarde calumnia... quedando de tal modo disuelto, ignorado, olvidado el tema único del material escolar y del desayuno, relacionados con el reparto de Guatemala.[18]

Para el desenvolvimiento de la polémica, Aureliano designó como moderador a Octavio de la Saurée Tirapó, director de la Escuela de Periodismo de La Habana, cronista parlamentario desde hacía veinte años; y hombre sujeto a la nómina.

Ese mismo día, al atardecer, los invisibles localizaron a Chibás en un restaurante del Vedado, en compañía de Pardo Llada y otros amigos.

Saurée Tirapó se dirigió a la mesa de Chibás y le entregó el último pliego de demandas, donde le exigían no hacer referencia a personas del gobierno, salvo al propio Ministro de Educación; ni siquiera podían ser nombrados los funcionarios, ni el Presidente de la República, ni sus familiares, ni el gobierno como entidad.

Sabía que no era posible abordar el asunto de Guatemala al margen de otros desmanes cometidos por el autenticismo, pero Chibás aceptó. Es más, se comprometió a no mencionar al cómplice principal: el Presidente de la República.

Para aquel debate, Aureliano designó tribunales, nombró moderadores, y dispuso de alguaciles armados. Había contratado además a varias emisoras de radio, estaciones de televisión y noticieros cinematográficos; en menos de una semana, publicó mil pulgadas de anuncios y textos en los principales periódicos.

Este derroche de publicidad creó una gran expectativa; lo que más deseaban opositores y parciales era que Chibás mostrara aquellas pruebas guardadas en su famosa maleta.

Al anochecer del 21 de julio, personal policiaco a las órdenes del comandante Casals coparon todas las calles que conducían al Ministerio de Educación. Poco antes de las nueve, cuando se apareció Chibás solo —atrás habían quedado sus más cercanos colaboradores—, alguien ordenó cerrar el portón del Ministerio. Los cronistas de la época afirman que la puerta se encontraba entreabierta, pero después de aquella orden impartida, una legión de ujieres, burócratas y policías, se precipitaron a cerrarla en el mismo rostro de Chibás.

—Usted nada tiene que hacer aquí —le espetó un capitán de policías.

Discutió Chibás, pero fue inútil. No lo dejaron entrar, y tuvo que retirarse. Mientras adentro, frente a las cámaras de televisión y los micrófonos de numerosas emisoras, Aureliano, a cada momento, miraba su reloj, «[...] como para dar la impresión de que aguardaba a su adversario [...]».[19] Luego el magnífico simulador ocupó el centro de la presidencia, repartió saludos y recibió aplausos. Iba a comenzar el acto. Iba a comenzar la farsa.

La no presencia de Chibás en el hemiciclo del Ministerio de Educación, quedó para la manipulada opinión pública, no como un acto de fuerza impuesto por Aureliano, sino como parte de la impotencia y la cobardía del líder de la ortodoxia; porque uno de los errores de Chibás fue querer demostrar la corrupción política y administrativa a través de aquellas pruebas.

La persona o las personas que le ofrecieron a Chibás estas pruebas tienen que haber sido de su más íntima confianza. No hay otra explicación, como no fuera un reclutamiento para cumplir el designio. Los servicios especiales, la cúpula del autenticismo o quizás los mismos elementos vinculados a la mafia en La Habana, fueron los que desplegaron este gran aparato propagandístico y policial. De esta manera erosionaron en buena medida el prestigio de Chibás entre las masas. Pero una de las más eficientes formas del «matraqueo» contra Chibás, fue precisamente no dejarlo llegar al hemiciclo.

Chibás cometió, en general, dos grandes errores: 1) cambió el método que venía utilizando para denunciar la corrupción administrativa del autenticismo; 2) ofreció unas pruebas que no estaban en sus manos y que, además, en ningún momento resultaban necesarias.

Esto les permitió a los servicios especiales llevar el proyecto hasta el final. Ni siquiera la cúpula del Partido Ortodoxo (formada por diversos intereses y contradicciones: «[...] su masa era revolucionaria, pero carecía de dirección correcta [...]»),[20] fue capaz de proteger a Chibás de la intriga; por lo que el líder de la ortodoxia fue arrastrado hacia una actividad a puertas cerradas, en un hemiciclo que nunca estuvo a su alcance.

Los poderosos magnates de la prensa cubana que al principio alentaron su prédica: revista *Bohemia*, consorcio regenteado por los Mestre, simpatizantes hasta ayer de las campañas moralizadoras, iniciaron un rápido proceso de distanciamiento.

Es interesante observar cómo, para julio de 1951, un personaje que ganaría fama a través de la televisión —con su filosofía sobre los juegos de azar—, conocido como Pumarejo —vinculado también a los intereses de la mafia—, hizo un pase a una empresa fantasma de las emisoras nacionales «Unión Radio» y «Unión Radio Televisión», dirigido a despojar a los ortodoxos de aquel poderoso medio de difusión que estaban utilizando. En aquella época se manejó con mucha fuerza que se trataba de una maniobra de los Príos; cosa que no era cierta —por lo menos enteramente—, porque detrás de esa operación se encontraba la *familia* Barletta, quien, para este asunto usó como tapadera, entre otras, a la empresa Humara y Lastra.

Pardo Llada, que era uno de los más cercanos colaboradores de Chibás, se venía desempeñando como director del popular programa «La Palabra», y ni siquiera esperó a ser despedido, cobró cuatro mil pesos por dos meses de sueldo y de inmediato renunció al programa. Fue uno de los primeros en anunciar que lo de «Unión Radio» se trataba de un asunto organizado por los Príos. Aunque, por esos días, se aseguró que Pardo Llada se encontraba muy intranquilo, visiblemente nervioso, hasta el mismo día en que Chibás decidió darse el pistoletazo.

Contra Chibás se utilizaron todos los métodos; incluso el vulgar del «choteo». Una gran campaña de desprestigio, para ridiculizarlo, a través del humorismo escrito; se hicieron circular chismes, alusiones, ironías, mientras lo incitaban hasta el delirio para que mostrara unas pruebas que no existían. Chibás fue arrastrado a que sostuviera algo inexistente, en aquel mar de robos, estafas y malversaciones, en que se habían convertido el primero y el segundo mandato de los auténticos.

Fue entonces que Chibás anunció que, en su próxima emisión radial —no tenía ya acceso a los medios televisivos—, presentaría las tan esperadas pruebas; pero cuando habló el 29 de julio, todo su discurso fue una clara evidencia de que, o se había dado cuenta o tenía ya la certeza de que había sido víctima de un engaño.

En esta penúltima alocución no insiste en lo del reparto de Guatemala, sino que vuelve a esa apasionada, certera y mordaz crítica; ataca a la cúpula Auténtica en toda su corrompida actuación y denuncia el verdadero negocio de Aureliano con los Prío en Guatemala: la explotación de un gigantesco consorcio maderero.

Pero resultó que ya era demasiado tarde. A la opinión pública, condicionada —en apenas tres semanas habían conformado un estado de opinión delirante—, no le interesaba ahora las verdades que Chibás pudiera mostrar; solo querían las pruebas del reparto residencial en Guatemala. Veamos cómo enfocó entonces la revista *Bohemia* este asunto:

> En verdad, el discurso dominical de ERCH estaba lejos de ser lo que aguardaba con ansiedad el pueblo entero. La ciudadanía salía defraudada, después de una hora de charla. Hasta el tono de la voz era distinto en Chibás esa noche. Lógicamente el sentimiento habría de serle adverso en esta oportunidad [...].[21]

Chibás estaba solo, acorralado, amenazado incluso de ser expulsado del Congreso por difamador. Le estaban preparando una acusación por atentar contra la estabilidad de las instituciones nacionales, para retirarle la inmunidad parlamentaria. En unos pocos días, había perdido aquella antigua credibilidad; y en un gesto de última honradez, optó por la muerte, no sin antes protagonizar un dramático llamamiento al pueblo cubano.

Después de su muerte, en un artículo titulado «Tiene que cumplir su destino histórico», un periodista de la época se atrevió a escribir de manera memorable:

> Los adversarios de Chibás comprendieron, como sucede en las películas de *gángsters,* que había que acallar al fiscal; comprarlo

no se podía, eliminarlo físicamente era muy peligroso por sus consecuencias políticas. Tenían que recurrir a medios indirectos [...].[22]

El Presidente Carlos Prío había definido mucho antes las consecuencias de ese acto, con el recado que, a través de su vicepresidente Guillermo Alonso Pujol, había enviado al general Batista.

Ninguna persona amiga mía puede acometer la empresa de atentar contra la vida de Batista [...]. Quien estuviera envuelto en esos planes dejaría inmediatamente de ser mi amigo y sobre él caería el peso de la ley. Es claro que un ataque a la vida de Batista haría Presidente a Chibás, como una agresión a Chibás haría Presidente a Batista [...].[23]

Al servicio de la 6 mafia

En 1951 —en un esquema muy general— las fuerzas políticas que estaban presentes en Cuba muestran el siguiente cuadro:

1. Una fuerza instalada como gobierno —poder aparente—, en un desenfrenado proceso de corrupción, con los tres hermanos Prío Socarrás tratando de darle continuidad al autenticismo —en alianzas con los partidos «Liberal», «Demócrata» y «Repúblicano», rodeados de numerosos personajes que aspiraban a heredar posiciones o estaban realizando operaciones encubiertas, entre los que se encontraban Manuel Antonio «Tony» de Varona, Miguel Suárez Fernández, Hevia o los hermanos José y Eduardo Suárez Rivas.

2. Una segunda agrupación —desprendimiento también del autenticismo— encabezada por el doctor Grau San Martín, que desde la oposición aspiraba otra vez a alcanzar posiciones de poder, utilizando aquella falsa imagen de la jornada de 1944. Grau había sido alentado a formar este nuevo partido que debilitaba aún más al bloque Auténtico. En julio de 1951, el senador «Santiaguito» Rey Pernas se había situado

como hombre de confianza de Grau, para estimular contradicciones y ambiciones entre grausistas y priítas.

3. Una tercera fuerza representada por el partido Ortodoxo (muerto Chibás); esta era la agrupación política que ganaría las elecciones de 1952. En este partido también estaban aflorando grandes contradicciones: ya que en muchos lugares del país «su dirección se encontraba en manos de políticos tradicionales y terratenientes [...]».[1]

4. La fuerza que constituía el viejo partido marxista acosados y perseguidos por el más feroz macartismo. Junto a esta fuerza había sido también reprimido el antes poderoso movimiento sindical cubano. Según los especialistas norteamericanos, la izquierda revolucionaria en Cuba no estaba en condiciones de impedir o presentar resistencia organizada a cualquier pase político o arreglo, incluyendo un golpe de Estado.

5. El grupo Batista, con su antigua cúpula política militar; pero Batista, repudiado por todo el pueblo, no tenía ninguna posibilidad de regir de nuevo en la Isla el poder aparente.

El dominio de Estados Unidos sobre Cuba era más que absoluto para 1950-1952; los artífices del golpe de Estado del 10 de marzo de 1952 —los que organizaron y dirigieron esta operación—, fueron las propias fuerzas conformadoras del esquema de dominio norteamericano: grupo financieros-mafia-servicios especiales.

Las operaciones encubiertas, a su vez, estuvieron a cargo de la inteligencia-mafia que, como era lógico, utilizaron para este fin a elementos de las cúpulas político-militares de los partidos tradicionales así como las estructuras secretas de los Institutos armados del país, subordinados a las agencias especiales de Estados Unidos.

Para que tengamos una idea, aunque sea medianamente, sobre
la gran conjura, es necesario decir —haciendo un poco de historia—,
que fueron los especialistas de los Estados Unidos los que organizaron en Cuba —fundaron— los servicios de Inteligencia dentro del
ejército constitucional, en los inicios del período del Protectorado
(1902). Esto sin contar que, desde mucho antes, el espionaje norteamericano operó dentro y fuera de la Isla contra el movimiento
independentista.

Fue después de la primera intervención militar —con el advenimiento de la seudorrepública— que los Estados Unidos pasaron
a controlar directamente los servicios secretos en las instituciones
armadas. Algunos de estos especialistas, llegaron incluso a asumir
la nacionalidad cubana.

Entrenaban a los agentes, no solo en la Isla sino en los propios
Estados Unidos. En general, estos agentes eran reclutados cuando
iniciaban sus estudios en las academias militares. Se presume que
por esta vía llegaron a manipular en alguna medida al movimiento
revolucionario de la década del treinta. Estuvieron presentes además en las operaciones que posibilitaron que Machado abandonara el país; y en las maniobras que hicieron posible que Batista
se convirtiera en la más importante figura del proceso con el que
impuso Estados Unidos un nuevo esquema de dominio contra la
nación cubana.

Luego, acorde con los nuevos tiempos, ampliaron considerablemente su espectro, con políticos, abogados, periodistas, gangsters,
hombres de empresa, mafiosos y altos ejecutivos.

Por tanto, en la Isla no se podía realizar ningún movimiento de
envergadura dentro de las fuerzas políticas o armadas sin que, apenas se dieran los primeros pasos, los servicios secretos estadounidenses no conocieran el trasfondo de los acontecimientos.

Es necesario precisar que la Inteligencia-mafia norteamericana
que se ocupó de los asuntos para el golpe de Estado del 10 de

marzo de 1952, era más poderosa que los grupos que intervinieron en septiembre de 1933.

Estaban de por medio casi veinte años —otra Guerra Mundial—, y habían alcanzado una mayor primacía en la política exterior norteamericana.

Este gran auge comienza en 1940, cuando el presidente Roosevelt envía a William J. Donovan —abogado de Nueva York—, a recorrer Inglaterra, zonas del Mediterráneo y los Balcanes, con el fin de recoger y evaluar un conjunto de informaciones. Donovan regresó con la misión cumplida, y con una recomendación: Estados Unidos debía de establecer una organización central de Inteligencia.

De esta propuesta, el 13 de junio de 1942 surgió la Oficina de Coordinación de Información, que dirigió el propio general Donovan; ese mismo año se inició la alianza estratégica entre la Inteligencia y la mafia norteamericana.

Esta Oficina se dividió en dos grandes centros operativos: Oficina de Servicios Estratégicos, a cargo de Donovan, y Oficina de Información de Guerra. La OSS se hizo famosa por sus operaciones militares en Europa, Asia, y el sur de Italia, con el apoyo de las estructuras secretas de la mafia, utilizando «[...] un molde de combinar operaciones especiales con captación de información que aún es seguido por la CIA [...]».[2]

Desde 1944, Donovan tenía preparado el plan para establecer una agencia central de inteligencia. Cuando Truman asumió el poder, procedió a liquidar la OSS, y estos agentes pasaron unos a la Inteligencia del Ejército y otros fueron trasladados al Departamento de Estado, donde conformaron el Buró de Inteligencia e Investigación.

Cuatro meses más tarde —el 22 de enero de 1946— se dictó una orden ejecutiva que creaba una Autoridad Nacional de Inteligencia y un Grupo Central de Inteligencia, precursor de la CIA. El primero de mayo de 1947 —dos o tres semanas después de haber salido «Lucky» Luciano de Cuba—, Truman nombró para ese cargo al contraalmirante Roscoe H. Hillenkoetter.

Roscoe era graduado de la universidad de Indianapolis, hablaba tres idiomas y tenía varios años de experiencia en la Inteligencia de la Marina. Fue precisamente esta última la que inició los primeros contactos con la mafia norteamericana.

Al decir de la investigadora Penny Lernoux, «Lucky» Luciano fue un: «[...] célebre mafioso que montó la red asiática para la importación de heroína de los Estados Unidos; figura clave de la alianza OSS\CIA con el bajo mundo [...]».[3]

Pero en realidad, para ser justos, hay que decir que figura clave en estas primeras alianzas no solo fue Luciano, sino el «financiero de la mafia» Meyer Lansky. En relación con estas alianzas, Frederic Sondern Jr. asegura que:

> La mayor parte de los detalles de lo que sucedió a partir de aquel momento sigue siendo información exclusiva del inaccesible Pentágono. Un enfurecido senador, Estes Kefauver, con un comité investigador detrás de él, trató de llegar a los hechos en 1951. Tuvo poco éxito. La *navy*, los miembros de las oficinas del fiscal del Distrito Hogany, todo aquel que en realidad sabía algo, se mostraron y han seguido mostrándose vagos, por una sencilla razón, era un asunto sumamente embarazoso [...].[4]

La Ley de Seguridad Nacional que autorizó la creación de la CIA en 1947, estableció también un Departamento de Defensa, unificó los servicios armados de Estados Unidos y creó el Consejo Nacional de Seguridad. Los deberes de la CIA quedaron expuestos en cinco breves párrafos, que otorgaban a esa agencia poderes ilimitados, de hecho, la autorizan a cualquier acción o alianza, incluso con el crimen organizado en los Estados Unidos o en cualquier otra parte del mundo. Veamos el párrafo tercero:

3. Poner en correlación y evaluar la inteligencia relativa a la seguridad nacional; y proporcionar la apropiada diseminación de tal inteligencia dentro del gobierno [...] se establece que la Agencia no tendrá facultades de policía, de citación, ni de hacer cumplir la ley, ni funciones de seguridad interna [...].[5]

La Agencia Central de Inteligencia entró de inmediato a ser un elemento coordinador dentro de la poderosa comunidad de la inteligencia norteamericana, conformada por el Consejo de Seguridad Nacional (*Security National Council*), la Agencia de Seguridad Nacional (*National Security Agency*), la Inteligencia del Ejército (*Army Intelligence*), la Inteligencia de la Fuerza Aérea (*Air Force Intelligence*), el Buró de Inteligencia e Investigación del Departamento de Estado (*State Departament Bureu of Intelligence and Research*), la Comisión de Energía Atómica (*Atomic Energy Commision*) y el Buró Federal de Investigaciones F.B.I. Además de los grupos operativos propiamente de la CIA, encargados de las operaciones especiales; el servicio secreto del Pentágono; la Oficina de Narcóticos de Tesorería; el Departamento de Emigración y Naturalización; y el servicio secreto de las Aduanas de Estados Unidos.

Para 1952, cuando los Estados Unidos asumen de manera secreta el golpe de Estado del 10 de Marzo, cuentan con un mecanismo de inteligencia con el que están realizando operaciones en diversas partes del mundo; pero en el caso del golpe de Estado que instaló a Batista en el poder, también desataron contra Cuba el aparato clandestino de la mafia, los servicios de investigación o información de los grupos financieros radicados en La Habana, y elementos de las cúpulas político-militares de los partidos tradicionales, además de los aparatos policiacos del país, siempre subordinados a la inteligencia de Estados Unidos.

La Ley de Seguridad Nacional de 1947 (dijo Allen Dulles) hubo de situar a la Inteligencia en una posición en nuestro gobierno más influyente que la que disfruta la Inteligencia en cualquier otro gobierno del mundo.[6]

Sin embargo, se ha dicho con razón que los motivos para el golpe de Estado del 10 de marzo de 1952 fueron el resultado de un conjunto de factores, que incluyen orígenes o causas principales, tanto internas como externas.

Para el golpe de Estado de marzo de 1952, el imperialismo norteamericano se aprovechó del caos por el que atravesaba la Isla, arrastrada por el autenticismo: la desmedida corrupción, un feroz macartismo: la persecución de la izquierda revolucionaria, la represión del movimiento sindical cubano y la instauración del gangsterismo, así como las pretensiones de los Prío de perpetuar aquel desorden económico, moral y político.

Pero a pesar de todos los desmanes a que había sido sometido, la resistencia del pueblo cubano era cada vez mayor. La corriente social de inconformidad y las exigencias de las amplias mayorías desarrollaron un vigoroso movimiento moralizador que encabezó Eduardo R. Chibás, con un programa de adecentamiento de la sociedad, que amenazaba seriamente a los grupos financieros-mafia-servicios especiales de Estados Unidos que habían conformado en Cuba aquel Estado de corte delictivo. Día a día la rebeldía popular se iba extendiendo, y en cualquier momento podía estallar.

El otro aspecto que aceleró los preparativos para el golpe de Estado en Cuba fue la profunda crisis político moral —y legal— que sobrevino sobre la sociedad norteamericana entre 1950-1952, cuando las investigaciones de la Comisión Kefauver revelaron la existencia de un extraordinario mundo delincuencial, que manejaba inmensas fortunas y un gran poder, en todas las esferas de la sociedad estadounidense.

La amenaza que representaron las revelaciones de la Comisión Kefauver no solo estuvieron dirigidas hacia los intereses de la mafia sino también a importantes sectores de la economía norteamericana, sus estructuras políticas, y la cada vez más vigorosa comunidad de la Inteligencia en Estados Unidos.

Hacía ya casi una década que se estaban realizando operaciones conjuntas; importantes personalidades de la política estadounidense: senadores, representantes, alcaldes, gobernadores, jueces y fiscales, y hasta altas figuras ejecutivas de Washington, o mantenían una política de gran tolerancia, como parte de ese acelerado proceso, en el cual participaban también sectores económicos y financieros.

El asunto no era solo que la mafia estuviera penetrando en los negocios legales de Estados Unidos, sino que grupos cada vez más crecientes de la economía y la política eran altamente receptivos a estos entrelazamientos, a causa de las jugosas utilidades.

En el prólogo a su libro *Murder Inc.* (*Sociedad del Crimen*), en septiembre de 1951, el periodista norteamericano Sic Feder observó que:

> El Comité Senatorial Kefauver llevó a cabo una admirable tarea al despertar la conciencia pública a un peligro que, puesto de manifiesto en más de una ocasión, había sido olvidado a través de los años. Por ello merece la gratitud de todos los ciudadanos honrados. Sin embargo, tal y como señalamos en nuestro libro, el Comité, como grupo investigador, omitió muchos detalles susceptibles de poner de manifiesto el verdadero alcance de la amenaza [...].[7]

La amenaza, la más inmediata —como consecuencia del escándalo propiciado por las revelaciones de la Comisión Kefauver—, era contra los negocios ilegales —si este proceso se hubiera llevado a cabo de manera consecuente—, por lo que resultaba normal que los intereses del hampa norteamericana iniciaran de inmediato un movimiento de repliegue hacia su más preciada base exterior.

Cuba, para 1950, era la posesión más importante de la delincuencia norteamericana fuera de los Estados Unidos; era lógico que
dada la situación que se presentaba, la mafia tratara de reorganizar
sus intereses, para hacerlos más sólidos y estables, capaces de resistir cualquier presión externa, con medidas gubernamentales que
hicieran de sus negocios algo absolutamente legal, o por lo menos
más tolerables.

Estos dos factores: presiones a la que estaba siendo sometida la
mafia norteamericana en el propio territorio de Estados Unidos y
las amenazas moralizadoras por parte de Eduardo R. Chibás, ace-
leraron los preparativos para el golpe de Estado con el que asumió
de nuevo el control del país el general Batista.

Es necesario decir que, de todas las posibles opciones, Batista
resultaba el más confiable. Había demostrado extraordinaria fidelidad hacia los grupos financieros dominantes, las *familias* de la
mafia y los servicios especiales de Estados Unidos. Era sin dudas,
también, el más disciplinado, en momentos en que, lo que se estaba
decidiendo era la existencia misma del Imperio de La Habana.

Sin embargo, para Washington resultaba sumamente escabroso
justificar operaciones encubiertas para instalar otra vez en el poder
al general Batista, cuando se producían en Estados Unidos serias
imputaciones contra grupos delictivos, sectores políticos y judiciales, y esferas económicas.

En poco menos de veinte años, estos grupos financieros-mafia-
servicio especiales habían avanzado considerablemente en sus entrelazamientos. Por eso, para la implementación del golpe de Estado,
era necesario un consenso entre todas las fuerzas dominantes.

Eso puede explicar en alguna medida las extrañas pretensiones de los Prío cuando, para 1950-1951, trataron de imponerle a las
compañías estadounidenses que se disponían a abrir las minas de
níquel en el Oriente cubano —la *American Smeltin & Refining Co.*
y la *Freport Sulphur Co.*, que se encontraban vinculadas al grupo

financiero Rockefeller, a los intereses Guggenheim y al *National City Bank*— una muy insólita participación en aquellos negocios.

Los Prío le arrebataron —momentáneamente— a los intereses financieros Rockefeller y sus afines, los negocios niquelíferos de Cuba, para entregárselos a una firma holandesa: la Billiton; y realizaron un segundo desafío, al declarar zafra libre para 1951, cuando el gobierno norteamericano presionaba para implantar una política de restricción azucarera, dirigida a mejorar los precios de crudos y estabilizar el mercado internacional a costa de los intereses cubanos.

En consecuencia, las pretensiones de Prío crearon un clima de extrema tensión entre el gobierno Auténtico y el poderoso clan Rockefeller, factor decisivo para que Washington autorizara el golpe de Estado del 10 de Marzo.

El hecho de que los hermanos Dulles poseyeran sustanciales vínculos con las compañías interesadas en la explotación del níquel cubano y otros importantes negocios en las provincias orientales, constituyó una razón de primer orden en los acontecimientos de 1952.

Foster y Allen Dulles mantenían intereses en los negocios que realizaba el bufete de Sullivan y Cromwell en Wall Street, antes de que se dedicaran por completo a las actividades de espionaje,[8] y sobre 1950, las minas del Oriente cubano resultaban altamente preciadas como imprescindible material estratégico para la industria de guerra norteamericana.

A su vez, este complejo financiero —Rockefeller y sus afines— controlaban en Cuba importantes negocios azucareros y ganaderos: una veintena de los mayores centrales y poco más de 40 000 caballerías de tierra, así como la compañía ganadera «Becerra», más conocida como *Ranch King*.

Ese mismo año de 1952, John Foster Dulles ocupó el cargo de Secretario de Estado, y su hermano Allen era el subdirector de la

Agencia Central de Inteligencia, agencia que dirigió hasta los inicios de la década del sesenta.

Hoy se puede afirmar que los hermanos Dulles desempeñaron un papel decisivo en los arreglos para que Washington autorizara el golpe de Estado, apoyándose en un conjunto de situaciones que presentan el viso de las grandes operaciones encubiertas.

Visto en su dimensión histórica, resulta cada vez más insólita la pretensión de los Prío, tratando de competir o desafiar a los grupos financieros de manera impune, con proyectos de participación en espacios reservados solo para los grandes intereses estadounidenses. Lo más probable es que Prío fuera incitado por alguna fuerza, o grupos, que le hicieron creer —o le prometieron— apoyo para materializar su proyecto; pero lo que hizo Carlos Prío en realidad, fue armar con poderosos argumentos a los hermanos Dulles.

La ingenuidad no era una característica de los Dulles. ¿Acaso era creíble que aquellas medidas agresivas contra los intereses financieros de Estados Unidos —realizadas por un gobierno como el auténtico— era solo decisión de aquel presidente cubano? De lo que se trataba en realidad, era de «[...] interrumpir la hasta entonces utilísima farsa de la democracia representativa, promoviendo nada menos que un golpe de Estado».[9]

Indudablemente para Washington resultaba muy escabroso —casi imposible— argumentar ese golpe de Estado en Cuba, en momentos en que los escándalos políticos que se estaban produciendo en Estados Unidos amenazaban la estabilidad del hampa norteamericana.

Los Dulles eran demasiado experimentados como para no darse cuenta de lo que se encontraba en juego; y mucho menos desconocer el creciente proceso de entrecruzamiento que se estaba produciendo en la economía, la política y el crimen organizado de Norteamérica.

Nunca antes las actividades de la inteligencia norteamericana fueron tan intensas —excepto durante 1958—; ni se montaron tantas ni tan aceleradas operaciones para proteger el esquema de dominio de los Estados Unidos en Cuba. La nueva entrada de Batista a regentear el poder aparente en Cuba, requiere para las actuales generaciones de una reflexión mayor, referente al concepto de golpe de Estado militar. Este acontecimiento, al igual que el resto de los cambios políticos que se produjeron entre 1934 y 1958 —correspondientes al proceso de conformación de un Estado de corte delictivo en la Isla de Cuba—, se enmarcan también, sin dudas, como frutos de los arreglos con las partes o pases políticos. El 10 de Marzo, por supuesto, no escapa a este rasgo general que caracterizó ese período, en una política que estuvo encaminada a ampliar y consolidar el poder de Estados Unidos, «[...] en sus empeños por apuntalar o minar a gobiernos extranjeros [...]».[10]

Algunos de los factores para el golpe del 10 de Marzo se empezaron a conformar desde los mismos inicios del pase político al autenticismo en 1944. Otros, tienen antecedentes históricos más lejanos; y el resto fue producto de las operaciones encubiertas que realizó la comunidad de la Inteligencia de Estados Unidos, utilizando a elementos de las cúpulas auténtica-batistiana, o actividades clandestinas a cargo de la mafia norteamericana, cuyo imperio se encontraba seriamente amenazado.

Un factor importante fue la represión contra las fuerzas del viejo partido marxista y los sindicatos cubanos, en un proceso de corte gangsteril, al estilo de Chicago, que en unos pocos años condujo a que la dirección del movimiento obrero cubano pasara a ser dividida y dominada por elementos delincuenciales.

Otro de los elementos históricos es todavía más lejano en el tiempo: la ausencia de una verdadera burguesía cubana. Esta clase económica, calificada como seudoburguesía, ni siquiera constituía una fuerza que se respetara a sí misma. Había emergido al siglo XX

en condiciones muy precarias, como resultado de treinta años de
guerras anticoloniales que devastaron al país, para encontrarse con
una ocupación norteamericana y ser sometida de inmediato, en la
medida en que los Estados Unidos iniciaban en Cuba un proceso
de apropiación de tierras, minas, transportes, comunicaciones,
finanzas, y por supuesto, la codiciada industria azucarera.

Azotados por las crisis de 1920 y 1929, estos grupos de la economía cubana fueron víctimas además de la irrupción de los nuevos
grupos financieros en la década del treinta. La teoría de que la seudoburguesía cubana había emergido con los negocios que propició
la II Guerra Mundial, y que estaba conformando incluso una banca
cubana que empezaba a rivalizar con los intereses de la banca norteamericana, es absolutamente ingenua.

Lo que existía en Cuba para 1950 eran sectores económicos
dependientes de los intereses financieros de Estados Unidos y la
mafia norteamericana, entrelazados, a merced del esquema de
dominio que el imperialismo norteamericano desató sobre la nación
cubana. Existían otros elementos que aparecían como cubanos
—Barletta, Battisti, Julio Lobo, etc.—, cuando en realidad o eran
extranjeros o respondían a los diversos intereses extranjeros. Y un
tercer conjunto, de personajes o altos ejecutivos, muy gastadores,
que ostentaban la representatividad de grandes negocios —cabezas
visibles—; sin contar con las cúpulas político-militares del poder
aparente, cuyos rejuegos fraudulentos permitían que cada cuatro
años salieran dos decenas de nuevos millonarios. Por tanto, para
1950-1952, la más genuina conciencia de nación y nacionalidad
solo se mantenía presente en el movimiento revolucionario y en
las amplias masas populares. Los grupos seudoburgueses y dependientes eran incapaces de resistirse a la instauración de una dictadura militar promovida desde Washington.

Resultó propició también para la ejecución del golpe de Estado,
la política exterior emprendida por el Presidente Truman. Esta

política se caracterizó por una gran ayuda material hacia Europa Occidental (Plan Marshall), y por una indiferencia absoluta hacia los graves problemas económicos y sociales por los que atravesaba América Latina: en especial América Central, los países andinos, Paraguay y el siempre desdichado Haití, de cuya miseria secular son responsables directos los Estados Unidos de Norteamérica.

Esta política de corte duro, anticomunista, con la implementación del llamado «macartismo», desembocó a mediados de 1950 en la agresión militar contra el pueblo coreano. De esta manera, como en no pocas otras ocasiones, el gobierno de Washington, para desvirtuar o diluir los graves problemas internos, se lanzaba a una aventura militar que ocuparía espacios que debieron estar dedicados a clarificar los asuntos relacionados con los negocios, la política y el crimen organizado en Estados Unidos.

En el panorama político cubano, se estaba produciendo un fenómeno extraordinariamente importante —que no pudo haber pasado inadvertido para la poderosa comunidad de la Inteligencia Norteamérica radicada en La Habana—. En los predios universitarios y otros sitios en los que confluían las inquietudes políticas, se estaban produciendo acercamientos, intercambios de ideas, discusiones de puntos de vista, confluencias de criterios, etc., entre jóvenes que procedían de la juventud ortodoxa, las aulas universitarias y de la izquierda marxista, con jóvenes también muy influidos por el pensamiento revolucionario de José Martí.

La comunidad de la Inteligencia norteamericana, por su parte, procedió a montar un conjunto de operaciones dirigidas a que el pueblo cubano no estuviera en condiciones de presentarle una resistencia organizada a la cúpula político-militar que asumiría el poder con Batista. Para la obtención de este resultado, las operaciones estuvieron encaminadas a:

1. Acelerar el clima de violencia, para demostrar que el caos que imperaba en el país era todavía mayor, si tenemos en

cuenta el gigantesco caos existente; para que sectores importantes se persuadieran de que solo una mano dura —la
mano de Batista—, podía lograr que la nación volviera a la
tranquilidad.

2. Un mayor entrelazamiento entre las cúpulas auténtica y
batistiana, con grandes personajes que pasarían directamente a conformar el reordenamiento del Estado de corte
delictivo. Figuras Auténticas como Rolando Masferrer, Eusebio Mujal Barniol y Miguel Suárez Fernández, entre otras,
serían asumidas de inmediato por la tiranía. Otros personajes como Eduardo Suárez Rivas y «Santiaguito» Rey Pernas
—para solo citar dos de los ejemplos más ostensibles— pasaron a sus legítimas posiciones, después de haber cumplido
misiones cerca del grupo Auténtico. Es necesario precisar
que estas «veleidades» siempre han sido tenidas como acti-
tudes políticas o intereses personales, cuestiones de carácter
o mezquindades humanas, mientras pasaban de un bando
político a otro, sin que, con un poco más de suspicacia, se
revelaran como operaciones de manipulación, cuidadosamente planificadas.

3. La creación de un clima sicológico —con las más refinadas
técnicas— para que la entrada de los militares en la política
se viera como la única solución para los graves problemas
que afrontaba Cuba.

4. La aplicación de una política de atomización dirigida hacia
los espacios sociales más patrióticos. Esta política había sido
aplicada desde la primera intervención militar; y durante los
años treinta constituyó el esfuerzo esencial de los Estados
Unidos en Cuba, para evitar que se produjera una genuina
unidad de todas las fuerzas revolucionarias.

5. La mafia —a través de compañías tapaderas— a cargo de la *familia* Barletta, con Angel Cambó y la firma Humara y Lastra, entre otros, fueron al control de importantes medios de comunicación, como el periódico *El Mundo*, la cadena nacional «Unión Radio» y el canal 2 de la televisión, entre otros medios, además de las manipulaciones hechas por Pumarejo.

6. La reorganización del aparato policiaco. Entraron a operar 250 nuevas perseguidoras, con sostificadas técnicas, en patrullaje permanente por la Gran Habana. La figura destacada de este proyecto fue el teniente Salas Cañizares, quien asumió la jefatura de la policía en la capital cubana con el golpe de Estado del 10 de Marzo.

7. La firma de un pacto militar —cuarenta y ocho horas antes de producirse el golpe de Estado— entre el gobierno Auténtico y los Estados Unidos. Esta maniobra sirvió para que Batista heredara «[...] un convenio que lo beneficiaba, y el gobierno de Prío se desprestigiaba aún más [...]».[11]

La cúpula Auténtica pudo haber resistido el golpe de Estado; tenían acceso a las armas que el pueblo necesitaba para enfrentar a los golpistas. De haberse trasladado un camión de armas hacia la Universidad de La Habana (los estudiantes se dirigieron al Palacio Presidencial al amanecer del 10 de marzo en busca de armas) o hacia algunos de los barrios obreros de la capital, se hubiera iniciado una lucha interminable, teniendo en cuenta las características del pueblo cubano.

Es más, existen evidencias irrefutables de que la cúpula Auténtica conocía los preparativos de aquella asonada militar. Desde marzo de 1951, según confesión propia, el vicepresidente de Prío, Guillermo Alonso Pujol, se estaba reuniendo secretamente con el doctor Jorge García Montes y el general Batista, para los asuntos del golpe de Estado:

> Al día siguiente, muy temprano, estaba yo en «Kuquine». Mi anfitrión, en la medida en que creyó conveniente, me entregó el secreto. «En el Ejército, comenzó diciendo, hay un movimiento de jóvenes oficiales que se encaminan a la destitución del Presidente Prío, y a su sustitución por el vicepresidente de la República. Me tienen por la figura que debe darle tonalidad histórica al movimiento. Si los desoímos, se corre el riesgo de que lo hagan por su cuenta y esto es muy peligroso dada la ausencia que tienen los militares del sentido de orientación política». Aunque no lo decía claramente, me hablaba como si se tratara de un golpe a ejecutar en horas inmediatas [...].[12]

Los mismos servicios secretos de Prío estaban al tanto del complot militar; y de manera reiterada habían estado informado de los movimientos y reuniones que se estaban realizando. Incluso en un informe del SIM —tomado del expediente No. 33, de 1952, del Servicio de Inteligencia Militar— se precisan con extraordinaria claridad los aspectos esenciales de la conjura:[13]

> [...] PRIMERO: Que desde hace aproximadamente un año, el Oficial informante, con Agentes a sus órdenes, ha estado manteniendo una constante y discreta vigilancia, sobre las actividades del expresidente Batista, en cumplimiento de instrucciones superiores y por haberse tenido noticias de que mantenía relaciones políticas con miembros del Ejército en servicio activo.

> SEGUNDO: Que en el curso de estas diligencias, se ha logrado comprobar que rodean al expresidente Batista un nutrido grupo de militares retirados, que a su vez, tratan por todos los medios, de mantener contacto con la tropa en activo servicio, previniendo, según ha manifestado en conversaciones íntimas,

el necesitar del Ejército, para un golpe de Estado, en favor de Batista.

TERCERO: Que el sábado 26 de enero último, y en las oficinas del P.A.U., situadas en la calle 17 No. 306, en el Vedado, se reunió el expresidente Batista con un grupo de los referidos militares retirados [...] Tratándose en dicha reunión, de lo difícil que se presentaba el panorama político para la aspiración presidencial de Batista [...]. Discutiéndose las necesidades de llegar al poder violentamente, con el apoyo del Ejército [...].

CUARTO: Al terminar esta reunión, Batista convocó a los directores de su propaganda, a una entrevista que se efectuó esa misma noche en la finca «Kuquine», en la que se trazaron los planes, para modificar la propaganda de radio y prensa en el sentido de [...] Primero: Crear un clima de agitación nacional tendiente a demostrar, que el gobierno actual carece de fuerza para controlar el orden, mantener la paz pública y garantizar los derechos de propiedad y libre empresa. Segundo: Llevar a la opinión pública, el criterio de que solo Batista puede restablecer ese equilibrio, que aseguran ellos interrumpido [...].

QUINTO: Que en la noche del día de ayer, 7 de febrero, se llevó a efecto una nueva reunión en la finca «Kuquine», entre los militares retirados y el expresidente Batista, considerándose lo difícil de su situación política [...] habiéndose acordado en esa reunión, acelerar los contactos con militares en servicio activo, al objeto de utilizarlos, si estimasen necesario un golpe de Estado [...].

SEXTO: Que esas primeras reuniones, celebradas en el mes de enero, por Batista y los retirados militares, y más tarde por los directores de su propaganda, fue conocida por Kuchilán y dio origen a la nota aparecida en su sección de *Prensa Libre* el 30 de enero del año actual [...].

Mucho se ha especulado sobre la reacción que tuvo Carlos Prío ante el golpe de Estado; pero al igual que con el advenimiento del autenticismo en 1944, los acontecimientos del 10 de Marzo fueron fruto de las presiones y arreglos con las partes. Más que una asonada militar, se realizó un cuidadoso trabajo de presiones y arreglos, muy disimuladamente, con la intervención directa del imperialismo norteamericano, y operaciones encubiertas que fueron asumidas por los grupos financieros, la mafia y los servicios especiales, para suplantar al autenticismo por el general Batista.

Dentro de la cúpula Auténtica conocían, y más que conocer, trabajaron hacia este objetivo un grupo importante de personajes cercanos al Presidente Carlos Prío. Estuvieron presentes en estos rejuegos y compromisos, para solo citar unos pocos: Guillermo Alonso Pujol (vicepresidente de la República), Rolando Masferrer (Representante a la Cámara, director de un periódico y jefe de uno de los mayores grupos gangsteriles), Eusebio Mujal Barniol (usurpador de la dirección del movimiento sindical cubano), el senador Miguel Suárez Fernández, de gran influencia en la mayoría senatorial auténtica, y otros célebres. Además de Eduardo Suárez Rivas, quien realizó contactos y entrelazamientos. Estos personajes pasaron de inmediato o después (casi todos, excepto los que tuvieron que cumplir delicadas misiones) al grupo de políticos regenteados por Batista.

Pujol, como parte de la campaña sicológica que se desató contra los Prío, desde agosto de 1951, amenazó los intereses de la familia presidencial. En los últimos meses de su gobierno, a los Prío los estuvieron llevando a una situación obsesionante: si los ortodoxos eran los que tomaban el poder —y eran los ortodoxos los que iban a tomar el poder—, el pueblo exigiría el programa moralizador de Eduardo R. Chibás.[14]

El proceso de amenazas contra los Prío estuvo dirigido a que fuera aceptado el golpe militar, y al mismo tiempo para crear una

fachada que permitiera que aquella asonada se manejara históricamente como algo que había surgido de la misma política local.
Aunque los Prío poseían cuentas millonarias en bancos extranjeros,
venían realizando fuertes inversiones dentro del país. Habían comprado decenas de fincas y fábricas de azúcar con los robos y estafas
al Estado cubano. El hecho de que hubieran invertido decenas de
millones en Cuba, los hacía vulnerables, susceptibles de amenazas
y chantajes.

En declaraciones a la prensa —entrevista de Gastón Baquero a
«Santiaguito» Rey Pernas—, se continuó estimulando la campaña
para que los Prío se sintieran verdaderamente amenazados, y al
mismo tiempo crear un estado de opinión para que las masas exi-
gieran acciones contra los Prío. Para esta campaña de intimidación
se publicaron numerosas notas y se realizaron constantes entrevistas a elementos de la política tradicional. De igual modo, esta campaña alcanzó también a la sociedad norteamericana.

Los servicios especiales y la mafia —para estrechar el perfil
que condujera a que Batista fuera la única opción— trabajaron en
la conformación de un clima de terror alrededor de los Prío. En
los últimos meses, los Prío estuvieron prácticamente paralizados;
porque eran cada vez más crecientes los rumores —incluyendo los
propalados de manera abierta por la cúpula batistiana—, de que
tan pronto como la ortodoxia tomara el poder —y eran ellos los
que asumirían el poder—, serían detenidos, encausados y fusilados
en La Cabaña, y todas sus propiedades serían encautadas.

Cada día que pasaba se iba haciendo más claro para los Prío
—Antonio y «Paco» se habían estado reuniendo secretamente con
Batista en Miami—, que el arribo de Batista al poder era una especie de salvación —la única salvación—, la mano dura que podría
librarlos de la ira popular.

En el golpe de 1952 —además de la utilización de un conjunto
de cuadros muy experimentados, con las más refinadas técnicas—,

estuvo la participación activa de altos oficiales de la CIA, en el control operativo del mismo, desde las más relevantes posiciones, hasta concluir por completo aquella operación.

Días antes del golpe de Estado llegó a Cuba Elliot Roosevelt (hijo de Franklin Delano Roosevelt) interesado en comprar la segunda planta radioemisora del país (RHC) y en montar varios negocios de varias proporciones. Se sabe que realizó varias y muy privadas entrevistas con Batista. El lunes 10 de marzo, después que el golpe había sido realizado, Elliot Roosevelt se comunicó telefónicamente con Washington, desde el Hotel Nacional, e informó a un interlocutor no identificado, que todo había salido según los planes.

El día que Batista se instaló en Palacio como «Jefe de Estado» fue visitado por Roosevelt, acompañado de poderosos navieros norteamericanos que, según informaciones de prensa, se «limitaron a saludarle».

Un oficial norteamericano estuvo en Columbia, es decir, en el campamento militar centro de la conspiración y del golpe de Estado, desde que comenzaron los acontecimientos hasta que cayó el gobierno de Prío. Dos oficiales de la Base Naval de Caimanera estuvieron el 10 de marzo en el cuartel de Santiago de Cuba, desde la madrugada hasta que se impusieron los golpistas y cambiaron los mandos militares.[15]

La Inteligencia estadounidense también estuvo preparando el terreno sicológico en Estados Unidos. El 5 de septiembre de 1951, Edward Tomlison, vocero de poderosos intereses yanquis, publicó un artículo en una importante cadena de periódicos norteamericanos. Tomlinson hacía un análisis sobre la situación de Cuba, señalando que se había complicado mucho después de la muerte de Chibás, y los líderes sindicales de Prío —Eusebio Mujal Barniol entre otros— se estaban preparando para derrocar a Prío. Tomlinson agregaba que Batista estaba ganando creciente prestigio gracias al dinero y al apoyo del ejército; por lo que, los cubanos más sensatos creían que lo mejor que podía ocurrir era que se produjera un golpe de Estado que instalara en el gobierno a una personalidad que tuviera un carácter fuerte.[16] El análisis revela: 1) que los aspectos del golpe fueron delineados cuidadosamente; 2) que este proyecto venía conformándose desde agosto de 1950; 3) y que, desde el principio estuvo dirigido a instalar de nuevo en el poder al general Batista.[17]

Del estudio de los materiales de la época se infiere que Batista no tuvo en sus manos el control operativo del golpe del 10 de Marzo sino hasta muy avanzada la madrugada, cuando ya había sido situado en el mando militar del campamento de Columbia y se encontraban tomados los mandos centrales del Ejército, la Marina de Guerra y los servicios policiales; por lo que es evidente la existencia de dos operaciones: una más visible, que se preparó con reuniones, encuentros y actividades de persuasión o captación dentro de los grupos militares; y otra más encubierta, a cargo de los servicios secretos, subordinados al centro operativo de la inteligencia norteamericana instalado en La Habana, centro que dirigió realmente esta operación contra los intereses de la nación cubana.

El cuartelazo del 10 de Marzo se produjo sin contratiempos, sin que el pueblo cubano pudiera presentar una inmediata resistencia. En la operación solo resultaron muertos tres o cuatro militares, en las afueras del Palacio Presidencial, a causa de una escaramuza o malentendido. Los Prío se replegaron con rapidez, y en unas pocas horas salieron hacia el exilio.

De inicio, los Prío resultaron los más beneficiados con el golpe militar, no solo en el orden económico, sino en el orden moral y político:

1. El régimen, como era de esperarse por los arreglos, nunca cuestionó —de manera legal— los desmanes y latrocinios

del Presidente humillado, ascendentes a cientos de millones de pesos.

2. Los Prío, de inmediato, salieron de Cuba ofendidos, ultrajados, porque un grupo de militares los había despojado del legítimo poder otorgado por el pueblo de manera constitucional.

3. Y por supuesto, Prío y su cúpula político-militar, pasaron enseguida a la oposición —sin dejar sus vínculos con los servicios especiales y la mafia norteamericana— como una nueva opción, aspirantes otra vez al poder, fachada que trataron de mantener incluso durante el proceso insurreccional que desató el movimiento revolucionario organizado por Fidel Castro.

El lavado de dinero

El 22 de diciembre de 1950, el doctor Felipe Pazos —presidente del «Banco Nacional de Cuba»— le otorgó a don Amadeo Barletta Barletta la licencia No. 62, para convertir al «Banco Internacional de La Habana» en el «Banco Atlántico S.A.».[1]

En adelante, el «Banco Atlántico S.A.» montaría sus oficinas en el noveno piso del edificio marcado con el No. 16 de la Avenida Menocal, antes Infanta, y después se radicaría en la planta baja de las calles 23 esquina a P, en plena Rampa del Vedado, en el edificio que ocupaba la *General Motors*, de la cual era también gerente general don Barletta.

El «Banco Atlántico» abrió sus operaciones con los siguientes ejecutivos: presidente, don Amadeo Barletta Barletta; vicepresidente, Amadeo H. Barletta Jr. (Barlettica); en la secretaría el doctor Luis J. Botifoll; y como gerente general, el doctor Leonardo Masoni.

Desde sus inicios, las operaciones del «Atlántico» fueron requeridas por los funcionarios del «Banco Nacional de Cuba»; pero las manipulaciones en aquel Estado delincuencial estaban arregladas de tal modo que, en realidad, el «Banco Atlántico» nunca tuvo problema alguno, ni durante el mandato del doctor Carlos Prío

Socarrás, ni después, cuando se instaló en el poder la tiranía batistiana.

Al principio el «Banco Atlántico S.A.» estuvo negando todo tipo de vinculación con compañías afiliadas o subsidiarias. Es más, con fecha 29 de mayo de 1951, el doctor Leonardo Masoni, en carta enviada al «Banco Nacional de Cuba» (BNC), precisaba que su banco no poseía vínculos de ese tipo; y unas pocas semanas después, el 30 de julio de 1951, el propio Amadeo Barletta Barletta envió una carta al BNC asegurando que el «Banco Atlántico» no tenía ninguna relación con sociedades o compañías afiliadas.[2]

Pero el 7 de agosto de 1951, el jefe de Inspección Bancaria del BNC (Miguel Termes) descubrió la existencia de un grupo numeroso de compañías subsidiarias —tapaderas de la mafia—. En su informe al doctor Felipe Pazos le explica que:

[…] El banco de título en fechas anteriores a la inspección informaba en los balances de Situación que mensualmente remite, la ausencia de compañías afiliadas o de alguna compañía tenedora afiliada.

Al practicarse la inspección de esa entidad, con fecha de agosto de 1951, se determinó que la empresa Santo Domingo Motor Corporation, constituida bajo las leyes de la República Dominicana, representaba en realidad una compañía tenedora afiliada, poseedora de más del 50% de las acciones del Banco. No se le exhibieron a los inspectores documentos acreditativos de la personalidad de esa compañía.

Además, se establecieron relaciones con 18 compañías, las cuales se detallan: Caribbean Sales Association/ Constructora Andes S.A.\ Compañía Editorial El Mundo S.A. (prensa escrita: periódico y otras publicaciones)[3] \ La Flor de Tibes S.A. (café)\ Víctor G. Mendoza Co. \ Compañía Inversiones Gilispa S.A.\ Compañía General de Comercio e Industria S.A.\ Compañía Inmobiliaria Motor Center S.A.\ Compañía Inmobiliaria Betis

S.A.\ Compañía de Inversiones Bacaro, S.A.\ Importadora Cinzano de Cuba S.A.\ La Filosofía S.A. (tienda por departamentos)\ La Unión y el Fénix de Cuba Compañía Nacional de Seguros S.A.\ Ambar Motors Corporation \ Servicios Radio Móvil S.A.\ Rabna Auto Corporation\ Compañía Fiduciaria Inversionista S.A. y Compañía Financiera Inversionista Panamericana S.A.[4]

En este informe al «Banco Nacional de Cuba», el señor Termes concluía expresando una gran preocupación por la vertiginosa «[...] piramidación de los negocios del "Banco Atlántico" [...]».

En respuesta, el 31 de agosto de 1951, don Amadeo Barletta Barletta le comunica al BNC que los requerimientos del grupo de inspección bancaria no fueron cumplidos a su debido tiempo «[...] por un error de interpretación que lamentamos [...]»,[5] asegurando que ha dado las instrucciones a los funcionarios del «Banco Atlántico» «[...] para que procedan a eliminar cuanto antes los inconvenientes indicados por la inspección[...]».[6]

Pero la mafia no estaba en disposición de cumplir ninguna promesa, no tenía por qué hacerlo. El «Atlántico» continuaría con sus métodos de desinformación, con los errores tolerados, las equivocaciones perdonadas, los problemas de interpretación no tenidos en cuenta, y muchos olvidos «involuntarios», que el gerente Masoni siempre podía subsanar, con una simple carta al BNC donde, por lo general, lo que hacía era pedir que le disimularan las inconveniencias.[7]

Ni en el período en que el «Banco Nacional de Cuba» estuvo regenteado por Felipe Pazos —desde su fundación, en 1948— ni después del golpe de Estado de 1952, cuando fue designado para ese cargo el doctor Joaquín Martínez Saenz, el banco de la *familia* Barletta afrontó problema alguno.

En ese mismo año de 1953, de manera muy cauta —como el que sabe que los asuntos están arreglados por arriba— el departamento

134 La mafia en La Habana

de Inspección del Banco Nacional de Cuba le informó al doctor Joaquín Martínez Saenz que:

[...] La administración (del «Banco Atlántico») se estima eficiente, pero no segura, si se tiene en cuenta que la política crediticia de la institución está en poder exclusivamente del Presidente, Sr. A. Barletta, y su director general, el Dr. L. Masoni, quienes atienden más al conocimiento personal de los deudores que a sus análisis de sus estados económicos y financieros.[8]

El «Banco Atlántico», en realidad, poseía una gran cobertura, como para que no gozara de todo tipo de prerrogativas y tolerancias. No había por qué preocuparse de que un simple informe pudiera alterar su impunidad.

Las características del «Banco Atlántico S.A.» eran el aparente descuido en sus maniobras financieras, reflejadas en los informes que periódicamente elaboraban. A pesar de que el «Banco Nacional» tenía conocimiento de las constantes violaciones en los cambios y operaciones con divisas norteamericanas. Parte del método empleado para borrar cualquier tipo de huella, era el uso de registros no adecuados, donde se reseñaban los cheques devueltos. Las acotaciones se hacían en hojas sueltas, propensas a botarse o perderse; y sus informes presentaban constantes omisiones. Además de que las operaciones no se pasaban a registros, ni tampoco los cheques o valores que ingresaran; y ni siquiera se llevaban los controles de girantes y presentantes.[9]

Documentos fechados el 10 de marzo de 1953[10] revelan que los inspectores del «Banco Nacional» comenzaron a informar de reiteradas violaciones, en cobros directos de cheques girados por compañías tapaderas, a cargo de la sucursal del *The National City Bank of New York*, de la calle 23; se trataba de cheques sin control, emitidos en moneda nacional y pagados en las ventanillas del *City*

Bank en divisas de Estados Unidos, sin que estas operaciones fueran legalizadas.

Otra de las maniobras del «Banco Atlántico» que suscitó muchas suspicacias fue un crédito otorgado a la firma *Belmoy Traiding Company*, para compras en Alemania, sin que se produjera el control establecido.[11]

El 11 de marzo de 1953, en un informe de los inspectores bancarios se precisa que el «Atlántico» carecía de auditoria y que eran frecuentes las violaciones de sus estatutos. Se subraya, además, que aunque la solvencia era buena, se aplicaba una política de créditos insana, al carecer el banco de información de créditos y balances, por lo cual habían llegado a la conclusión de que estos se ocultaban para no dar información sobre sus relaciones y negocios.[12]

Sergio Valdés Rodríguez, nuevo jefe del grupo de inspectores bancarios, en informe al doctor Joaquín Martínez Saenz, califica al «Banco Atlántico S.A.» y a su directiva como personas dadas a negocios audaces y agrega: «[...] como en otros muchos bancos inspeccionados, hay carencia casi total de información de créditos y balances y sospechamos que la ocultan [...]».[13]

Es la época en que están pasando por La Habana cientos de millones de dólares provenientes de Estados Unidos: cuantiosas fortunas que requerían ser legalizadas; para estos manejos, además de los bancos, era necesario utilizar una gran cantidad de compañías y empresas fachadas o tapaderas, capaces de recircular inmensos capitales.

Por entonces —en los primeros días de enero de 1953— el grupo operativo de inspectores del «Banco Nacional de Cuba» había detectado típicas operaciones de «lavado»: la compañía *Ambar Motors Corporation* había girado el cheque No. 6551, del 5 de noviembre de 1952, a la orden de la *Ambar Motors*, en la cuenta No. 1570, a cargo de M.R. Leeder.

Valdés Rodríguez, jefe del grupo de inspectores del BNC, en carta confidencial al «Banco Agrícola y Mercantil», después de informarle que ese banco pagó sumas sustanciales con cargo al «Banco Atlántico S.A.», le pide:

> [...] investigar si dichos cheques fueron pagados en efectivo, ya que en los *vouchers* de los mismos se especificaba «a cambio de efectivo». Confidencialmente le informamos que tenemos noticias que estos cheques han sido pagados en moneda americana, por lo que mucho apreciaríamos se sirviera investigar el asunto a fondo, pues no encontramos qué provecho obtenía el «Banco Agrícola y Mercantil» al pagarlos, máxime siendo por cantidades sustanciales —casi medio millón de dólares—, y además a cargo de otro banco.[14]

En enero de 1953 se descubren otras operaciones fraudulentas del «Banco Atlántico S.A.». La *Ambar Motors Corporation* y la *Caribbean Sales Ass.* habían girado en diciembre de 1952 un grupo de cheques por valor de un millón de pesos en moneda nacional contra el «Banco Atlántico», pero estos cheques no habrían sido cambiados en el Banco de Amadeo Barletta Barletta, sino llevados a las oficinas principales del *The National City Bank of New York*, en las calles de O'Reilly y Compostela, y cobrados en ventanilla, en divisas de Estados Unidos. En consecuencia, estas operaciones serían denunciadas el 23 de enero de 1953 por el grupo de inspección bancaria del BNC, que cuestiona muy seriamente esta operación. En carta dirigida al *City Bank*, Sergio Valdés les dice que:

> [...] En cuanto a la denominación, en caso de que el pago haya sido en moneda americana nos interesa conocerla, lo que pueden ustedes comprobar fácilmente, por las especificaciones bien de caja o de la reserva, de la fecha en que se efectuaron los pagos [...].[15]

Como la operación era absolutamente inescrupulosa, la respuesta del *City Bank* fue francamente ingenua:

En contestación a su carta del 8 de los corrientes (escribiría B. Fulgenzi, gerente general del *The National City Bank of New York* en La Habana, a Sergio Valdés, jefe de inspección bancaria del BNC), referente a varios cheques pagados a la *Ambar Motors Corporation*, y a la *Caribbean Sales Ass. Inc.*, deseamos manifestarle que dichos cheques fueron hechos efectivo a las propias firmas mencionadas, según los endosos que aparecen en los mismos. Como se trata de cantidades importantes, creímos oportuno cobrar estos cheques directamente al Banco Atlántico sin pensar que infringíamos el Reglamento de la Cámara de Compensaciones.

En cuanto a la clase de moneda en que fueron hechos, sentimos no poder precisar, pues no llevamos record alguno de este detalle. En algunas ocasiones los cajeros anotan ese detalle en el anverso de los propios cheques, para su conveniencia, en caso de tener alguna diferencia, pues como los cheques no obran en nuestro poder, me es imposible averiguar si en este caso se procedió de esa forma.[16]

Realmente aquellos cheques fueron cobrados en ventanilla, en moneda americana, sin ningún tipo de control o verificación, máxime tratándose de sumas tan elevadas. No se hizo tampoco ninguna anotación en registros o libros, por lo tanto era una operación que no dejaba rastros. Una hora después de haber sido pagados los cheques, el cobrador del *City Bank* ya se estaba personando en las oficinas del «Banco Atlántico» para hacer efectivo en moneda nacional los cheques, sin que estos pasaran por la Caja de Compensaciones.

Las compañías filiales o tapaderas de la *familia* Barletta en no pocas ocasiones reiteraban sus ejecutivos: presidentes, vicepresidentes, secretarios o tesoreros, en las personas de Giovani Spada, Amadeo Barletta Barletta, Amadeo H. Barletta Jr., José Manuel Martínez Zaldo, José Guash Prieto, Francisco de Paudo, Próspero Zauchi, Ramiro Ortíz y de la Vega, y algunos otros célebres.

De igual forma, la *familia* de los Barletta poseía sustanciales intereses en laboratorios farmacéuticos; y a través de inversiones o préstamos habían entrado a dominar a la «Compañía Tropical de Motores S.A.», y a la «Compañía de Transporte Ómnibus la Ranchuelera S.A.». Esta política crediticia de la mafia norteamericana servía para que entraran en su radio de acción empresas como la «Compañía de Ómnibus Santiago-Habana S.A.», y la «Terminal de Ómnibus S.A.», operaciones realizadas por Francisco Vidal y Enrique Caucedo.[17]

El grupo Barletta realizó sustanciales operaciones con Fernando Munilla Soliño, Zaldo Martínez S.A., «Productos Químicos Robes S.A.», «Publicidad Méndez S.A.», Eugenio Riverol, la *Goodyear* de Cuba, «Roos y Hno.», «Sucesores de Rivero y Méndez S. en C.», Troncoso y Ferrón, «Automotriz Ania S.A.», *California Luncheonetts Inc.*, «Camayd Autos S.A.», «Compañía Constructora Llama S.A.», «Compañía Proveedora de Helados S.A.», «Concreto Caribe S.A.», «Demestre y Compañía, Inversiones S.A.», «Inversiones G. Casal Atlántida S.A.», «Madonna Hermanos S.A.», *Malaret Insurance Office*, «Mion Luis S.A.», «Víctor G. Vries S.A.», y la «Compañía de Contratos y Negociaciones».

El «Atlántico» efectuó también importantes negocios con diversas instituciones y empresas, como la «Compañía Inmobiliaria Alma», «Editorial Ellas S.A.», «Minerva Industrial», «Nueva Compañía Azucarera Gómez Mena», «Palacio de la TV. S.A.», «La Cueva S.A.», «El Relámpago», «Autos y Camiones S.A.», «Proveedora Dental S.A.», *Plastic Crom Import Co.*, «Tipografía J. Suárez S.A.», «Unión Radio Televisión S.A.», «Autos Riviera S.A.», *Bennony Traiding Company*, «Unión Radio S.A.», y la «Televisora

Panorama S.A.», a cargo de Giovani Spada. Esta nueva modalidad facilitaba el dominio de variadas empresas.

Desde su llegada al poder —y respondiendo a los compromisos contraídos—, Batista se dio a la tarea de crear un grupo de instituciones de extraordinario alcance para los planes de la mafia norteamericana en Cuba. Ante las nuevas y promisorias perspectivas, las *familias* mafiosas instaladas en La Habana también inician un proceso de reorganización. El 1ro. de marzo de 1954, el «Banco Atlántico» anuncia su liquidación; la medida, como es lógico, estaba dirigida a perfeccionar la operatividad de los negocios, para utilizar a entidades con una reconocida experiencia, prestigio y profesionalidad. Era necesario una mayor eficacia, sobre todo para los asuntos en los que no debía dejarse rastros. Es entonces cuando la sólida entidad bancaria *The Trust Company of Cuba* sorprende a todos, al dar los pasos que la llevarían a fundirse con el «Banco Atlántico». De manera casi prodigiosa, a partir del 20 de abril de 1954, *The Trust Company of Cuba* asume los intereses de la *familia* Barletta.

Transcurren los meses en que, como diría años más tarde Frederic Sonders Jr.,[18] se creaban las premisas para que un Estado se pusiera al servicio de los intereses de la mafia norteamericana; se abría una época en que las «relaciones políticas eran formidables, llegando hasta el mismo Palacio del presidente Batista».[19]

El grupo mafioso de Barletta, a su vez, por esos meses también entró a realizar operaciones a través del «Banco Financiero S.A.», utilizando a una cabeza visible que regenteaba un gran imperio azucarero.

La gran tragedia

Para una total comprensión del esquema de dominio impuesto en Cuba a partir de 1934, es de singular importancia el estudio de la situación de la economía cubana. En este sentido, los trabajos del doctor Julio Le Riverend demuestran que ya para 1932 se había cerrado un ciclo económico, pero se mantenía el gran peligro que representaba una economía basada «[...] en la producción de azúcar para su exportación en grandes cantidades a un solo país [...]».[1] Por entonces la nación cubana solo tenía por delante dos alternativas: o se exportaba más azúcar a Estados Unidos o el país se dedicaba a producir «[...] la mayor parte de lo que se estaba importando [...]».[2]

La gran tragedia que enfrentaban los cubanos estaba dada por la misma dominación que ejercía Estados Unidos sobre la economía de Cuba. No podía insertarse en el mercado internacional por las condiciones de monoproductor y monoexportador; poseía níquel, que se explotaba de manera ocasional; poseía cierta producción de tabaco; un poco de café; pero para enfrentar las necesidades básicas dependía por entero de su producción azucarera, teniendo en cuenta que hasta el 50% o algo más de los alimentos que consumían los cubanos eran importados de Estados Unidos. Se importaban incluso helados, caramelos y hasta flores.

La vieja estructura económica monoproductora —la azucarera del mundo—, herencia del colonialismo, se reforzó extraordinariamente con los grupos financieros norteamericanos, desde el mismo proceso inicial del —Protectorado—; continuaríamos siendo monoproductores y monoexportadores más allá de las crisis de 1920 y 1929; y con mucho más dependencia a partir del proceso de conformación de un Estado de corte delictivo.

Es necesario subrayar que este proceso monoproductor-monoexportador constituía para los inicios de la década del cincuenta una verdadera camisa de fuerza, que estrangulaba los más vitales intereses de Cuba.

Desde 1925 se venía observando una «[...] progresiva tendencia a las reducciones de las exportaciones de azúcar y se procede a reducir la producción [...];[3] pero a partir de 1934, esta situación se hizo cada vez más insoportable, con una política de protección arancelaria y la implementación del método de cuota para la exportación del azúcar cubano con destino al mercado estadounidense.

Las maniobras confabulatorias de los intereses azucareros con el resto de los intereses económicos y financieros de Estados Unidos, impidió que Cuba pudiera transitar por un proceso industrial no azucarero —o un desarrollo industrial a partir de los derivados del azúcar—; ni siquiera pudo lograr la diversificación de la producción agrícola industrial, y mucho menos el desarrollo de una marina mercante.

Según estadísticas, si antes de 1925 Cuba participaba del 50% en el consumo norteamericano de azúcar, a partir de 1932 esa cifra se reduciría hasta el 28.6%. Contrario a lo que se ha expresado en algunas ocasiones, la II Guerra Mundial no trajo el fortalecimiento de una burguesía cubana, ni de un auge de sectores bancarios o financieros, que pudieran rivalizar con la banca norteamericana.

Esto, y la afirmación de que la industria azucarera cubana estaba pasando aceleradamente a manos de una burguesía cubana no es en lo absoluto creíble. Para uno y otro análisis, se ha pasado por alto que a partir de la década del cuarenta Cuba se convierte en el mayor centro financiero de «lavado» de fortunas ilícitas provenientes de Estados Unidos, que conformaron en nuestro país una economía subterránea, y que este proceso bancario estuvo marcado por muchos intereses y especulaciones. Hay casos de bancos que aparecen como extranjeros, formando parte del *Clearing House* de La Habana, para después, en un acto casi mágico, pasar a ser regenteados por un grupo de elementos cubanos, como el caso del *The Trust Company of Cuba*, que fue convertido en el banco más importante del país, por encima del *Chase Manhattan Bank* o el *City Bank*. En realidad, todavía no se ha realizado un estudio sobre la actividad subterránea de estos llamados bancos cubanos.

Es innegable que Washington estuvo socavando y/o utilizando la producción azucarera cubana como eficaz mecanismo de opresión y dominación sobre el resto de los intereses económicos de la nación cubana. Es innegable también que en los últimos años los norteamericanos estuvieron más interesados en dominar la industria azucarera a través de la financiación, la comercialización y el drenaje de cientos de millones de dólares por concepto de los aranceles que debía pagar el azúcar cubana para su entrada a Estados Unidos.

Era tal la camisa de fuerza que le había impuesto Estados Unidos a Cuba, a través de la industria azucarera, que ni siquiera nuestro país podía salir en busca de nuevos mercados. El mecanismo de cuotas exigió un extenso listado de aranceles preferenciales a cientos de productos industriales y agrícolas; la mercadería norteamericana desplazó rápidamente a productores europeos del mercado cubano, cerrando cada vez más la perspectiva comercial y financiera de Cuba.

Para 1934, el comercio hacia Cuba alcanzaba un listado preferencial de unas «[...] cuatrocientas líneas de productos norteamericanos especificados [...];[4] y en los acuerdos establecidos no se podía alterar las tarifas arancelarias «[...] sin previa consulta y negociación [...]».[5] El comercio exportador-importador estaba sometido por entero a Estados Unidos; lo cual provocó la ruina de sustanciales espacios de la economía cubana: zapatos, tejidos, productos derivados de la leche y otros, que habían alcanzado cierto auge durante los años veinte.

Esto, como era lógico, fue produciendo ingresos per cápita cada vez más bajos; mientras surgían «[...] pequeños grupos de muy alto, de altísimos ingresos, frente a la masa general de la población empobrecida [...].[6]

Para 1920-1925 el ingreso per cápita cubano era el tercio del ingreso per cápita de los Estados Unidos (33%).

En 1952, el ingreso per cápita cubano era menos de un quinto del ingreso per cápita de los Estados Unidos (18%).

	1925	1953
Exportación de azúcar per cápita	1.56 Tons.	0.89 Tons.
Valor del azúcar per cápita	$ 86.00	$ 64.00

Desde 1934 se reforzó la tendencia latifundiaria en Cuba. La industria azucarera, en los años cincuenta, poseía 180 000 caballerías de tierras, de la que solo utilizaban unas 90 000. Según el doctor Julio Le Riverend «[...] Cuba, progresivamente, caminaba hacia una estructura agraria totalmente latifundista [...]».[7]

A su vez, las estadísticas sobre las inversiones norteamericanas son reveladoras:

1920	más de	$ 1 000 000 000
1936		$ 666 000 000
1950		$ 657 000 000
1954		$ 713 000 000

Entre 1934 y 1956 las inversiones norteamericanas en Cuba produjeron una utilidad de entre 650 y 700 millones de dólares[8] de los cuales solo 150 millones fueron reinvertidos.

En Cuba estaba presente una «[...] estructura monoproductora y monoexportadora de la económica nacional, en tanto la producción azucarera ocupaba una posición predominante; economía subdesarrollada, y estructura económica deformada por la penetración del capital imperialista [...]».[9]

Era tal la situación económica-política de Cuba que para 1950 el gobierno norteamericano envió a La Habana una comisión de expertos del Banco Internacional de Reconstrucción y Fomento (BIRF), integrada por 17 miembros, para realizar un análisis de esta situación. Incluso, por entonces, Estados Unidos temió que se pudiera derrumbar la política macartista impuesta sobre la nación cubana.

En el informe de la Comisión Truslow, además de los problemas relativos a la economía, se subrayaron aspectos de carácter político:

> La prosperidad bélica [II Guerra Mundial] ha creado en Cuba nuevos niveles de vida para muchas gentes. Si su economía no puede sostener ese nivel en tiempos menos prósperos, al menos en grado razonable, sobrevendría una gran tirantez política. Si los líderes se han descuidado en prever esta posibilidad, la opinión pública los inculpará, y si ello ocurriera, el control podría pasar a manos subversivas y engañosas, como ha ocurrido en otros países donde los líderes no se han dado cuenta de las corrientes de estos tiempos.[10]

Encausando el análisis político a las circunstancias económicas, el grupo de especialistas del BIRF recomienda algunas medidas destinadas a remediar la situación imperante:

> [...] hacer menor la dependencia del azúcar sin disminuir la producción; ampliar las industrias de subproductos del azúcar;

promover la exportación de productos no azucareros; estimular
el turismo; mejorar los ferrocarriles, las carreteras y los servicios
de agua en interés de la economía; mejorar los recursos humanos del país a través de la educación, la higiene, la ampliación de
la información técnica, etc.; realizar reformas presupuestarias y
tributarias, y lograr una mejor administración de los recursos.[11]

La Comisión Truslow entregó sus conclusiones en julio de 1951,
cuando los escándalos promovidos por la Comisión Kefauver
habían alcanzado su máxima tensión, y en el caso de Cuba, se estaban realizando un conjunto de operaciones encubiertas para manipular los intereses de la nación y neutralizar la creciente rebeldía
del pueblo cubano; pero sobre todo, lo más importante era que el
esquema que ofrecía o proponía la Comisión Truslow era absolutamente irrealizable, en las condiciones impuestas por el imperialismo norteamericano.

La política exterior de Washington hacia la Isla fue no consi-
derar el informe —las recomendaciones— de la Comisión Truslow —al margen de las graves deficiencias que presentaba este
informe—; así se convirtió aquel documento en algo demagógico,
que sería utilizado para acallar o sustentar esperanzas que históricamente estaban condenadas al fracaso. Una década después —con
el triunfo de la Revolución Cubana— algo parecido ocurrió con los
intentos de implementar en América Latina una «Alianza para el
Progreso».

La materialización de las recomendaciones del Plan Truslow
hubiera significado una negación total de la política económica
estadounidense hacia Cuba. El imperialismo nunca hubiera con-
sentido —y nunca consintió— que la Isla se convirtiera en una
potencia económica, ni siquiera dominada por capitales norteamericanos; porque esto hubiera creado un mercado interno que, a
su vez, habría fortalecido a una burguesía nacional, además de
crearse una poderosa clase obrera. La política de Estados Unidos

en nuestro país, desde sus orígenes, estuvo dirigida a impedir cualquier resistencia en el orden económico, político y social; hacer de la seudoburguesía cubana una clase cada vez más débil, cada vez más servil, cada vez más incapaz y corrupta; al margen de que esta seudoburguesía había perdido su última opción (posibilidad) como clase, al no ser capaz de encabezar el movimiento popular antimperialista que, en busca de justicia social, derrocó a la tiranía machadista en agosto de 1933.

Es interesante observar cómo en diciembre de 1951, Harry Truman, por entonces presidente de Estados Unidos, en una visita que realizó a Cayo Hueso, hizo declaraciones para Cuba, donde precisaba con mucha sutileza —por omisión— las coordenadas económicas y políticas que Estados Unidos mantendría hacia la Isla, al desconocer los problemas que habían sido abordados en las conclusiones de la Misión Truslow.

Es más, meditado en toda su complejidad, lo dicho o lo excluido por Truman —a solo tres meses del golpe militar del 10 de Marzo—, constituye una especie de mensaje, en extremo tranquilizador, hacia dudas o inquietudes que pudieran albergar los grupos dominantes.

Lo expresado por Truman era la negación a las recomendaciones del informe Truslow, o cuando menos, el encauzamiento hacia una corriente que, de manera acelerada, iría tomando cuerpo rápidamente en la economía cubana, de no centrar su desarrollo en una base agrícola-industrial sino hacia una economía de servicios, dentro de la cual los grupos que tradicionalmente dominaban el país recibirían un trato en extremo privilegiado, en espacios cada vez más distributivos de los botines.

> […] Yo siempre he estado (dijo Truman) muy al tanto de los problemas de Cuba. Conozco de las vicisitudes y progresos de ese país amigo, que en todo momento ha demostrado su afinidad con las proyecciones democráticas de los Estados Unidos […].

Espero tener algún día, que deseo sea lo antes posible, la oportunidad de visitar Cuba, donde sé que he de encontrar la proverbial hospitalidad de que dan testimonios millares de turistas americanos que anualmente visitan ese bello país.

Es mi más sincero deseo que el bienestar y la prosperidad de que disfruta Cuba actualmente continúe en lo sucesivo. Conozco de cuanto se ha alcanzado en ese sentido en los últimos años, y sé, también, que las condiciones actuales habrán de propiciar que esa prosperidad no decaiga [...].[12]

Batista de nuevo en el control del Estado cubano significó un gran reordenamiento subordinado a los intereses más diabólicos del hampa norteamericana. Este reordenamiento tendría un doble carácter, teniendo en cuenta que el imperialismo requería de un Estado que fuera cada vez más eficaz. Por tanto, la dictadura procedió a una mayor legalización de las operaciones y entrelazamientos del Imperio de La Habana; para ello creó un conjunto de instituciones bancarias y financieras —estatales y paraestatales— que, en coordinación con el centro financiero internacional —más de cincuenta bancos y doscientas sucursales—, grupos de la mafia norteamericana y selectos personajes estrechamente vinculados a las agencias especiales de los Estados Unidos, asumieron los más fabulosos negocios con una cobertura cada vez más legal, a través de un proceso de cambio o paulatina transformación hacia una economía sustancialmente de servicios, que mantuvo un conjunto de rasgos hasta 1958.

Desde el principio, este reordenamiento estuvo asesorado por especialistas norteamericanos en todas las esferas. Los organismos creados serían centralizados por el general Batista, que usó a sus más fieles testaferros, no solo en lo relativo a las actividades de largo alcance, organizadas a través del «Banco Nacional de Cuba», sino en proyectos emprendidos por el «Banco de Desarrollo Económico y Social» (BANDES),[13] o en los múltiples rejuegos instrumentados por la «Financiera Nacional», el «Banco de Comercio Exterior de Cuba», el «Banco de Fomento Agrícola e Industrial», el «Fomento de Hipotecas Aseguradas» (F.H.A.), las «Asociaciones de Créditos» y otras instituciones.

El régimen inició además la remodelación para una deslumbrante Habana. Una gran infraestructura al servicio de los más importantes negocios de las *familias* mafiosas. Este plan incluyó vías de enlace hacia importantes regiones turísticas, grandes avenidas, construcciones de túneles y carreteras; así como un conjunto de edificaciones para albergar el aparato administrativo de un moderno Estado. Entre los proyectos estuvo la construcción de la gran plaza de la República, precedida por una enorme estatua del Apóstol, y detrás un regio Palacio de Justicia, que debería instrumentar la más feroz represión contra los intereses populares y la más absoluta flexibilidad para los grupos dominantes.

Para 1954, el régimen de Batista había reforzado considerablemente el esquema de dominación imperialista. Había reprimido con decenas y decenas de crímenes a la Generación del Centenario, que encabezada por el doctor Fidel Castro había reiniciado la rebeldía popular. Los que no habían sido asesinados en el Cuartel Moncada, se encontraban guardando prisión en la cárcel de máxima seguridad de Isla de Pinos. Batista había reforzado mucho más el aparato policiaco y militar. Las minas de níquel habían vuelto a manos del poderoso grupo Rockefeller y sus afines; la industria azucarera se había ajustado a los requerimientos de Washington. Y aunque en ocasiones se presentaban algunas protestas obreras o estudiantiles, nada hacía temer a la comunidad de la inteligencia norteamericana que el esquema impuesto en Cuba pudiera sufrir algún riesgo. Por esto, el jefe de la CIA —Allen Welsh Dulles— se trasladó a la capital cubana a principios de 1955 para conocer personalmente al general Batista, en aquel esplendoroso Imperio de La Habana.

Dos o tres meses más tarde, Dulles enviaría una carta en extremo reveladora:

AGENCIA CENTRAL DE INTELIGENCIA

WASHINGTON D. C.

OFICINA DEL DIRECTOR

15 de julio de 1955.

Su Excelencia Gral. Fulgencio Batista Zaldívar

Presidente de la República de Cuba

Habana, Cuba

Estimado señor Presidente:

Recuerdo con gran placer nuestra reunión celebrada durante mi viaje a La Habana el pasado abril. Para mí fue un gran honor el haber tenido la experiencia de tan placentera e interesante visita a Ud.

La creación por el Gobierno cubano del «Buró de Represión de Actividades Comunistas» es un gran paso adelante en la causa de la Libertad. Me siento honrado en que su gobierno haya acordado el permitir a esta Agencia, la asistencia en el adiestramiento de algunos de los oficiales de esta importante organización.

Como Ud. podrá recordar, en nuestras conversaciones del pasado abril, yo establecí que esta Agencia se sentiría honrada en ayudar en el adiestramiento del personal que Ud. enviaría como lo deseara. Tengo entendido que el general Martín Díaz Tamayo dirigirá las actividades del BRAC y será responsable de su organización. En este caso me gustaría sugerir que pudiera ser conveniente al General Díaz Tamayo venir a Washington en un futuro cercano, de tal manera, que nosotros pudiéramos discutir con él algunas de las técnicas usadas para combatir las actividades del Comunismo Internacional. Estoy seguro que sería útil intercambiar opiniones con el General Díaz Tamayo, como un adelanto al grupo de sus subordinados, que vendrán aquí

para entrenarse. El material que ofreceremos al General puede
ser una considerable ayuda en su tarea de organizar el BRAC, y
para indicarle el tipo de oficial que él debe preferir al seleccio-
narlos para el entrenamiento.

En vista del interés que el Ministro de Estado, Dr. Carlos
Saladrigas, expresó por este asunto, me estoy tomando la libertad de escribirle hoy, resaltándole las ideas contenidas en esta
carta. Yo le sugeriré, si le es aceptable a Ud. y a su gobierno, que
extienda una invitación en mi nombre, al General Díaz Tamayo
para venir a Washington por aproximadamente dos semanas,
preferiblemente comenzando el 1ro. de agosto. Confío que esto
será con su aprobación.

Permítame decirle de nuevo, señor Presidente, qué gran
honor y placer ha sido el reunirme y conversar con Ud., y confío
estaremos en una posición para ayudarle a Ud. y a su país en
nuestro mutuo esfuerzo contra los enemigos de la Libertad.

Acepte, por favor, señor Presidente, la declaración renovada
de mi más alta y distinguida consideración.

Sinceramente,

Allen Dulles
Director[14]

En estas pocas páginas resulta imposible realizar un análisis de
cada una de las instituciones creadas por Batista para legalizar los
negocios de la mafia; por lo que optamos por ofrecer solo alguna
información relacionada con las operaciones del BANDES.

La idea de crear un «Banco para el Desarrollo Económico y
Social»[15] surgió en los primeros días de agosto de 1954, a través
de una Ley Decreto, publicada en una edición extraordinaria de la
Gaceta Oficial, del 27 de enero de 1955. En uno de sus preceptos,
esta Ley precisaba que su objetivo fundamental era:

[...] facilitar las operaciones de corto, mediano y largo plazo, para llevar a cabo una política de desarrollo económico y social, de diversificación de la producción; teniendo a ese efecto, entre otras, las funciones de descontar y redescontar valores públicos y privados, emitidos con el propósito de aumentar el dinero en circulación, así como realizar cuantas operaciones crediticias y bancarias resulten indispensables en la realización de tales objetivos, estando autorizado para suscribir, flotar y avalar bonos de empresas de desarrollo económico y social estatales, paraestatales y privadas, hacer préstamos a dichas empresas y emitir sus propios valores [...].[16]

Fue tal su impunidad financiera, que el propio Batista reconoce que en apenas cuatro años, instituciones como el «BANFAI», «Financiera Nacional», «BANDES», «Banco de Comercio Exterior de Cuba» y algunos otros organismos, realizaron operaciones crediticias —en realidad asumieron las inversiones de los grupos financieros y la mafia norteamericana— por un monto de casi mil millones de pesos (igual al dólar). Estas cifras millonarias, entre otras, fueron distribuidas de la siguiente forma:[17]

- Para la explotación de la minería, se les otorgaron a las empresas norteamericanas, $ 76 000 000.

- Para las cuatro refinerías; petróleo y petroquímica (transnacionales), $ 94 000 000.

- A empresas norteamericanas de electricidad (producción de energía), teléfonos y otras, se le transfirieron $ 277 000 000.

Batista reconoce también la enorme suma de $ 538 000 000 en inversiones generales —al servicio de los intereses de las *familias* mafiosas de La Habana, o a sus entrelazamientos—. De estas inversiones, $ 61 000 000 estuvieron dirigidos a la construcción de centros turísticos, hoteles y moteles; $ 29 000 000 para el transporte aéreo; $ 32 000 000 para el transporte ferroviario; $ 6 000 000 para construcciones marítimas; casi $ 100 000 000 para la infraestructura vial, hacia Varadero, hacia zonas turísticas de Pinar del Río, avenidas, túneles, o remozamientos para una deslumbrante Habana, preferentemente en sitios donde la mafia tenía o proyectaba nuevas instalaciones; $ 62 000 000 para las edificaciones que ocuparían los organismos del Estado, con fines ajenos a los intereses de la nación cubana.

La tiranía tenía que mantener una política de apaciguamiento con todas las fuerzas que conformaban el poder real, asumiendo las inversiones extranjeras, además de otorgar ventajas preferenciales, excepciones de impuestos, gratificaciones, y facilidades y garantías de todo tipo, lo cual hizo que los grupos financieros norteamericanos se sintieran extraordinariamente complacidos. Esta política benefició de manera excepcional a compañías como la *Foreing Power* (electricidad); *Firestone Rubber & Tire Company* (neumáticos); *Dupont Inter American Chemical Company* (pinturas); *Freeport Sulphur Company* (níquel y cobalto); *Goodyear Rubber & Tire Company*; *General Electric Company*; *Owen Illinois Glass Company*; *Fhelps Dodger Company* (cobre); *Internacional Telegraf and Telephone Company*; *Standard Electric of Cuba*; *Republic Stell Company*; *Reynold Metal Corporation*; *Texaco Company*; y la *Standard Oil of New Jersey*, perteneciente al poderoso consorcio Rockeffeler, entre otras.

El reordenamiento de la economía cubana alcanzó tal dimensión, que incluso hasta la cinematografía norteamericana no ha podido sustraerse a la tentación de plasmar, en películas como *El Padrino* (segunda parte), el hecho de que estuvieran en una misma mesa, en el Palacio Presidencial, mafiosos y representantes de los grupos financieros —fue una historia cierta—, en el encuentro donde, por las enormes concesiones recibidas, la transnacional ITT le entregó al general Batista el cada vez más famoso teléfono de oro.

Los estudios realizados por el historiador Erasmo Dumpierre[18] demuestran también que:

> [...] Los organismos de créditos y financieros, en una verdadera orgía de préstamos, traducida en emisiones de bonos —impresión de papeles del Estado—, captando el efectivo de los Bancos, Compañías de Seguros y Fianzas, Bancos de Capitalización y Cajas de Retiros, Jubilación y Seguros Profesionales y de Trabajadores *extrajeron más de 900 millones* en la siguiente forma:
>
> | | |
> |---|---|
> | BANDES | $ 500 000 000 |
> | FINANCIERA NACIONAL | $ 148 000 000 |
> | FOMENTO DE HIPOTECAS ASEGURADAS | $ 140 000 000 |
> | BANCO DE FOMENTO AGRÍCOLA | $ 121 000 000 |
> | BANCO CUBANO DE COMERCIO EXTERIOR | $ 48 000 000 |
> | FONDO DE SEGURO DE DEPÓSITOS | $ 10 000 000 |

Además de $ 300 000 000 en pagarés, bonos a cargo de la Deuda Interior, Deuda Pública, Deuda Exterior y otros.

Las inversiones con las que el Estado de corte delictivo asumió obras constructivas de la mafia y los intereses de las empresas norteamericanas, conformaría un listado demasiado extenso.[19]

No obstante, también es importante señalar que el régimen asumió:

- Obras en la playa de Varadero por un valor de $ 30 000 000, y creó la Autoridad del Centro Turístico de Varadero (ACETVA), donde la mafia extendía de manera acelerada sus negocios.

- Inversiones en el «Hotel Hilton», por más de $ 13 000 000. La Caja de Retiro y Asistencia Social de los trabajadores Gastronómicos se arruinó con los arreglos para un préstamo de más de $ 6 000 000.

- $ 8 000 000 para una «Compañía Terminal de Helicópteros». La estación de helicópteros funcionaría en la azotea del edificio levantado en Obispo y Mercaderes (hoy Ministerio de Educación), y el comienzo de los vuelos se tenía proyectado para noviembre de 1958. Esta empresa prestaría servicios entre los centros turísticos, sobre todo los que se construían o se proyectaban construir en las afueras de La Habana, incluyendo «El Montecarlo de América» —hoy Marina Hemingway—, y zonas de Pinar del Río y Varadero, enlazando estos sitios con zonas de atracción turística de La Habana Vieja.

- $ 13 500 000 para una empresa de transporte por carretera.

- $ 5 000 000 para un centro turístico en Soroa.

- $ 12 000 000 para la construcción de una vía de enlace con las instalaciones que poseía la mafia en las playas al oeste de La Habana.

- $ 80 000 000 destinados a un proyecto conocido como Canal Vía Cuba, donde poseía intereses estratégicos el propio gobierno norteamericano —proyecto que partía a Cuba en dos—, con instalaciones en Cárdenas y al sur de la Isla: la Laguna del Tesoro. Estos nuevos focos internacionales serían operados por la mafia con droga, juego y pornografía, además de abrirse zonas francas para el contrabando, o sitios para un turismo altamente cotizado. Pero desde el primer momento se vislumbró que aquel proyecto era portador de una mayor corrupción para la nación cubana, y no pudieron materializarlo, por la gran resistencia que ofrecieron los cubanos. El pueblo no estaba dispuesto a que el país se convirtiera en la gran sentina del Norte.

Las empresas de fachada

El Imperio de La Habana funcionaba como si se tratara de una gigantesca corporación, con sus múltiples departamentos especializados; esto difería mucho de los tradicionales métodos con que la mafia siciliana había iniciado sus actividades en América.

En las operaciones ilícitas habrían empezado utilizando de forma acelerada los medios legales que brinda el capitalismo contemporáneo para organizar intereses, a través de leyes, convenios, coberturas, etc., todo respetable. Pero en los últimos años, la mafia en La Habana no solo dependía del poder inicial desplegado por las *familias* que se habían instalado en Cuba desde 1934, sino que, con la extensión de los negocios y las propias contradicciones con otros grupos delictivos norteamericanos, habían propiciado la entrada de nuevas fuerzas aliadas.

A semejanza del propio esquema de dominio imperialista, estas *familias* mantenían en la práctica múltiples entrelazamientos para la organización, explotación y control de los negocios en Cuba. Los intereses que poseía el Imperio de La Habana pudieran agruparse en las siguientes direcciones:

1. La promoción del gran turismo internacional —principalmente norteamericano— a cargo de los hoteles-casinos, centros de recreación, grandes y medianos cabarets, cadenas de clubes y sitios nocturnos, operados desde la más absoluta legalidad. Incluso los mafiosos, desde «El Cejudo» Lansky —hermano de Meyer Lansky—, hasta los hermanos Joseph (Joe) y Charles Sileci, aparecen en las nóminas pagando el Seguro Social en Cuba. Estos negocios generaban otras muchas actividades. Un ejemplo: escuelas de *dealers* o especialistas en las diversas modalidades del juego organizado, para entrenar profesionales no solo destinados a Cuba, sino para otros sitios del Caribe, Centro y Sudamérica, y los Estados Unidos.

2. Los canales del tráfico de drogas: heroína hacia Estados Unidos y cocaína para el consumo en Cuba. Esta dirección —extraordinariamente lucrativa—, poseía una estructura compartimentada; aunque para el consumo de estas drogas, en especial la cocaína —en los altos círculos o en las instalaciones de la mafia—, se contaba con una absoluta tolerancia.

3. Otras modalidades de los juegos de azar y apuestas, como las que se realizaban en el «Hipódromo de La Habana», el «Frontón Jai Alai» o las carreras de galgos en la playa marianao; y algunas otras formas que tenían un carácter más popular: boxeo, bolita, charadas, bingos, máquinas tragaperras, etcétera.

4. El tráfico y tallado de piedras preciosas.

5. Los grupos encargados de la prostitución especializada —una de las más conocidas era la cadena de casas de Marina, que daban servicio a los hoteles de lujo—. En La Habana la mafia entrenaba también a prostitutas hacia otras áreas del

Caribe y Estados Unidos. El autor, por supuesto, no se refiere a la prostitución por problemas de miseria, que alcanzó en la década del cincuenta la cifra de 100 000 mujeres.

6. La organización del contrabando, desde los artículos suntuosos —automóviles de lujo, oro, equipos electrónicos, etc.—, hasta las más diversas baratijas, a través de zonas francas, puertos y aeropuertos, con el concurso de compañías aéreas, empresas navieras, etc. Este contrabando se realizaba también por el propio aeropuerto militar de Columbia.

7. El fomento y control de negocios legales —en su explotación y\o utilización—, a cargo de compañías importadoras y exportadoras, tiendas por departamentos, grandes agencias de distribución, compañías aéreas, laboratorios farmacéuticos, compañías de seguros, uso o controles de redes bancarias, negocios en el transporte, el azúcar. Esta dirección operaba todo tipo de compañías.

8. Los entrelazamientos con el centro financiero internacional radicado en La Habana, para la legalización de inmensas fortunas, en la medida en que se pasaba a un proceso propiciador de grandes beneficios para los grupos financieros que controlaban de manera tradicional la economía cubana. Para que el Imperio de La Habana se mantuviera bien engrasado, era necesario que cada una de las fuerzas recibiera su parte del botín.

9. El control de importantes medios de comunicación masiva, dentro y fuera de Cuba, para la estrategia publicitaria, las relaciones públicas y la propaganda internacional.

10. Las relaciones políticas, en Cuba y Estados Unidos. Para la década del cincuenta —coronación del período—, la tarea principal de esta dirección era afianzar cada vez más a Batista como principal cabeza visible del poder aparente en Cuba.

11. La dirección encargada de la inteligencia, sus relaciones y sus vínculos; y de la preparación del brazo armado de las *familias* de La Habana.

12. Una dirección central o general, para el control del Imperio. Incluía el Estado Mayor de la mafia norteamericana en Cuba, sus centros operativos y su estructura de dominio interno.

Ante la imposibilidad de realizar una investigación totalizadora sobre cada una de las actividades de la mafia norteamericana en Cuba, lo más conveniente es abordar algunos aspectos relativos a los grandes hoteles-casinos —los más conocidos— y sus afines.

Es necesario subrayar que a principios de 1950 La Habana no contaba con una infraestructura hotelera como la que alcanzó seis o siete años más tarde. Por entonces, además del maravilloso «Hotel Nacional», estaba el hotel «Sevilla Biltmore» y los hoteles «Presidente», «Lincoln», «Inglaterra», «Royal Palm» o «Plaza», y otros cercanos al Parque Central o Centro Habana; pero la capacidad hotelera principal recaía en edificios de apartamentos, de tres o cuatro pisos, o casas de apartamentos, en zonas del Vedado y Miramar; villas o pequeños moteles dedicados al turismo internacional, que se alquilaban con todos los recursos, incluyendo cocineras y empleadas domésticas. El edificio de 8 y 19, en el Vedado, era uno de esos típicos hoteles, y algunos otros que proliferaban en la calle 3ra. o en las cercanías del Malecón habanero.

Pero con el reordenamiento que propició el regreso de Batista, se inició la construcción de una infraestructura de mayor alcance —grandes hoteles de lujo—, en la conformación de una Habana para disfrute del gran turismo adinerado de Estados Unidos. Para esta infraestructura hotelera el Estado cubano asumió las inversiones más sustanciales; en apenas cuatro años, surgió un grupo de importantes hoteles, con el «Hotel Internacional» de Varadero (1950-1951) como avanzada de este gran proyecto.

Para 1952, funcionaban en La Habana un total de 29 hoteles, con 3 118 habitaciones, de los cuales no todos podían encargarse de recibir turismo internacional de cierto rango; pero cuando a juicio de los especialistas de la mafia-servicios especiales se estabilizó todavía más el Estado de corte delictivo en Cuba, de inmediato se produjo la construcción de un grupo de hoteles considerados de primera línea: «Vedado», «St. John's», «Comodoro», «Colina», «Lido», «Rosita de Hornedo», «Caribbean», «Siboney», «Habana Deauville», «Capri», «Havana Hilton», «Riviera» y otros.

Estos hoteles habaneros elevaron la capacidad a 5 438 habitaciones, sobre todo los últimos, que estaban al más alto nivel hotelero del mundo.

Existían también otras instalaciones controladas por la mafia en Varadero, en la Zona Franca de Isla de Pinos y en la región montañosa de Pinar del Río. Además el acelerado proyecto del «Montecarlo de La Habana» y el moderno hotel «Jagua» en Cienfuegos.

Para asumir la construcción y puesta en marcha de esta red hotelera —con grandes casinos, droga y sexo— la mafia se valió de un conjunto de compañías tapaderas, bancos privados o instituciones creadas para este fin.

La construcción del hotel «Capri», situado en N y 21 —una de las zonas más exclusivas de El Vedado—, se realizó a través de una compañía regenteada por Jaime Canavés, cuyos vínculos con la mafia eran muy viejos. Se sirvieron de una empresa denominada «Compañía Hotelera de La Habana», para que por medio del BANDES y con la intervención de José Manuel Martínez Zaldo, vicepresidente del «Banco Financiero», el Estado cubano asumiera el financiamiento de aquel hotel a mediados de 1957.[1] La «Compañía Hotelera de La Habana» había sido constituida por escritura pública No. 1043, del 12 de diciembre de 1956, por los señores Jaime Canavés Lull, José Canavés Ugalde, Jaime Canavés Ugalde, Francisco de la Horra Diez y el doctor Mario Augusto Soto Román, teniendo como objeto «[...] construir, comprar, operar, arrendar y subarrendar edificios para hoteles y cualquier otro negocio de lícito comercio, con un capital autorizado de $ 2 000 000 [...]».[2]

Jaime Canavés Lull era ciudadano cubano, de origen español, con setenta y tres años, contratista y vecino de las alturas de El Vedado; residía en Cuba desde 1913 y se había casado con Felipa Petra Ugalde Sanz. Había regenteado antes la «Compañía Constructora Canavés».[3]

La «Compañía Hotelera de La Habana S.A.» se dio a la tarea de construir el hotel «Capri», para su inauguración en noviembre de 1957: 241 habitaciones y un edificio adjunto de dos plantas, donde iba a funcionar un gran casino y un *nigth club* que, según la documentación, había sido contratado por la «Compañía Hotelera Shepard» de Miami Beach, representada por los señores Julius Shepard y Jack Lieberbaum, presidente y vicepresidente, los que —como siempre— después de terminado lo arrendarían, por $ 193 000 pesos anuales los tres primeros años, y el resto hasta completar los veinte años del contrato, a razón de $ 190 000 pesos anuales.[4]

Un simple análisis de esta operación revela que se trataba de una descarnada burla a los intereses del Estado cubano. En definitiva, dicho contrato quedó establecido en $ 201 000 pesos anuales sin bonificación de ninguna clase.

La «Compañía Jaime Canavés S.A.» se había constituido desde 1949; y el *The Trust Company of Cuba* era quien le ofrecía créditos de seis cifras bajas, con «magnífica experiencia».

Los señores Julius Shepard y Jack Lieberbaum, operaban a su vez en La Florida el «Hotel Leamington»[5] y poseían excelentes referencias del *Mercantile National Bank of Miami*. Estas recomendaciones no solo eran personales sino extensivas a las operaciones que realizaba la «Compañía Shepard». Además, estaban las garantías ofrecidas por *The First National Bank*.

En Cuba la institución que le dio cobertura a esta operación fue el «Banco Financiero S.A.». Detrás estaba el bufete de abogados Lendían y Lendían, con oficinas en 21 y O, encargados de pasarle las informaciones y garantías al BANDES.[6]

En carta enviada por el bufete Lendían y Lendían se precisa que tanto míster Shepard como míster Lieberbaum poseen «[...] una experiencia hotelera, pues el señor Shepard hace algún tiempo que es administrador del «Hotel Leamington» (véase qué importantes son estas cabezas visibles)[7] y el Sr. Leiberbaum ha sido propietario de hoteles en Miami, siendo actualmente dueño del famoso Motel Dunes, en dicha playa [...]».[8]

Es interesante observar cómo el abogado Armando Lendían — del mismo bufete Lendían y Lendían—, situado en el edificio de la Sinclair, era a su vez el secretario de la «Compañía Hotelera Shepard».

En todos estos rejuegos resulta de fabuloso entendimiento una nota subscripta por Ectore Reynaldo, subgerente y jefe de crédito y valores del BANDES en relación con el hotel «Capri»:

> Nuestra intervención sería para poner al «Financiero» (banco de Lobo)[9] en posesión de competir y quitarle el negocio al banco que ya lo tiene y que estimamos puede realizar el financiamiento sin nuestra intervención.[10]

Después de inaugurado, es reconocido históricamente que el «Capri» fue regenteado por el actor George Raft, en su torrentosa y gangsteril estancia en La Habana.

En el caso del hotel «Havana Hilton» se utilizaron los recursos de la Caja del Retiro y Asistencia Social de los Trabajadores Gastronómicos.[11] Además de los «dirigentes» del Sindicato Gastronómico, en esta operación también intervinieron las instituciones creadas en la década del cincuenta.

Estos «dirigentes» sindicales habían cumplido su tiempo de mandato; pero el propio general Batista extendió una resolución documento (6 de mayo de 1957),[12] firmada por él y por el Primer Ministro Andrés Rivero Agüero —con este hombre los grupos mafiosos aspiraban a darle continuidad al Estado de corte delictivo, a finales de 1958—, así como por el Ministro del Trabajo, José Suárez Rivas —hermano de Eduardo Suárez Rivas—, para prorrogar el mandato de los delegados que integraban el Directorio de la Caja del Retiro y Asistencia Social de los Trabajadores Gastronómicos, hasta enero de 1959, para que pudieran hacer los arreglos con la compañía tapadera.

Para esta maniobra, Batista utilizó a Efren Jesús Pertierra Linero —de nuevo un Pertierra—, Francisco Aguirre y Andrés Castellano Martínez; y en la reunión efectuada para la firma de la escritura —del arreglo—, donde se entregaron los recursos para la inversión del hotel, estuvieron también presentes los representantes del BANDES y el director del «Banco de Comercio Exterior», señor Francisco Miguel Acosta Rendueles.

De inicio, la inversión para el hotel «Havana Hilton» era de $ 14 000 000 (dólares) pero en realidad los costos ascendieron a $ 21 793 458.[13]

El proyecto fue adjudicado a la firma norteamericana *Welton Becket Associate*, de Los Ángeles, California y el BANDES asumió el

resto de la inversión, hasta un monto de $ 13 500 000, con cargo al
«Banco Nacional de Cuba».

Por su parte, el Sindicato Gastronómico invirtió en el hotel
«Havana Hilton» más de $ 6 000 000, pero a su terminación no pasó
a ser operado por el sindicato, ni siquiera por una empresa cubana,
sino por una empresa estadounidense.

La escritura que legaliza esta operación precisa que la inversión
asumida por el BANDES se hizo con un interés del 4.5% (crédito
blando), pagadero a través del «Banco de Comercio Exterior de
Cuba»; pero mucho antes se había convenido un arrendamiento
—24 de noviembre de 1953— con la entidad «Hilton Internacional», por un millón trescientos mil pesos anuales ($ 1 300 000). Poco
menos de ciento cincuenta mil pesos del monto total de intereses
pagaderos en un año.

Un negocio redondo, enteramente legal. La mafia se encargó de
montar el gran casino, y otros intereses que representaban cifras
millonarias. En julio de 1958, para citar solo un ejemplo, la nómina
del casino del hotel «Havana Hilton»[14] contenía un listado de más
de veinte mafiosos norteamericanos, que pagaban el Seguro Social
en Cuba. A saber:

> Harry Miller \ David Geiger \ Larry Sonfsky \ Josef (Joe) y
> Charles Sileci \ Sal A. Parisey \ Allen Kanter \ Vincent Bren-
> nan \ Velma Garfinkle \ Emanuel Charfer \ Joe Lo Pinto \ Geo
> Frentress \ George Labandie \ Jimmy Morrow \ John Bandik
> \ Donte Carmesino \ Luis J. Ross \ Samuel Gremblatt \ Jack
> Moore \ George Mc. Aroy \ James Beker \ Vern Stone \ Luis
> Garfinkle \ John Achuff \ Patric Smith y Robert Ryne.

La puesta en operaciones del hotel «Deauville», situado en la calle
Galeano, entre Infanta y Malecón, tuvo similares características que
conformaron el período de construcción de hoteles— casinos de lujo,
operados por la mafia.

Pero si para los otros hoteles hemos utilizado la documentación de archivo, hablaremos del hotel «Deauville» a través de un conjunto de apreciaciones testimoniales de viejos trabajadores gastronómicos. Estos testimonios fueron recogidos por el obrero Benigno Iglesias Trabadelo, testigo directo de estas operaciones.

Benigno escribió un libro (inédito): *Primero de Enero y el «Hotel Deauville* – [15] no solo con su experiencia personal, sino con la de otros compañeros de trabajo: Lorenzo Sosa Martínez, Humberto Fernández, Rafael Carballido, Bruno Rodríguez, Juan Rivera, Emilio Martínez Hernández, Prieto, el bodeguero de la esquina, y otros trabajadores, conocedores de muchas historias.[16]

El hotel «Deauville» empezó a construirse en 1956, en unos terrenos que pertenecían a Agustín Tamargo, periodista por entonces en la revista *Bohemia*. El proyecto, que fue también regenteado por una compañía tapadera, pasó a ser operado rápidamente por elementos de la mafia, entre los que se encontraban Saint Kay, Mr. Ross, Mr. Maylo, Evaristo Rodríguez Fernández —cabeza visible en el casino de lujo— y un personaje de origen italiano naturalizado en Estados Unidos, conocido como Martini. Además de la presencia ocasional de George Raft y el control permanente de Santo Trafficante Jr.

El hotel poseía ciento cuarenta habitaciones, piscina y cabañas, amplias y lujosas salas de juego, un bar anexo con un escenario para ofrecer *shows* pornográficos, y un pequeño restaurante, así como un casino popular que operaba en el sótano, con la entrada por la calle San Lázaro, totalmente aislado del resto del hotel.

Como casi todos los hoteles de la mafia en La Habana, sus negocios principales no eran alquilar habitaciones. Estas permanecían reservadas para determinados huéspedes o visitantes que podían llegar por barco o avión. El «Deauville» ofrecía a sus visitantes —a sus invitados— habitaciones, comida, bebida, droga y mujeres —shows pornográficos, especialmente—, absolutamente gratis. El asunto era que los huéspedes, embriagados por el encanto del trópico, con hermosas mujeres y el delirante correr de los «polvos», entraran a los salones de juego, o si era de su preferencia, le ofertaban pequeñas salas para partidas más íntimas.

La habitación 222 contaba con instalaciones sofistificadas: la más novedosa técnica que incluía cámaras especiales y equipos para controlar a los puntos o jugadores, y dirigir a las palas o especialistas, en las salas de los casinos.

Los testimoniantes aseguran que a la inauguración del hotel asistieron Meyer Lansky, Walter Clark, Marquín Kraus, Lety Clark, Roman Normain, Frank Sinatra y otros célebres y también «[...] un ejército de *bouncers* protegiendo a estos señores [...]».[17]

Además Santo Trafficante Jr. controló siempre de manera directa el «Deauville» —como lo hacía con el cabaret «Sans Souci».

Es interesante la manera en que Benigno Iglesias Trabadelo ofrece su visión testimonial de los días en que los grupos de La Habana están llevando la guerra a territorio norteamericano:

> Por aquellos tiempos, además, iban llegando a nuestro país personajes tenebrosos por sus actividades hamponescas y delictivas, mezcladas con el asesinato del gángster Anastasia; habían tomado a Cuba por sede de sus fechorías [...].[18]

Y en unas pocas líneas, también define gustos y preferencias:

> la bebida la empleaban sutilmente junto a la droga, ante la vista de todos, para derivar después en el juego, y finalmente la pornografía, que concluía con los clásicos bacanales privados [...].[19]

La mafia, por supuesto, trataba de que en el hotel se respirara una atmósfera honorable: señores con frac y señoras que simulaban moverse en un ambiente de gran burguesía, mientras las cámaras y miras especiales estaban en circuitos cerrados, para espiar o controlar.

Por último, en varias habitaciones del hotel «Deauville» se habían instalado equipos para la filmación de películas pornográficas con destino al mercado exterior. Era usual que utilizaran jovencitas —según los testimoniantes—, no pocas veces por la fuerza o encandiladas por falsas promesas, cuando en realidad «[...] estaba en juego su juventud, su belleza, su existencia, su prestigio y dignidad [...]».[20]

El hotel «Havana Riviera», situado en Malecón y Paseo, es conocido internacionalmente como el hotel insignia del «financiero de la mafia». Frederic Sondern Jr. —recordemos que fue oficial de la policía antinarcóticos de Estados Unidos— nos dice que:

> Meyer Lansky, el gran jugador de Nueva York, y un grupo de sus amigos, tenían el dinero suficiente y veían las posibilidades financieras. Meyer, personalmente, adquirió la concesión en el magnífico y nuevo «Hotel Riviera» ($ 14 000 000 de dólares), situado en el Malecón; su hermano, Jack, estableció más modestas aunque igualmente provechosas salas de juego en el antiguo pero opulento «Hotel Nacional». Otros centros turísticos fueron concedidos a un grupo de cuidadosamente seleccionados directores de casinos [...].[21] (Se trata de las nuevas alianzas que realiza Lansky desde 1956, contra las pretensiones de las *familias* de Nueva York, quienes exigían una participación en los lucrativos negocios de La Habana).[22]

Lo que Lansky hace —como parte de la expansión que se produce para la década del cincuenta— es crear la típica empresa tapadera: «Compañía Hotelera La Riviera de Cuba, S.A.», para que se encargue de manejar los asuntos para la construcción y puesta en marcha de la futura red hotelera de La Habana, además de atender propiamente al hotel «Riviera».

La empresa «Compañía Hotelera La Riviera de Cuba S.A.», de manera oficial (legal) estaba integrada por los siguientes personajes: Harry Smith, Julies E. Rosengard, Benjamín Seigel, Irving Feldelman, Edward Levinson, Eduardo Suárez Rivas y Juan Francisco López García.

Para legalizar la construcción del hotel «Riviera», se produjo una reunión a la que asistieron Harry Smith —el mismo que regenteaba el «Jocky Club» de La Habana en 1942— como presidente de la compañía —era ciudadano canadiense—, el señor Juan Ramón Rodríguez Rivera, subgerente general del BANDES, y el señor «[...] José Manuel Martínez Zaldo, natural de New York, ciudadano cubano, mayor de edad, casado (asistió a la reunión en representación del "Banco Financiero" de Lobo),[23] banquero y vecino de esta ciudad, en la calle San Ignacio número 104 [...]».[24]

Inicialmente el «Riviera» se concibió a un costo de $ 11 000 000. (el Estado cubano asumió una inversión de más de $ 8 000 000), pero costó en realidad $ 14 000 000. Contaba con:

> 21 plantas, con trescientas setenta y ocho habitaciones, comedores, casino, cabaret, cabaña, piscina, parqueo, jardines, y otros salones de lujo para uso público, dos mil seiscientos metros de área comercial y demás especificaciones que constan del proyecto, planos y memorias descriptivas confeccionados por la firma *Feldman Construction Corporation*, de Miami Beach, Florida, Estados Unidos de América, autorizado facultativamente en Cuba por el arquitecto Manuel Carrera Machado [...].[25]

La escritura —ante el notario Augusto Maxwell de la Coba— fue subscripta por Smith, J. R. Rod, José Manuel Martínez Zaldo, por el «Financiero» y E. León Soto, en representación del BANDES; y en los documentos agregados aparece el conocido Eduardo Suárez Rivas, en su condición de secretario de la «Compañía de Hoteles La Riviera de Cuba S.A.».

Estos documentos precisan que el hotel «Riviera» ha sido proyectado:

> para dedicar en los mismos (hoteles de lujo) lugares de entretenimiento o casinos para operar juegos de convite o azar, autorizados por la llamada Ley del Turismo y demás legislaciones que rigen en Cuba [...].[26]

Las relaciones establecidas (vínculos) de la mafia norteamericana con el «Banco Financiero S.A.» se mantuvieron de manera inalterable más allá de 1958, hasta que se produjo el proceso de recuperación de las riquezas que pertenecían a la nación cubana. Prueba de esa fidelidad es la carta enviada por el Dr. Eladio Ramírez, por entonces vicepresidente del «Financiero», de fecha 6 de julio de 1959, dirigida al doctor Felipe Pazos, quien por entonces presidía el «Banco Nacional de Cuba». Veamos estos fragmentos:

> Queremos aprovechar (le dice el lugarteniente de Julio Lobo a Felipe Pazos)[27] la oportunidad para decirles que nuestro Banco ha manejado la cuenta del hotel «Riviera», desde su inicio, y a plena responsabilidad podemos hacer las siguientes afirmaciones.
> 1. Que nos consta, por haberse manejado los fondos por conducto nuestro, la inversión por parte de los accionistas, de la suma de $ 5 580 000. Tenemos todos los datos y antecedentes en nuestro poder y los ponemos a disposición de ustedes.
> 2. Que la contabilidad de la empresa durante el período de la ejecución de las obras, fue intervenida por el Departamento de Inspección (contadores públicos) de ingenieros del Departamento Técnico del BANDES.
> 3. Que asimismo el BANDES tuvo siempre en las obras un arquitecto que las supervisó y comprobó y sin cuyo informe no se hacía efectiva ninguna cuenta.

4. Que el hombre que desde el principio de las negociaciones, en su carácter de Tesorero de la compañía, estuvo en contacto con nosotros y continúa todavía al frente del hotel, es un abogado de Boston, el doctor Julies E. Rosengard, que es a la vez Contador Público, hombre de fortuna personal, de quien tuvimos los mejores informes a través del *Royal Bank of Canadá, de The First National City Bank of New York, y de The Chemical and Corn Exchange Bank of New York,* de los cuales les enviamos copias. Conocemos también a su esposa, que pertenece a una distinguida y acomodada familia de Boston, persona de gran cultura y refinado trato, y a sus dos hijos, y podemos asegurar a ustedes, que son personas de un trato exquisito y de costumbres impecables. El señor Rosengard es miembro de la Junta de Patronos de la Universidad de Suffolk, en Boston, Mass.

5. Conocemos también al primer Presidente de la Compañía, Mr. Harry Smith, que con sus hermanos opera el «Hotel Prince George», uno de los mejores de Toronto, Canadá, y que tienen vastas inversiones en empresas mineras. Acompañamos las referencias bancarias que de estos señores obtuvimos.

6. Asimismo, conocemos de primera mano a Irving Feldman, de Miami, donde es favorablemente conocido como contratista y como persona honorable, habiendo construido multitud de obras de gran envergadura en todos los Estados Unidos, y que fue quien dirigió personalmente las obras de construcción del hotel, en las que demostró una extraordinaria habilidad y experiencia, pues batió el reto en cuanto a tiempo, calidad y eficiencia de las obras. Él es el actual Presidente de la empresa, por renuncia (pase)[28] de Harry Smith.

7. Acompañamos la lista de los accionistas. De la mayor parte tenemos ligeras referencias, por no haber tenido con ellos relaciones ni contacto alguno; pero nadie nos ha dicho que posean antecedentes que puedan estimarse deprimentes de su conducta moral. Estos hombres han hecho una inversión enorme en nuestro país. Observan nuestras leyes, respetan nuestras costumbres

y si de verdad nosotros queremos estimular las inversiones en Cuba, tenemos que darle garantías al capital que se encuentra ya invertido y en función de trabajo y de creación de fuentes de riquezas.

8. Mucho se ha especulado respecto a la conducta moral de los nuevos hoteleros; pero es que hemos confundido lastimosamente el negocio limpio, honesto y respetable de los hoteles, con el de los casinos, que desgraciadamente en muchos casos han sido manejados por gente que no viene precedida de buenos antecedentes, y respecto a los cuales se está realizando una saludable labor de limpieza muy bien acogida por la opinión pública en general y por los mismos hoteleros, que en vez de resentirse por ello, cooperan con sinceridad y entusiasmo a ese empeño, purificador de nuestras costumbres públicas, en un sector tan difícil de las casas y centros de juegos de suerte y azar.

9. En resumen: las personas que integran la empresa que opera el hotel «Riviera», han hecho en Cuba, al amparo de nuestras leyes, una inversión considerable de dinero, han construido un hotel que es orgullo de Cuba y puede compararse ventajosamente con los mejores de su clase en el mundo entero: no tienen antecedentes desfavorables respecto al origen del dinero invertido, ni en cuanto a su conducta moral; han desenvuelto su negocio, desde su inicio en 1956 a la fecha, respetando las leyes y costumbres, empleando tanto en la construcción del edificio, como en la operación del hotel, personal cubano cuidadosamente seleccionado. La crisis que atraviesa el hotel es debida, única y exclusivamente, a factores externos y ajenos a su control. En la estación invernal 1957\1958, tuvieron utilidades razonables, aunque muy inferior al millón de pesos, que han sido absorbidas, junto con el capital de trabajo con que contaban, por las circunstancias desgraciadas que han prevalecido en Cuba durante todo el año 1958 y los primeros meses del corriente año de 1959, afortunadamente en parte superadas, que les permiten mirar con confianza el porvenir; pero si se mantienen prejui-

cios injustos e infundados contra los hombres que hicieron la inversión inicial y no hay una cooperación efectiva para hacer costeable el negocio, reduciendo la nómina artificial e hipertrofiada que actualmente prevalece, el negocio está condenado al fracaso más rotundo, y desde ahora le decimos que no vale la pena invertir dinero sano, que es poco y tardío y que no evitará el colapso inevitable de la empresa, lo cual redundara inexorablemente en perjuicio del país y de toda posibilidad de nuevas inversiones, sin las cuales, nuestra segunda zafra, «el turismo», será imposible.[29]

Los nuevos inversionistas

El 11 de julio de 1952, el doctor Joaquín Martínez Sáenz —Presidente del «Banco Nacional de Cuba»—, recibió una comunicación donde se solicitaba autorización para la apertura del «Banco de La Habana».[1] Este banco tendría su primera sucursal en el poblado de Niquero, término municipal de la provincia de Oriente, donde se encontraban los ingenios «Niquero», «Media Luna», y «Cabo Cruz»; y en la zona —en el término municipal cercano— radicaban también los centrales «Campechuela», «San Ramón» y «Santa Rita», y otras empresas agrícolas y comerciales, sin que existiera en aquel lugar una entidad bancaria.

Según lo propuesto al «Banco Nacional de Cuba», este banco tendría un carácter nacional, y su oficina central radicaría en San Ignacio 104-108, en La Habana.[2]

Las personas interesadas en la apertura del banco eran:

1. El señor Julio Lobo Olavarría, accionista y director de las empresas dueñas de los ingenios «Tinguaro», «Escambray», «Niquero», «Cape Cruz», «Caracas» y otros; así como la entidad comercializadora de carácter internacional «Galbán Traiding Company S.A.», y un número de empresas afines.

2. El señor Germán S. López Sánchez, accionista y/o director de las compañías dueñas de los centrales «Santa María», «El Pilar», «Caracas», «Najasa» y «Siboney»; miembro del «Banco Cacicedo», de Cienfuegos, y de empresas comerciales y portuarias en aquella ciudad.

3. El señor Gregorio Escogedo Salmón, accionista y/o director de los centrales «Fidencia, «Perseverancia», «El Pilar», «Caracas», «Najasa» y «Siboney; y otras empresas ganaderas y arroceras.

4. El doctor Eladio Ramírez León, expresidente de la Asociación de Hacendados de Cuba, abogado, director y accionista de las compañías de los centrales «Tánamo» y «Unión».

5. El señor Ignacio Carvajal Olivares, accionista y director de los centrales «La Francia» y «San Cristóbal», y miembro de la firma «Carvajal» (almacenistas de víveres); presidente y accionista del «Banco Carvajal», de Artemisa, y miembro de empresas comerciales.

6. El señor Simeón Ferro Martínez, accionista y director de las empresas dueñas de los ingenios «San Cristóbal» y «La Francia»; miembro de la firma comercial «Hijo de Pío Ferro» y de la «Industrial Ferro S.A.», e integrante de empresas comerciales.

7. El doctor Fernando de la Riva Domínguez, abogado y accionista de los centrales «Covadonga» y «Constancia».

8. El señor George Fowler y Suárez del Villar, presidente y accionista de la *North American Sugar Co. S.A.*, dueña del central «Narcisa».

9. El señor José García Palomino, accionista y director de la «Galbán Trading Company». Y el señor Enrique Sotto León, abogado y profesor de Economía de la Escuela Profesional de Comercio de La Habana; secretario y director, respectivamente, de las empresas dueñas de los centrales «Perseverancia» y «Tánamo».

La mayoría de estos personajes eran accionistas de menor rango, y cabezas visibles en negocios que giraban en la órbita de Lobo.

El Banco se constituyó con la autorización de $ 2 000 000, pero solo entraron a operar de inicio con un capital de $ 200 000.

El 18 de julio de 1952 se reordena el proyecto. El «Banco de La Habana» se convierte en el «Banco Financiero S.A.»; y para el 16 de septiembre de ese mismo año, L. Rangel, vicepresidente de *The Trust Company of Cuba*, informa al «Banco Nacional de Cuba», que el «Banco Financiero» ha procedido a abrir en esa entidad una cuenta corriente por un monto de $ 260 000.

A principios de octubre de 1952, Lobo designa al señor Francisco M. Acosta y Rendueles administrador del «Banco Financiero». Rendueles poseía treinta años de experiencia bancaria, en las oficinas del *National City Bank* de La Habana. Pero no es hasta el 21 de octubre que el «Banco Financiero» deposita en *The Trust Company of Cuba* el cheque por $ 100 000 como reserva centralizada, para comenzar sus operaciones.

Las operaciones iniciales del «Financiero» estuvieron dirigidas hacia un grupo de centrales azucareros que Lobo controlaba o controlaría más tarde, que en general formaban parte de un imperio azucarero, en lo que se refería a la comercialización de los crudos, con oficinas en varias ciudades de los Estados Unidos, Puerto Rico, y capitales importantes de Europa.

De Lobo se decía —era la leyenda— que había sido heredero de viejos negocios. En el Directorio Telefónico de 1937[3] aparece un anuncio de la «Galbán Lobo y Compañía», importadores y exportadores desde 1864, ahora con departamentos de azúcar, droguería, productos químicos, lubricantes y gomas, ferretería, víveres, mieles, ceras y vegetales; seguros contra incendios; automóviles y transportes marítimos.

Pero hasta el momento no existe un estudio sobre los orígenes de la fortuna de Julio Lobo, sus vínculos y dimensiones reales. Lobo gozó en Cuba de todas y cada una de las prerrogativas; se le tenía como un importantísimo industrial y financiero cubano, aunque su verdadera nacionalidad ni siquiera está esclarecida; se dice que era de origen judío y que su nombre era realmente Julies Wolf, nacido en Holanda, Aruba o Venezuela. Algunos de sus antiguos colaboradores afirman que con la depresión de 1929, y en los primeros años de la década del treinta, se arruinó o estuvo al borde de la ruina: pero para la década del cuarenta, su fortuna es ya considerablemente apreciable. En la prensa de la época existen numerosas referencias al hecho de que Lobo se está enriqueciendo desmesuradamente con los negocios de la bolsa negra y la especulación con productos de primera necesidad, a raíz de la II Guerra Mundial, y más tarde a través de los manejos fraudulentos del autenticismo.

En la segunda mitad de esa década, Lobo es víctima de un atentado gangsteril. Al ser acusado como uno de los más importantes especuladores, elementos gangsteriles de la época Auténtica le exigieron la entrega de una fuerte suma.

En realidad, no pocos de los recursos económicos de Lobo provenían de ganancias que obtuvo por vía de la especulación. Lo que sí no es explicable históricamente es cómo, en medio de las grandes fuerzas imperialistas que se disputaban el dominio económico de Cuba, y en especial los intereses de la codiciable industria azucarera, Lobo logró controlar un gran imperio, en lo que se refiere a la producción y comercialización de los crudos cubanos.

La vertiginosa expansión en sus negocios fue algo asombroso. Quedan, por supuesto, en los archivos, algunos documentos, casi siempre manejados con extraordinaria habilidad, con el fin de encubrir los datos más esclarecedores. De cualquier modo, el conjunto de pruebas existentes demuestran que, por lo menos a partir de 1954, los intereses de la mafia norteamericana entraron a operar de manera directa en el «Banco Financiero».

Considerada hasta ahora como un grupo marginal dentro de la sociedad cubana, a las operaciones de la mafia norteamericana no se le había prestado la atención requerida; pero desde cualquier ángulo que este fenómeno se estudie, resulta innegable que los negocios de la mafia en Cuba no solo incluían casinos y hoteles, alta prostitución o canales de la droga, sino que existían otros intereses menos visibles, en los cuales trataban siempre de no dejar rastros, amparados por la maquinaria leguleyesca del capitalismo contemporáneo. Lo real fue que los negocios de la mafia en Cuba incluyeron espacios cada vez más rentables de la economía, conexiones internacionales de gran magnitud, influencias socioculturales y manejo de la política cubana.

En el caso del azúcar, está por estudiarse el surgimiento y las transformaciones que se produjeron a partir de las maniobras de 1937-1938, en las que el general Batista apareció como artífice de la Ley de Coordinación Azucarera y Moratoria Hipotecaria. Por situaciones muy especiales, que comprendían las coyunturas internacionales de la época y los intereses dominantes, estas fechas fueron los puntos de partida para que, en apenas tres lustros, se produjeran cambios radicales en las estadísticas de un conjunto apreciable de centrales azucareros. Esto daría origen a diversas teorías, cada vez menos creíbles, entre ellas, los que afirman que la industria azucarera cubana ya no era rentable, había llegado a un punto de absoluta saturación, y las poderosas compañías norteamericanas habían perdido interés en esta esfera; como si el azúcar cubano no le brindara al sistema de explotación imperialista cuatro fabulosos canales de riqueza, de los cuales solo dos han sido estudiados medianamente.

La rentabilidad de la industria azucarera en Cuba siempre estuvo garantizada por la más feroz explotación: hambre, desocupación, sudor y sangre, de los obreros cubanos.

Los cuatro grandes canales lucrativos de la industria azucarera cubana fueron los siguientes:

1. Utilidades obtenidas propiamente por las compañías, dueños o accionistas de los centrales azucareros.

2. Los centenares de millones de dólares que cada año nutrían las arcas del Estado norteamericano por concepto de aranceles exigidos para que el azúcar cubana pudiera entrar a Estados Unidos. De 1921 a 1929, y solo por este concepto, ingresaron en el presupuesto estadounidense $ 1 119 000 000 de dólares. El 37% del valor total del azúcar exportada.

3. Los jugosos intereses recibidos por el sistema bancario (centro financiero internacional radicado en La Habana), a cargo del financiamiento de las zafras azucareras. Todo parece indicar que esta era la nueva modalidad aplicada para la explotación de la industria azucarera. De esta forma se obtenían sustanciales dividendos que pasaban directamente a manos del capital financiero norteamericano.

4. Las cuantiosas ganancias producidas por la comercialización de esta azúcar, dominada cada vez más de manera monopólica.

Para explicar ese acto casi mágico, a través del cual la industria azucarera empezó a «pasar» a manos de capitales cubanos —no pocas veces a manos de los elementos que conformaban las cúpulas político-militares del poder aparente—, sin dudas habría que entrar en otras consideraciones.

Está comprobado que, antes de que la mafia norteamericana comenzara a operar de manera ostensible en el «Banco Financiero», este banco afrontaba una situación precaria, por no decir de un estancamiento total, a pesar de las múltiples operaciones que realizaba con un conjunto de centrales. Incluso habían reportado pérdidas bancarias, y algunos meses después una irrisoria ganancia. Este pequeño resultado se debió a que la «Galbán Traiding Company» estuvo manipulando cheques con el extranjero y efectuado canjes de moneda.

Para esa fecha la crisis del «Banco Financiero» era tal, que el «Banco Nacional de Cuba» no le aprobó una línea de créditos propuesta para el grupo de centrales que giraban en la órbita de Lobo, alegando que el «Financiero» no contaba con suficientes depósitos, y que los créditos estaban destinados a centrales vinculados con la entidad a través de accionistas y directores.

Por entonces el doctor Joaquín Martínez Sáenz —Presidente del «Banco Nacional de Cuba»—, se encontraba apremiando a los bancos del sistema (70 bancos) para que adquirieran certificados de adeudos de Obras Públicas.

En la reunión de directores del «Banco Financiero», se acordó que el administrador Acosta Rendueles se dirigiera a Martínez Sáenz aceptando el apremio. El intermediario para estas gestiones fue el señor Víctor Pedroso, presidente de la Asociación de Bancos de Cuba, y vicepresidente y administrador del «Banco Pedroso».

De igual modo, como parte de las presiones hacia el «Financiero», se le envió a Lobo un «recado»: el «Banco Nacional de Cuba» podía retirar la autorización de recepcionar cuentas de reserva, a las que solo tenían acceso los bancos que habían participado en «la subscripción y flotación de valores del Estado y que esta lista sería renovada periódicamente [...]».[4]

Los certificados que deseaba por entonces situar el «Banco Nacional de Cuba» eran los que se habían emitido para la construcción del Palacio de Justicia y el Ministerio de Comunicaciones. También se le anunció al «Financiero» que una respuesta positiva en este asunto, lo pondría en condiciones de recepcionar cuentas del Instituto Cubano de Estabilización del Azúcar, y futuras cuentas de la Caja del Retiro Azucarero y de otros organismos oficiales que estaban conectados con el gobierno.

A principios de 1954 —si tenemos en cuenta las características de su personalidad—, ocurrió algo sumamente extraño: Lobo desapareció de La Habana. Aunque se afirmó que estaba realizando un viaje de descanso por Nueva York y que sus negocios pasaban a ser atendidos por la señora Carlota Steegers Plasencia, quien fungía como secretaria particular de Lobo. La ausencia de Lobo se prolongó por varios meses; y sobre todo, que su regreso coincidió con la entrada en su banco de elementos importantes de la *familia* que regenteaba don Amadeo Barletta Barletta, en las personas de José Manuel Martínez Zaldo, José Guash, y el propio don Amadeo, entre otros.

Además, en ausencia de Lobo, se autorizó al señor Francisco M. Acosta Rendueles para que ocupara el cargo de *truestee*[5] en cualquier comisión de bonos o pagarés hipotecarios «[...] en la forma y condiciones que autorice la junta [...] sin limitación alguna [...]».[6]

Es precisamente en el tránsito de ausencia y aparición de Julio Lobo, cuando se producen los cambios en el «Banco Financiero», con la renuncia del antiguo vicepresidente y la designación para ese cargo de José Manuel Martínez Zaldo, uno de los hombres claves en las operaciones mafiosas de la *familia* Barletta.

Los cambios en el «Banco Financiero» coinciden también con la designación que hizo el general Batista —a través del Presidente del «Banco Nacional de Cuba»—, del señor Francisco Acosta Rendueles como director del recién creado «Banco de Comercio Exterior de Cuba».

Estos asuntos se manejaron con tal doblez, que en las actas del «Banco Financiero» relativas a este proceso, Lobo aparece profundamente ofendido con el señor Rendueles, descargando insultos y acres invectivas, casi desatando una pequeña guerra de palabras. ¿Es que acaso Lobo podía ver con malos ojos que un hombre suyo fuera designado para regentear el «Banco de Comercio Exterior de Cuba», desde donde se podían realizar —y se realizaron— tan buenos negocios? Fue tal la simulación, que en una de las actas del «Financiero»[7] Lobo aparece negándole los más elementales derechos a su antiguo administrador, declarándose ante la junta directiva del banco y del resto de los accionistas, como enemigo jurado de Rendueles. ¿Acaso era —o fue— Lobo, un hombre tan torpe?

Los padrinos eran sin dudas muy poderosos, para que Batista le confiriera a Acosta Rendueles una distinción como aquella; y las protestas de Lobo no resultaron convincentes.

Durante esa reunión[8] en que se producen los cambios, no solo el caso de Rendueles sino la renuncia de Florentino Suárez —antiguo vicepresidente del banco— y la designación de José Manuel Martínez Zaldo, se anuncia también que Martínez Zaldo es accionista del «Banco Financiero», y que José Guash Prieto y don Amadeo Barletta Barletta se encuentran en posesión de un paquete de acciones.[9]

En relación con el rejuego de injurias y reconsideraciones que Lobo protagonizó contra Rendueles, es interesante observar cómo el doctor Eladio Ramírez León —mano derecha de Lobo—, quedó públicamente como el más fiel amigo de Rendueles.

Tan pronto como el grupo mafioso de Barletta inició sus operaciones en el «Financiero» —la Junta Directiva del banco le propuso más tarde a don Barletta que conformara también la dirección del Banco, pero Barletta declinó, prefería mantenerse en la sombra—, comenzaron para Lobo los grandes negocios. El 18 de noviembre de 1954 se dio a conocer la Ley Decreto Especial 1800. Esta ley firmada por el general Batista abrió el fabuloso rejuego financiero de los Ferrocarriles Occidentales de Cuba; y cinco días más tarde —solamente cinco—, el 23 de noviembre de 1954, ya Lobo estaba convocando una reunión de directores para informar que su banco asumía el financiamiento «para la subscripción de acciones en los «Ferrocarriles Occidentales de Cuba», y que:

[...] un número de compañías propietarias y operadoras de ingenios habían acudido al «Banco Financiero S.A.» en solicitud de préstamos para adquirir y pagar las acciones oportunas declaradas elegibles por el «Banco Nacional de Cuba», cuyo préstamo tienen además por aspiración de la referida Ley Decreto adicional de la cuota extraordinaria de tres centavos por saco de producción de trescientas veinticinco libras o su equivalente creado a ese efecto por la Ley.[10]

[...] Estos préstamos serán descontables en el Banco Nacional de Cuba por el importe integro de los mismos, al dos por ciento de interés anual; los bancos privados a su vez, no podrán cobrar un interés superior al cuatro por ciento anual, teniendo y disfrutando todos estos préstamos de todas las excepciones de impuestos y demás facilidades que la Ley otorgó para el financiamiento de los azúcares de la Cuota Estabilizadora; por todo lo cual, el Presidente (Lobo) estima que además de constituir un deber de la banca privada cooperar con el gobierno a la solución de un problema de gran interés nacional, los préstamos en sí resultan atractivos, como inversión del banco por las garantías que tienen y las facilidades que para su redescuento ofrece el Banco Nacional, por todo lo cual recomienda a la Junta que apruebe la autorización de tales préstamos en la medida que lo permitan los recursos económicos del Banco.[11]

Los créditos estaban otorgados a un grupo de compañías afiliadas o tenedoras del «Financiero», o empresas que se encontraban en la esfera de dominio de Lobo. Además de entrar a controlar los intereses de los Ferrocarriles Occidentales de Cuba, esta operación garantizaba que importantes industrias y zonas azucareras de las provincias occidentales, pasaran al área de influencia o futuros rejuegos azucareros, si tenemos en cuenta que hasta entonces el mayor número de centrales azucareros dominados por Lobo se encontraban en la provincia de Oriente.

Pero lo más asombroso es que, cuando esta Ley Decreto se da a conocer, ya Lobo tiene organizado el negocio, y cinco días después presenta el listado de créditos para los centrales «San Cristóbal S.A.», «Tinguaro S.A.», «La Francia S.A.», «Araújo S.A.», «Perseverancia S.A.», «Niquero S.A.», «Cape Cruz S.A.», «Tánamo de Cuba S.A. (Tánamo)», «Escambray Sugar Company (Escambray)», «Estrada Palma S.A.», «Compañía Azucarera Jocuma S.A. (Covadonga)», «La Rancho Veloz Sugar Company», «Hormiguero S.A.», «Parque Alto S.A.» y *North American Sugar Company* (Narcisa).

De inmediato, el señor José Manuel Martínez Zaldo comenzó a recibir un tratamiento en extremo generoso. Lobo le asignó entre salarios y comisiones más de dos mil pesos mensuales; mientras que ese año, para el aguinaldo pascual —Lobo era en extremo tacaño—, para ocho o nueve destacados empleados del banco dedicó la cifra de $ 120.[12]

En el acta del 25 de enero de 1955, Lobo declara que su intención es atraer hacia el «Banco Financiero» «[…] a elementos que no fueran precisamente de los interesados en la industria azucarera, sino de otras actividades mercantiles y comerciales […]».[13]

El 30 de marzo de 1955, el «Financiero» informa que ha recibido $ 3 000 000 más en depósitos que en el período anterior; por lo que, en su fase de expansión, se abren o se proyectan sucursales en Colón, Santo Domingo, Placetas, Nicaro, Tánamo, Rodas, Artemisa, Manzanillo, Marianao y algunos sitios de La Habana.

Martínez Zaldo, por su parte, informa que se están haciendo los arreglos para que el «Financiero» pueda adquirir, con «otros amigos», el «Banco Carvajal», que opera en la ciudad de Artemisa, y que las negociaciones para adquirir dicho banco ya se encuentran muy adelantadas.[14] También se habla de comprar la sucursal —el edificio— del *City Bank* de la ciudad de Manzanillo, y se observan fuertes intereses para las inversiones en el Fomento de Hipotecas Aseguradas (F.H.A.).[15]

En la Junta de Accionistas del 30 de marzo de 1955, el doctor Eladio Ramírez León hace mención a un artículo redactado por Cepero Bonilla, aparecido en el periódico *Prensa Libre*:

> [...] en el sentido de que el señor Lobo, por medio de su banco, había financiado a ingenios que no son clientes del mismo, para que pagaran las acciones que le correspondían en los Ferrocarriles Occidentales de Cuba, a condición de que le dieran el voto de esas acciones para utilizarlo en la designación de uno de los representantes de los Hacendados en la Junta de Directores de dicho ferrocarril, y que por ese motivo el Banco Nacional se había negado a aprobar dichos financiamientos.[16]

Ramírez León afirmó —en la reunión— que todo lo que decía aquel artículo era falso. El «Banco Nacional de Cuba» había aprobado cada uno de los financiamientos, esos y otros que se hubieran enviado, y que Lobo no había intervenido en nada para esa aprobación. «Se hicieron variados comentarios alrededor de este asunto, pero prevaleció la opinión general de no darse por enterados oficialmente de la noticia y mucho menos desmentirla [...]».[17]

Para febrero de 1956, ya Martínez Zaldo aparece como representante oficial del paquete de acciones que poseen don Amadeo Barletta Barletta y José Guash Prieto. Y en el acta número 28 del «Banco Financiero»,[18] Lobo impone una distribución de ganancias dentro del «Banco Financiero» que resulta sorprendente: el 25% de las utilidades que obtuviera el banco como consecuencias de sus operaciones pasarían directamente a manos de su presidente y del vicepresidente, y de algún que otro ejecutivo que los dos anteriores decidieran.

El único de los accionistas que se opuso a esta medida, aunque de manera tímida, fue el doctor Francisco Escobar Quezada, quien, como era lógico, alegó que no tenía «[...] conocimiento que tal cosa se hiciera como práctica corriente en los negocios [...].[19]

Es precisamente el señor Lorido Lombardero —también había entrado como accionista en el banco «Financiero», vinculado al grupo Barletta— quien sale en defensa de la propuesta de Lobo, asegurando que en la «[...] sociedad anónima de Seguros de la que él forma parte, se destina para esto el 28 %, para retribuir a los directores que trabajan [...].[20]

En enero de 1956, los depósitos en el «Banco Financiero» ascienden a más de $ 5 000 000; y para esa fecha se hace referencia por primera vez en las actas del banco que ampliarán en gran escala operaciones de financiamiento en negocios de Barletta.[21]

En esa misma reunión, Lobo asegura que:

> [...] la situación del país sigue siendo de relativo bienestar, pues la zafra de este año es superior a la del año pasado, y los precios se mantienen en niveles atractivos, no para realizar grandes utilidades, pero sí para mantener el negocio sobre una base ligeramente reproductiva [...].[22]

Para mayo de 1956, el «Financiero» posee más de $ 7 000 000 en depósitos, atesora una sustancial cantidad de bonos de Veteranos, Tribunales y Obras, y valores de la llamada Compañía Cubana de Electricidad —puestos en circulación por el BANDES y otras instituciones—, además de mantener en cartera algo más de $ 1 000 000 para nuevas inversiones de este tipo.

De acuerdo con el reporte de la Cámara de Compensaciones del Banco Nacional de Cuba, en abril de 1956 el «Banco Financiero» ocupaba el noveno lugar entre los setenta y dos bancos del sistema

—incluyendo las filiales de los grandes bancos norteamericanos en Cuba—, con un total de $ 17 500 000 en efectos presentados y de $ 18 700 000 de efectos recibidos, reflejo de la importancia que «[...] diariamente va alcanzando nuestro banco [...]».[23]

Sin lugar a dudas 1956 fue para Lobo un año enteramente satisfactorio, si tenemos en cuenta que las operaciones no reportadas a cargo de divisas norteamericanas tienen que haber sido sustancialmente mayores, y que estaban también próximos a recibir importantes depósitos del Congreso de la República, de las Cajas de Jubilaciones, del Seguro del Retiro Azucarero, y de los fondos destinados a la construcción de viviendas campesinas, lo que aumentaría considerablemente el potencial financiero del banco.

En consecuencia, era lógico que el «Banco Financiero» se integrara a los proyectos de la mafia norteamericana, para la gran renovación hotelera del Imperio de La Habana.

Lo primero que se reporta son algunas inversiones en el centro turístico de Barlovento, conocido más tarde como el «Montecarlo de América» (después lo llamarían el «Montecarlo de La Habana» y es la actual «Marina Hemingway»). Aunque esta primera inversión no alcanzó un gran monto, porque en realidad el Estado cubano asumió casi enteramente las inversiones.

Para que se tenga una idea más precisa de la piramidación de negocios de la mafia, y el entrelazamiento con las instituciones del Estado cubano —BANDES, «Banco de Comercio Exterior de Cuba», «Financiero Nacional» y otras instituciones—, y sus vínculos con el «Banco Financiero» de Lobo y la *familia* Barletta, veamos un fragmento del informe que ante la Junta General de Accionistas del Banco, realizó Lobo el 23 de abril de 1957:

> [...] Acto seguido el Sr. Presidente da cuenta del estado en que se encuentran las negociaciones relativas al financiamiento del Hotel-Habana-Riviera (hotel que internacionalmente se conoce

como una operación de Meyer Lansky) en La Habana,[24] amplia exposición sobre el caso y manifestando que resulta necesario que se adopte acuerdo designando a funcionarios del Banco para que acepten a nombre del mismo la designación como agente fiduciario o *trustee* de la Comisión de Bonos Valores Públicos Nacionales que hará el Banco de Desarrollo Económico y Social [...].[25]

Los entrelazamientos en el banco de Lobo alcanzaron también a numerosas empresas tapaderas de la mafia: como la compañía «Hotelera de La Habana», y la «Compañía de Hoteles la Riviera de Cuba S.A». Estas y otras empresas, a fines de la década del cincuenta, se encontraban en una fase de expansión acelerada. Habían iniciado la construcción de un complejo hotelero en la capital cubana, Varadero, Cienfuegos, Isla de Pinos y las montañas de Pinar del Río, para el deleite de un cierto turismo adinerado, ávido de emociones fuertes; y para 1957-1958 estaban preparándose para una segunda y mayor expansión, que incluiría la construcción de cincuenta grandes hoteles *resort*: desde la orilla del Jaimanitas a la playa de Varadero. El gran «Hotel Montecarlo de La Habana» —actual «Marina Hemingway»— era el inicio de este fabuloso proyecto; pero es necesario subrayar que para finales de 1957 —y seguramente como parte de esta nueva estrategia— la *familia* Barletta, después de consolidar los intereses y vínculos con el «Banco Financiero S.A.», inició una aparente retirada del banco de Lobo —aunque el «Financiero» continuó sus operaciones con empresas y compañías de la mafia, incluso durante 1959—.

En los días finales de 1957, José Manuel Martínez Zaldo presentó su renuncia como vicepresidente ejecutivo del «Banco Financiero». Sin dudas, fue una retirada formal; de la misma manera que también se retiraban José Guash Prieto y don Amadeo Barletta. Los paquetes de acciones que poseían estos personajes —estaba por iniciarse la guerra mafiosa entre las *familias* de La Habana y el resto de la mafia norteamericana— fueron transferidos a Lobo o a otras compañías tapaderas, en una misma fecha.

En el caso de José Manuel Martínez Zaldo, alegó que se retiraba del «Financiero» porque estaba padeciendo graves problemas de salud.[26] En ese momento la dirección del banco, de manera ejecutiva, se encontraba totalmente en manos de Zaldo. Pero cual no sería la sorpresa cuando, pocas semanas después, se conoció Zaldo había sido designado vicepresidente del «Banco Pedroso», para extender cada vez más la influencia y entrelazamientos de los grupos que regenteaban el Imperio de La Habana, con las instituciones bancarias conformadoras del centro financiero internacional radicado en la capital cubana.

Meyer Lansky

A fines de 1950, Meyer Lansky decidió radicarse otra vez, de manera permanente, en la deslumbrante Habana. Era el sitio más seguro; y donde se hacía necesario manipular con rapidez algunas situaciones internas realmente inquietantes.

Desde 1940, su presencia en la capital cubana solo había sido para controlar o revisar negocios, en viajes de unas pocas semanas; y a causa de la tolerancia que se estaba abriendo para la mafia en los propios Estados Unidos, sus sitios preferidos —si exceptuamos algunos meses entre 1946 y 1947— para dirigir o coordinar sus intereses en Cuba, siempre fueron Nueva York, Miami o Las Vegas.

A través de la investigación, hemos obtenido testimonios de personas que, en alguna medida, estuvieron muy cerca de Lansky y que, a pesar de no haber conocido cada uno de sus rejuegos, aportaron un conjunto de valiosas informaciones sobre sus actividades, que nos han permitido llegar a importantes conclusiones en relación con su papel en el proceso de conformación de un Estado de corte delictivo, al servicio de un gran Imperio mafioso en La Habana, así como sus conexiones políticas y contactos con otros importantes capos. Meyer Lansky fue admirado y temido por amigos y enemigos; nadie se daba el lujo de desconocerlo a la hora de tomarse una decisión o un significativo arreglo. Sin embargo, este autor piensa que algunos de los testimoniantes —de los que pidieron el anonimato—, por las propias características de clandestinidad con que solía operar el «financiero de la mafia», nunca estuvieron en posesión de las más complejas operaciones que por entonces estaba realizando la mafia norteamericana.

En la década del cincuenta, la mafia amplió considerablemente sus actividades legales en Cuba; para atender esa amplia gama de intereses, Lansky continuó actuando desde la sombra. Su presencia en la capital cubana era prácticamente un misterio, a pesar de ser conocido en variados círculos de poder, incluyendo a elementos de las cúpulas de la oposición política, militares de rango, altos ejecutivos, así como personajes vinculados a esos grandes entrelazamientos, entre la industria, el comercio o las finanzas.

Desde los años treinta, siempre estuvieron reservadas para Lansky una —o a veces dos— lujosas suites del «Hotel Nacional»; y entre 1951 y 1958, aunque el «Nacional» siguió siendo su sitio preferido, se sabe que poseía varias casas de seguridad en las afueras de La Habana; pero en los primeros tiempos de la dictadura de Batista, sobre todo 1954 y 1955, el nombre de Lansky comenzó a manejarse con frecuencia por algunos periodistas; se decía que era un importante norteamericano que estaba por instalar en La Habana sustanciales negocios. Incluso algunos recuerdan todavía a un periodista conocido como «Tendedera» —muy dado a los escándalos publicitarios—, quien durante cierto tiempo se convirtió en propagador radial de un Lansky cuya imagen resultaba una especie de benefactor social.

Lansky nunca bebía, al no ser en circunstancias excepcionales. Lo que solía hacer, si se encontraba en alguna reunión que pudiera extenderse, era tomarse un vaso de leche. Pero en ocasiones muy especiales, de madrugada, Lansky solía pedirle a su ayudante que trajera una botella de pernot —se dice que esta bebida contiene una cierta dosis de opio—; era capaz de beberse hasta medio litro de *pernot*, siempre en silencio, con la ventana de su habitación abierta, en calzoncillos —le gustaba bañarse, entalcarse y moverse por el cuarto siempre en calzoncillos— antes de sentarse en el balcón, porque lo que más le agradaba en la noche era extasiarse ante la presencia de las olas marinas.

Solo en algunas oportunidades —grandes ocasiones—, después de haber recorrido algunos de los más importantes casinos, podía ser el cabaret «Montmarte» —antes del atentado al coronel Blanco Rico— o las salas del «Sans Souci», en Arroyo Arenas, o el rutilante «Tropicana», o algunos otros afamados sitios, le pedía a su ayudante que condujera despacio aquel chevrolet color crema —un convertible no propiamente de lujo—, por la zona del Malecón habanero. Después ordenaba que detuviera el auto en las cercanías del antiguo monumento al «Maine» —también le agradaba mucho el paisaje de la Quinta Avenida—, para disfrutar de aquel aire salino, tan fresco, en la madrugada, a solo un centenar de metros del edificio que ocupaba la embajada de los Estados Unidos; y permanecía así, respirando la brisa marina, sin pronunciar palabra, a veces hasta que aparecían las primeras luces del alba.

Los testimonios coinciden en que este era el comportamiento de Lansky en los meses anteriores al estallido de la guerra mafiosa de 1957; y es de colegir que por entonces no pocos de sus pensamientos estuvieran vinculados a esas largas silenciosas reflexiones que también realizaba desde su balcón, en la suite del «Hotel Nacional», a causa de las contingencias que tenían por delante las familias de La Habana.

Las referencias que tiene el autor —referencias de primera mano— aseguran que Lansky nunca tomaba notas, nunca escribía nada, no hablaba nunca en voz alta, durante tantos años vinculado a Cuba no se tomó siquiera el trabajo de aprender el español. Lo entendía, pero solo hablaba en inglés. Todos debían hablar con él en inglés, incluyendo a Batista.

Se asegura también que durante la década del cincuenta no visitó o se reunió con cubanos o familias cubanas. Esto es poco creíble, porque se sabe que algunas veces se le perdía a su chofer-guardaespaldas para manejar él mismo el chevrolet descapotado y pasarse una tarde, quizás un día —o varios días—, sin que sus protectores pudieran saber en qué sitio estaba.

Además, eso de no reunirse con los cubanos o visitar casas de familias cubanas, es poco probable, teniendo en cuenta que era usual que Lansky utilizara importantes cabezas visibles en los negocios del Imperio de La Habana.

Se sabe que se reunía con Batista en el propio Palacio Presidencial, y que las reuniones podían alcanzar una duración de tres horas.

Era tal la subordinación de la cúpula político-militar que regenteaba el poder aparente en Cuba —existen numerosas y conocidas anécdotas— que la mafia norteamericana no sentía ningún respeto hacia estos personajes, por muy altos cargos que ocuparan. Una de esas historias ocurrió en el gran casino del «Hotel Nacional», la noche en que el vicepresidente de la República, en 1957, se encontraba perdiendo miles de pesos. Perdió todas las fichas y se quedó rápidamente sin efectivo. Entonces le pidió al jefe de la sala que le otorgara un crédito por $ 25 000, porque deseaba continuar juego. Era algo normal que se hacía con clientes de solvencia o prestigio, pero el jefe de sala no respondió de inmediato; tomó el teléfono y consultó ese asunto con «Jack El Cejudo» Lansky —hermano de Meyer Lansky—, quien bajó a la sala con rapidez y delante de todos le negó groseramente al vicepresidente el crédito que había solicitado.

Lansky se daba esos mismos lujos. Se afirma que en una ocasión concertó un encuentro a las nueve de la noche con don Amleto Battisti, en el hotel «Sevilla Biltmore»: descendió del auto, como siempre, a la hora precisa, y cuando se encaminaba hacia la oficina del corso, le salió al paso el Dr. «Santiaguito» Rey Pernas, por entonces Ministro de Gobernación; pero Lansky ni siquiera se detuvo, continuó avanzando, sin saludarlo siquiera; dejó a «Santiaguito» con la mano extendida, y fue a encerrarse con Amleto en su despacho.

Se sabe que estaba casado y que su esposa residía de manera permanente en los Estados Unidos —con dos hijas—, y aunque llevaba una vida de mucha austeridad, tratando siempre de pasar inadvertido, durante algunos años sostuvo relaciones con una mujer de origen cubano-europeo, en un segundo piso del Paseo del Prado, donde solía ir hacia la mediatarde; a veces se quedaba allí, en aquel apartamento, hasta el otro día. La casa estaba en los altos de una joyería, cerca de la calle Refugio. La mujer se llamaba Carmen. Después de 1959, Lansky la mandó a buscar desde La Florida.

Entre las variadas anécdotas que caracterizan algunos de sus rasgos personales, está la que se produjo después de haber sostenido una larga reunión con varios de sus más importantes subordinados. Esa noche se puso a recorrer los casinos situados en grandes hoteles y cabarets; estaba contento, con una alegría poco menos que salvaje, por haber sostenido aquel encuentro amistoso con Harry Smith y míster Rosengard, esos dos viejos millonarios, tan amigos suyos, que de vez en vez recalaban a La Habana para asuntos de mucho interés; y al filo de la madrugada, cuando el chofer pensó que había concluido su trabajo, Lansky le pidió que fuera hasta una de las casas de Marina, que les trajera dos mujeres a su gusto. Eran varias las casas de Marina: aquella cadena de burdeles especializados, a cargo de los hoteles de lujo. Marina regenteaba una espléndida casa de tres plantas, cerca de Crespo y Amistad, con cuartos especiales, camas redondas, removedores y antiguos artefactos. Estaba además «El templo de Marina», al lado del hotel «Sevilla Biltmore», sobre la misma esquina de Prado; y el «castillito» de Marina, en Malecón y Hospital, muy bien acondicionado, con cuarenta cinturas permanentes y trescientas más en fotos privadas, que en media hora se encontraban enfrascadas en su oficio; además, la instalación que Marina regía en una edificación de la calle San José y la cadena de tiendas de lencería montadas en El Prado, de tan buenos contactos, con remesas de las más exquisitas mujeres. Pero esa noche el chofer de Lansky se dirigió hacia otro famoso burdel, también a cargo de Marina, en el crucero de Ferrocarril y Boyeros.

El chofer pensó que el viejo pedía dos mujeres porque era un aficionado a la pornografía, pero cuando se apareció con las dos jovencitas quedó sorprendido. Después de haberse tomado su media botella de pernot, Lansky le dijo que podía llevarse para su cuarto a una de las muchachas, que él se quedaría con la otra.

En el ámbito organizativo, Lansky se reunía una vez a la semana con su estado mayor; podía ser un jueves, pero generalmente las reuniones se realizaban los viernes, a partir de las dos de la tarde y hasta las cinco, de manera absolutamente puntual.

Le pedía a su ayudante que lo recogiera, este debía estar a las dos menos cuarto a la entrada del «Hotel Nacional», con el motor del auto encendido. El recorrido hasta el sitio de la reunión tenía que realizarlo en los estrictos quince minutos. La reunión, como siempre, se efectuaba en la casa de Joe Stasi.

Por entonces —antes de que se iniciara la guerra mafiosa de 1957—, el Estado Mayor de los negocios de la mafia norteamericana en Cuba estaba integrado por Joe Stasi, míster Norman, Santo Trafficante Jr., y el creador y jefe del Imperio de La Habana. En general, todas las familias que estaban radicadas en la capital cubana le debían subordinación a esa estructura. En Cuba todo respondía a Meyer Lansky.

Las reuniones de aquel Estado Mayor se efectuaban con las más rigurosas medidas de seguridad. Nadie o casi nadie sabía que una vez por semana, preferentemente el viernes, a las dos de la tarde, Mr. Norman, Joe Stasi, Trafficante Jr. y Lansky, se encontraban en la residencia que poseía Stasi, al otro lado del río Almendares, en esa zona boscosa, zigzagueante, que era la Avenida 47, en la casa marcada con el número 1405.

Joe Stasi era una especie de gerente general para todos los negocios de la mafia en Cuba. Míster Norman constituía lo que pudiera llamarse un controlador intinerante, que incluía el juego organizado, los casinos, la prostitución calificada y otros muchos intereses vinculados al juego, en el interior del país. Santo Trafficante Jr. —como lo había sido su padre también— era el lugarteniente de Lansky, y atendía personalmente los canales de la droga (cocaína), negocio que reportaba muchos cientos de millones de dólares.

El desenvolvimiento de las *familias* de La Habana no siempre resultaba armonioso; mientras el conjunto de negocios «legales» convertían a Barletta en amigo personal del Presidente Batista, los intereses del corso Amleto Battisti y Lora —quien era hombre puente de los canales de la heroína de Luciano— no eran manejados directamente con el dictador, sino a través de Lansky. A pesar de ello —sus actividades tenían un bien marcado techo—, Amleto se permitía cierta independencia. Para que tengamos una idea del poder y relaciones que manejaban estos personajes, basta decir que don Amleto pudo deslizarse hacia el Congreso de la República, y ocupó un escaño en la Cámara de Representantes por el Partido Liberal, gracias a la flexibilidad que siempre le mostraron los hermanos Suárez Rivas.

Como era lógico, desde la sombra, Lansky siempre se encargó de los asuntos más sensibles o escabrosos: finanzas, política, contactos con los más prestigiosos abogados, asesores y personalidades influyentes en Cuba y en los Estados Unidos. Visto en el sentido moderno, el Imperio de La Habana, reiteramos, semejaba una gigantesca empresa, encargada de varias direcciones y diversas esferas.

De estatura pequeña, delgado, Lansky solía vestir ropas caras pero convencionales. Esto se ajustaba de maravilla al porte de un hombre cuya premisa esencial era pasar inadvertido, aunque usara en la mano derecha un zafiro estrella montado en platino y en la muñeca izquierda un reloj extraplano, con caja también de platino y la correa de terciopelo. Gustaba perfumarse con colonia inglesa, y solo se afeitaba con máquinas gilletts.

A mediados de 1956, Lansky permaneció varios días en la playa de Varadero, acompañado por Harry Smith. Dos días más tarde se les unió el señor Rosengard. Los tres pasaban casi todo el día conversando, sentados en el portal de una mansión o caminando por la orilla del mar. Rosengard arrastraba fama de ser un hombre culto, perteneciente a una prestigiosa familia de la sociedad bostoniana. Smith, por su parte, era el típico empresario norteamericano, con torrentes de millones. Se había dedicado a la explotación minera, y poseía muchos intereses hoteleros en Estados Unidos y Canadá.

Harry Smith tampoco era un desconocido en La Habana. La revista *Havana Chronicle*, editada por la Comisión Nacional de Turismo de Cuba —editada durante 1941 y 1942—, reconoce desde esa época que el señor Smith era el presidente del «Jockey Club», en el «Hipódromo de La Habana», además de ser una alta figura ejecutiva en la empresa *Panamá Pacific Line*, cuyas oficinas se encontraban en la Lonja del Comercio, en el corazón de La Habana Vieja, frente al puerto. Esta empresa naviera operaba buques encargados de realizar viajes regulares entre la zona del Caribe y el Lejano Oriente, siempre con escalas en el puerto de La Habana.

Pero lo más importante de esta relación entre Meyer Lansky, Rosengard y Smith, es la existencia de un recibo de pago realizado a cargo de la caja de seguridad No. 163, del banco *The Trust Company of Cuba*, a la que solo tenían acceso estos tres personajes.

En Cuba Lansky nunca usó sombrero. Su frase preferida, entre las personas más cercanas, era que había que tener siempre mucha cautela. Lo mejor era no hacer demasiado ostensible la presencia. Poseía además una suite de lujo en el piso diez del hotel «Riviera», que solo utilizaba para unos pocos encuentros. Y de toda la música cubana, sentía una especial predilección por las piezas del danzón.

En los últimos tiempos, encubiertos por la ficción, en el cine o la literatura norteamericana, no pocas veces se ha abordado la presencia de Meyer Lansky en La Habana. Incluso a través de una simple alusión, o convirtiendo la realidad histórica en una leyenda; pero en la película *Habana,* cuyo actor principal es Robert Redford, en un intento por reconstruir algunos espacios de esa época —aunque logrado de una manera muy pálida, y al margen de los desaciertos argumentales, artísticos o técnicos—, se va mucho más allá, al presentarnos un Meyer Lansky ejercitando los mecanismos del poder contra el destino de la nación cubana; sobre todo, en aquella escena donde el jugador profesional, con el lugarteniente de Lansky —posiblemente un personaje inspirado en Joe Stasi—, espera ser recibido por Lansky, y se abre una puerta y aparece el «financiero» de la mafia, quien, desconociendo por completo la presencia del jugador, se dirige a Joe y explaya una célebre parrafada —la cita no es textual— que contiene las siguientes ideas:

> Dile a Batista que su gente no está peleando; dile que hemos puesto en su baño hasta una taza de oro; que está en el poder porque desde el principio le allanamos el camino (está referido a los años treinta); dile que hemos pagado hasta la operación del tren blindado, y que esta deslumbrante Habana la creamos nosotros, y que en cualquier momento la podemos trasladar hacia cualquier otra parte.

Desde abril a octubre de 1958, Lansky comenzó a realizar rápidos, cortos, continuos viajes hacia otros sitios del Caribe: República Dominicana, Martinica, Barbados, Puerto Rico, Trinidad Tobago, Jamaica y las Bahamas, con el fin de extender sus negocios, sobre todo en lo que se refiere al control de nuevos hoteles-casinos, que se encontraban vinculados al turismo internacional.

Esto se corresponde con la natural preocupación de Meyer Lansky, ante los acelerados acontecimientos que se estaban produciendo en la Isla; pero también uno de sus colaboradores asegura que, a partir de octubre de 1958, no abandonó Cuba, cosa que haría el dos o el tres de enero de 1959.

Lansky —si nos atenemos a esas mismas informaciones— se mantuvo en La Habana para garantizar que Batista se resistiera —en las nuevas circunstancias— a las operaciones encubiertas que Washington había comenzado a implementar. Estas medidas conducían inevitablemente al fin del monopolio que hasta ese momento habían tenido las *familias* de La Habana en los grandes negocios que propiciaba el Estado de corte delictivo en Cuba.

Los cambios que inevitablemente se iban a operar con la salida de Batista del poder —para tratar de manipular o neutralizar la marcha victoriosa de la Revolución Cubana—, posibilitarían la entrada en la Isla de las fuerzas mafiosas con las que los grupos de La Habana mantenían una enconada disputa desde hacía largo tiempo, porque el resto de la mafia norteamericana también se sentía con derecho a participar de las fabulosas utilidades que reportaba el Imperio de La Habana.

Esa misma fuente testimonial asegura que Meyer Lansky regresó a la capital cubana en febrero y luego en la primera quincena de marzo de 1959: esa vez estuvo poco menos de una semana, alojado de nuevo en el «Hotel Nacional», en la suite de su preferencia. Estancia con varios contratiempos y algunas aventuras, hasta que se produjo su detención y fuga de la capital cubana. Pero antes de realizar algunas gestiones, Lansky le declaró a un cercano colaborador que, para su desgracia, en Cuba empezaba a conformarse una revolución cuyo propósito esencial era despojar a los ricos de su riqueza, y distribuirla entre la gente más pobre. Por tanto, ya él no tenía nada que hacer en la Isla.

12 Estalla la guerra

Lansky estaba persuadido de que la guerra con los grupos de Nueva York era inevitable y comenzó a tomar un conjunto de medidas. La primera de estas previsiones —a finales de 1956—, fue simular que se retiraba de los negocios; en su lugar, creó un típico sindicato mafioso que pasó a ser dirigido por Santo Trafficante Jr.

Para esto, desde principios de 1956, Lansky inició una serie de alianzas con elementos afines, de Las Vegas, Chicago y California; realizó arreglos con importantes personajes, políticos y financieros, además de fortalecer los viejos vínculos con los servicios de la inteligencia, para hacer de los negocios en Cuba algo cada vez más sólido.

De Chicago entraron a operar los intereses representados por Sam Giancana. En La Habana también se radicaron los hermanos Josef (*Joe*) y Charlie Sileci, y un destacamento numeroso de gángsters italo-norteamericanos, así como estelares figuras del mundo cinematográfico —Hollywood— vinculadas a estas *familias*: Tony Martín, Donald O'Connor, Frank Sinatra y George Raft; también un selecto grupo de hombres de negocios, norteamericanos, en operaciones de entrelazamiento, poseedores de muchas relaciones y grandes influencias políticas que incluían a la propia «Casa Blanca».[1]

De igual manera, se instaló en la capital cubana Nick di Constance —en realidad Nicholas di Constanzo—; hombre extraordinariamente temido, conocido como *Fat Butcher* («El Carnicero»), quien muy pronto asumió el control de todos los casinos de La Habana.

Es interesante observar cómo en las fichas enviadas al Gabinete Nacional de Identificación, para el otorgamiento del carnet de extranjería, —Fat Butcher— aparece con el número 396315; y Joe Sileci con el 396316. Esto revela que ambas gestiones se realizaron de conjunto, con el fin de legalizar sus permanencias en la capital cubana.[2]

Personas que lo conocieron,[3] aseguran que Nicholas di Constanzo medía casi dos metros de alto; y en algunas circunstancias, lo vieron en el hotel «Capri» o en el «Riviera», suspender a un hombre por la solapa del saco, con una sola mano, para estrellarlo contra la pared.

Con los nuevos arreglos, «Jack El Cejudo» —hermano de Meyer Lansky—, pasó a regentear los intereses del «Hotel Nacional»;[4] mientras que Willberg Clark era designado para controlar los múltiples negocios en la playa de Varadero. Charles Wife, por su parte, conocido como «Navajita», estaba a cargo del casino del «Hotel Internacional». «Navajita» poseía un lujoso apartamento en los altos del «Club 21», en la esquina de 21 y N, en el Vedado.

Nicholas di Constanzo, «El Carnicero», a su vez, estableció su cuartel operacional en el hotel «Capri». Aunque el «Capri» contaba con la presencia del estelar George Raft, en realidad, Raft no poseía el poder que se esmeraba en mostrar. Se sabe que hacía un cierto tiempo había tenido algunas dificultades con la mafia en los Estados Unidos, pero ahora, tanto él como la Organización, estaban propiciando una reconciliación. En la esplendorosa Habana,

Raft resultaba algo así como una especie de gerente. El papel suyo consistía en ser el anfitrión de millonarios norteamericanos, amigos a los que conocía por alguna razón y a los que invitaba a pasar un *week-end* de maravilla en la capital cubana, estancia que podía extenderse a una o dos semanas, en alguno de los hoteles de lujo, con todos los gastos pagos: habitaciones, bebidas, comidas, mujeres, drogas, o cualquier otra exquisitez o preferencia. Esto servía para atraer al mundo adinerado a La Habana, donde el invitado podía dejar varios miles de dólares a su paso por alguna de las salas de juego.

Otro de los lujosos cabarets de La Habana, el «Montmartre», a cargo de don Amadeo Barletta, estuvo regenteado por los Pertierra —los Pertierra también administraron el famoso restaurante «El Monseñor»—; pero en el «Montmartre», a unos pasos de La Rampa habanera, un comando revolucionario ajustició al coronel Blanco Rico en 1956, por lo que la mafia consideró oportuno cerrar aquel cabaret.

Los negocios en el hotel «Deauville» continuaron siendo atendidos por Santo Trafficante Jr. y algunos otros importantes mafiosos italo-norteamericanos,[5] además de la utilización de Evaristo Fernández —cabeza visible—, personaje que poseía viejos vínculos con la *Cosa Nostra*.

Para controlar los múltiples intereses que propiciaba el cabaret «Parisién», situaron al gángster italo-norteamericano Eddy Cheeline; en tanto el gran casino que funcionaba en el hotel «Havana Hilton», pasó a ser regenteado por Raúl González Jerez,[6] quien ya había dirigido importantes negocios, incluyendo los que se realizaban en el «Hipódromo de La Habana»; pero en realidad, lo que la mafia hizo para manejar los asuntos del gran casino del «Havana Hilton» y otros negocios que resultaban afines, fue crear una empresa que denominó «Compañía Cubana Americana». Esto constituía una simple fachada, porque en los predios del hotel

«Havana Hilton», ya se encontraban instalados varias decenas de mafiosos norteamericanos, incluyendo el cuartel operacional de Josep Luigi Sileci.

Para controlar el casino del hotel «Plaza», frente al Parque Central, destinaron a un gángster conocido: Tower. Fue allí, en las instalaciones que existían en la azotea de ese hotel, que se organizó de inmediato una de las tres escuelas para *dealers* o especialistas del juego en todas sus variantes, no solo para la creciente demanda del Imperio de La Habana, sino para entrenar el personal que estaba destinado hacia otras áreas del Caribe, capitales de América Latina y Estados Unidos.

La creación de estas escuelas[7] estuvo a cargo de un personaje extraordinariamente experimentado: Milton Saide. Él fue quien organizó también una segunda escuela en el cabaret «Sans Souci»; y después —tal era la expansión— se montó la tercera escuela en el edificio de la «Ambar Motors», en plena Rampa habanera. Luego fundarían una cuarta que funcionaría en el edificio Odontológico, a cargo del mafioso Tomy Ransoni.

Cuando estas escuelas estuvieron funcionando a la perfección, Milton Saide, desde el hotel «Capri» donde era un importante *boss*, pasó a dirigir otras diversas y complejas operaciones.

En la Gran Habana llegaron a funcionar decenas de espléndidos casinos, no sólo en los fabulosos cabarets «Tropicana» y «Sans Souci» (donde se instalaron dos de estos casinos), sino en todos los centros nocturnos de mayor fama. Además, estaban los importantes casinos y salas de juego que ya existían en el «Hotel Nacional de Cuba», y los que se abrieron en los hoteles «Capri», «Riviera» y «Deauville». También eran realidad el gran casino del hotel «Havana Hilton», el casino del hotel «Sevilla Biltmore», el gran «Casino Nacional», frente al Parque Central; el casino del hotel «Plaza»; el casino del «Hotel Internacional», en la playa de Varadero; el casino del hotel «Saint John's», y los casinos de casi todas las grandes ciudades del interior, incluyendo los que funcionaban en el cabaret «Venecia» de Santa Clara y en el hotel «Jagua» de Cienfuegos, en las salas de juego del afamado «Castillo del Valle», y en otras muchas salas de juego calificadas como casinos populares, situados en sitios claves del mundo noctámbulo de la capital cubana. Como el del barrio Chino que se encontraba frente a la funeraria de la calle Zanja. Asimismo el casino de «Cuatro Caminos» y otras salas o centros de juego, en diferentes barriadas, o en lugares dedicados a la diversión, como podían ser las instalaciones del «Jockey Club» y el cabaret «Alibar». En realidad, el listado sería demasiado extenso.

Por la confianza de que gozaba, Joe Stasi continuó dirigiendo todo lo relacionado con el juego en Cuba. De Stasi se decía que, en medio de una reunión convocada para dilucidar algún asunto, era capaz de quedarse o simular que se quedaba dormido, para despertarse en el momento preciso y engranar en la discusión con absoluta coherencia.

Míster Normain continuaba desplegando su actividad de controlador de los negocios en el interior del país. Normain era el marido de la cantante Olga Chaviano; poseían un elegante apartamento en el edificio Focsa, que Normain nunca utilizó; pero cada vez que se ausentaba, por andar de recorrido o —en especial— cuando permanecía algunos días fuera de La Habana, Olga solía dedicarse a los más variados trajines inconfesables, por lo que Normain, cada vez que regresaba, siempre le entraba a percherazos. Eran famosos aquellos escándalos.

Durante 1956, y casi durante todo el año de 1957, los grupos de Nueva York y sus afines: Genovese, Anastasia, Profaci, Gambino y otros, continuaron con sus pretensiones de instalar salas de juego en la capital cubana; mientras en los Estados Unidos se estaban llevando a cabo procesos congresionales en los que se denunciaban o se investigaban las actividades de la mafia norteamericana, en sus múltiples entrelazamientos con los negocios, la política y el crimen, el esquema impuesto en Cuba ofrecía absoluta impunidad. Más que garantía, lo que había logrado la mafia en La Habana era legalizar sus grandes negocios. Para 1956, estos grupos rivales trataban de disputarse ese gran proyecto dirigido a la construcción de una cadena de hoteles destinada a cubrir todo el norte de las provincias de La Habana y Matanzas, incluyendo el Malecón habanero, para convertir esta zona en un paraíso del turismo adinerado procedente de Estados Unidos. Con el desarrollo de la aviación supersónica, La Habana se situaba en una posición extremadamente privilegiada para aquel imperio del juego, droga y sexo; o cualquier otro capricho o preferencia. La mafia sabía que para 1959 la Isla estaría a solo tres o cuatro horas de las principales ciudades norteamericanas; y aunque en aquel momento la red de enlace aéreo con Cuba era de una gran magnitud, con la entrada de la aviación supersónica en los vuelos comerciales, el centro elite de los mayores negocios pasaría a ser controlado por las *familias* que operaban el Imperio de La Habana.[8]

Por supuesto que, en los primeros meses de 1957, después de haber agotado todas las peticiones, rogativas, influencias y presiones, los grupos de Nueva York pasaron a forzar su entrada, en lo relativo a instalar algunos casinos en Cuba.

Por entonces Meyer Lansky —cuya posición fue aparentar que se retiraba del negocio—, desde la sombra venía entretejiendo los hilos con los grupos políticos de Washington y los servicios especiales, no solo para resistir la embestida de los grupos de Nueva York, sino para lanzar una ofensiva en gran escala contra el resto de la mafia estadounidense.

Estalló la guerra. Fue un conflicto violento, rápido. La medida de lo poderosas que eran las *familias* de La Habana y lo bien trenzado que estaban sus intereses con los grupos de poder en Estados Unidos: política y servicios secretos, está dado por el resultado de esa guerra mafiosa que se desató por el reparto de Cuba. La refriega no se desarrolló en la Isla. Fueron las *familias* de La Habana las que llevaron la contienda a territorio norteamericano, con una eficacia tal, que los grupos de Nueva York se vieron obligados a buscar la paz con rapidez.

Esta disputa dejó en Estados Unidos decenas de cadáveres en las principales ciudades. Muerto Anastasia. Muerto Scalise, íntimo de Luciano; y con el ruidoso atentado de que fue objeto Frank Costello, a las *familias* de Nueva York no les quedó otra alternativa que, de manera urgente, convocar al diálogo de Apalachín; mientras que en La Habana continuaban las aceleradas maniobras de la inteligencia norteamericana destinadas a estabilizar el Estado de corte delictivo puesto en crisis con las operaciones militares que estaba llevando a cabo el Ejército Rebelde.

En el libro *Brotherhood of evil: the mafia* —cuyo autor y colaboradores eran altos oficiales del Departamento Antinarcóticos de Estados Unidos— se afirma que:

[...] Se habían presentado un cierto número de urgencias (se refiere a la guerra en Estados Unidos por el reparto de Cuba) que afectaban particularmente a los mafiosos de Nueva York y el litoral del Este. Durante los últimos meses se produjeron rivalidades y violentas disputas, que habían llevado a los desgraciadamente sensacionales asesinatos de los «dons» Francesco Scalise y Humberto Anastasia, la tentativa de asesinato de don Francesco Castiglia (Frank Costello) y la muerte de varios miembros de menor importancia. Los decanos creían que la unidad tradicional y la disciplina interior de la sociedad habían sufrido una fuerte sacudida y que era necesario trazar de nuevo más estrictas líneas de demarcación jurisdiccional en los campos del juego, narcóticos y laborales. Había además, otros serios problemas. Desde que los comités Kefauver y Daniels, del Senado de los Estados Unidos, se conmovieron hace algunos años ante el testimonio de los agentes del Departamento de Tesorería, acerca de la estructura de la mafia y su intervención en el crimen organizado, el Congreso se ha ido sintiendo más y más preocupado por lo que antiguamente parecía un mito a la mayoría de los legisladores. La presión del comité «antiracket», recientemente constituido (a mediados de 1958)[9] por el senador Mc'Clellan, se ha hecho apremiante. Las revistas nacionales y algunos periódicos han dado a la fraternidad mucha publicidad indeseada [...]».[10]

La reunión que la mafia norteamericana convocó para el 14 de noviembre de 1957 marcó el punto crucial en la derrota de los enemigos de Meyer Lansky.

El encuentro de Apalachín fue realmente un fracaso. Luciano y Adonis no podían asistir —estaban en Italia—, aunque Luciano envió un mensaje. Frank Costello —después del atentado— consideró que no tenía nada que dialogar, o simplemente sabía que aquel cónclave estaba condenado. Humberto Anastasia y Scalise eran cadáveres; Lansky, desde mediados de 1956, había anunciado su retirada, y por supuesto, de acuerdo a su estrategia, se mantuvo al margen de todo.

Lansky fue tan previsor que —según testimonio de su chofer—,[11] en varias ocasiones, al salir de aquella clásica reunión que por entonces celebraba todos los viernes de dos a cinco de la tarde, en la casa de Joe Stasi, hacía como si estuviera disgustado por las acciones o criterios de Trafficante Jr.

Sin embargo, al concilio de Apalachín —14 de noviembre de 1957— asistieron (según escribió Frederic Sondern Jr.) todos o casi todos los grupos que pretendían su entrada en Cuba.

[...] Entre los que se hallaban presentes había diecinueve delegados de la parta alta del Estado de Nueva York, veintitrés de Nueva York ciudad y de la adyacente zona de Nueva Jersey,

ocho del Medio Oeste, tres de más allá de las Montañas Rocallo-
sas, dos del Sur, dos de Cuba, y uno de Italia [...].[12]

Las *familias* de la mafia que operaban sus negocios en los propios
Estados Unidos alegaban que desde los primeros años de la década
del cincuenta enfrentaban un proceso de constantes amenazas, con
las revelaciones de la Comisión Kefauver (1950-1952), las investigaciones de la Comisión Daniels (1955), a cargo de los asuntos del
tráfico de narcóticos, que afectaban seriamente las principales fuentes de ingreso de las *familias* en Estados Unidos. Luego sobrevino
la crisis —la guerra— por el reparto de los negocios en Cuba; y
de inmediato el desastre de la gran reunión de Apalachin; y como
si fuera poco, se habían iniciado los trabajos de otra comisión del
Senado norteamericano, que presidía el senador John Mc'Clellan,
quien encabezaba la comisión de Actividades Ilegales en el Campo
Laboral y Directivo; además de las actividades que estaba desplegando por entonces el senador Robert Kennedy; pero todos estos
intentos serían diluidos en el proceso histórico de aquella nación.

En La Habana, no pasaba esto; mientras la economía y la política norteamericana atravesaban un proceso de pugnas internas, el
imperialismo norteamericano había condicionado a la Isla como el
paraíso de la impunidad, reprimiendo despiadadamente los intereses populares.

A la reunión de Apalachín asistieron dos personajes en representación del Imperio de La Habana: Santo Trafficante Jr. y Luigi
(Joe) Sileci. Trafficante Jr. en su condición aparente de máximo
jefe de los grupos mafiosos que operaban en Cuba; y Joe Sileci, en
representación de las nuevas alianzas.

Realmente a partir de la supuesta retirada de Lansky de los
negocios, la estructura general de las *familias* de La Habana dejó
de ser la de las famosas reuniones de Normain, Stasi, Trafficante Jr.
y Meyer Lansky, en aquella residencia arbolada del Almendares;

y casi todos los negocios —que antes eran operados por cabezas visibles criollas— pasaron a ser regenteados directamente por mafiosos norteamericanos.

Algunas citas resultan extensas, pero imprescindibles, por las condiciones históricas en que se realizaron. Ni Frederic Sondern Jr., en 1958, ni más tarde Mario Puzo, en su novela *El padrino* (p. 174), han podido sustraerse al encanto de ofrecer su versión sobre lo que acontecía en Cuba en relación con los intereses de la mafia norteamericana.

[...] Otro punto que suscitó apasionado debate en casa de Barbara (se refiere al encuentro de la mafia norteamericana el 14 de noviembre de 1957, conocida como la reunión de Apalachín, en el Sur de Nueva York)[13] fue la jurisdicción en las enormemente lucrativas operaciones del juego, que habían medrado en Cuba durante los dos últimos años, y empezaban a sobrepasar incluso las de Las Vegas. Luigi Santo Trafficante Jr. y un socio suyo, Luigi (*Joe Rovert*) Sileci, habían llegado de La Habana para exponer ante los *capi mafiosi* su absoluta soberanía, desde larga fecha, sobre estos dominios [...]. Trafficante y sus asociados habían montado un sindicato típico [...]. Sus relaciones políticas eran formidables, llegando hasta el mismo palacio del Presidente Batista. Todo era legal; la policía no podía intervenir; era la soñada impunidad del «racketeers» hecha realidad. Súbitamente, empero, esta posición se vio amenazada por un compañero mafioso: don Umberto Anastasia (Albert Anastasia), uno de los más poderosos dueños de los «docks» y «racketers» de Nueva York, mandaba agentes a Cuba con propósitos exploratorios... sin el permiso de Trafficanti. Aquello era una seria infracción de las reglas de la fraternidad y no tardaron en volar quejas de La Habana a Nueva York. Anastasia fue al parecer avisado por otros *capi mafiosi*, pero siguió firme en sus voraces planes. Como resultado, el 23 de octubre de 1957, don Umberto fue asesinado de varios balazos en la cabeza por dos fríos ejecutores, mientras estaba sentado en la silla de un barbero, en la peluquería del Hotel Sheraton Park, de Manhattan. El caso, como muchos de los asesinatos de la mafia, no ha sido resuelto. Trafficanti y Sileci fueron molestados por la policía de Nueva York acerca del asesinato de Anastasia, y Sileci mandó subsiguientemente un mensaje al fiscal Hogan (desde La Habana),[14] que quería también interrogarle, indicándole que «lo dejara correr». Ambos reclamaban ahora garantías de tranquilidad».[15]

La reunión de Apalachín fue entregada —por las *familias* de La Habana— a la policía neuyorkina; todos los mafiosos fueron cercados, detenidos, interrogados y fichados, cosa que atemorizó mucho más a los grupos de Nueva York.

Los arreglos realizados por Lansky, condujeron más tarde a la detención, proceso y condena de don Vito Genovese; y como parte de esta guerra intermafiosa, los grupos de La Habana coordinaron también la desarticulación de una de las más importantes redes de tráfico y distribución de narcóticos de las *familias* rivales. Cuarenta gángsters apresados; la mayor cabeza visible encarcelada fue Stromberg; y lo más curioso es que casi todas las pruebas, para que la policía de Estados Unidos realizara esta operación en el propio territorio norteamericano, fueron aportadas por los servicios secretos cubanos.

13
Frank Sinatra

Para marzo de 1958, además de organizarse la Gran Ofensiva del
ejército batistiano contra el destacamento guerrillero de Fidel Castro, la mafia norteamericana también se encontraba montando su
—Gran Ofensiva—: con rapidez encaminaban sus pasos hacia un
proyecto relacionado con la acelerada ejecución de un complejo
hotelero que sería conocido como el «Hotel Montecarlo de La
Habana» —actual Marina Hemingway—, en la zona de Santa Fe,
en Barlovento, al oeste de la capital cubana, a veinticinco minutos
del Capitolio Nacional.[1]

El «Montecarlo de La Habana» —según la documentación— era
el primero de los hoteles tipo *resort* que se construía en el mundo.
Estaba concebido para 656 habitaciones, en un vasto complejo que
incluía un gran casino para turismo millonario, con un fastuoso
cabaret, embarcadero, dársenas y canales interiores para yates, campos de golf, y otras muchas y variadas instalaciones,[2] a un costo de
más de veinte millones de dólares, cuyo financiamiento sería sustancialmente asumido por el BANDES.

Pero lo más asombroso de aquel proyecto, era el listado de personalidades vinculadas a la operación. Junto a conocidos mafiosos,

aparecen nombres que por entonces gozaban de cierto prestigio en Norteamérica.

A través de la documentación hemos podido conocer que para materializar ese proyecto, la mafia norteamericana constituyó una compañía tapadera denominada «Compañía Hotelera del Oeste, S.A.».[3] Ya en carta enviada por el BANDES —Banco de Desarrollo Económico y Social— al «Banco Financiero» de Julio Lobo —16 de agosto de 1956—, se habla del financiamiento de un hotel «Mónaco» —se presume que fuera el proyecto que luego se convirtió en el Montecarlo»—, con un monto inicial de doce millones de dólares.[4]

Estas operaciones del hampa norteamericana eran expresiones del cada vez más acelerado proceso de entrelazamiento de intereses: grupos financieros-mafia-servicios especiales, no solo en Cuba sino en los propios Estados Unidos.

Para dirigir la empresa «Compañía Hotelera del Oeste S.A.» —encargada de la construcción de aquel complejo hotelero— la mafia designó a Manuel Santeiro Jr., radicado o con intereses en el central «Toledo»; al arquitecto Serafín Leal Otaño y al abogado Virgilio Villar Gil.

Manuel Santeiro Jr. resultaba un conocido hombre de negocios —cabeza visible—, director de la compañía azucarera del central «Fajardo» y de la compañía azucarera de Güines, apoderado de los intereses de la familia de Manuel Aspuru, tesorero de la Compañía Licorera de Cuba S.A. y célebre *clubman* de la sociedad habanera.[5]

La empresa que operaría después de construido el hotel sería la «Compañía de Hoteles Montecarlo S.A.», constituida por escritura pública No. 221, del 15 de agosto de 1957, y radicaba en la calle Obispo, en el quinto piso del número 104. Esta escritura fue subscripta ante el notario Josué Berruf y Jiménez, sustituto del doctor Jorge S. Casteleiro y Colmenares.[6]

Sobre los accionistas y representantes de esta compañía, las fuentes revelan que su presidente era Mr. William Miller, de Miami,

Florida. Mr. Miller había operado de manera muy próspera —por más de catorce años— el más exitoso restaurante del mundo, radicado en la ciudad de Nueva York, con el nombre de «Bill Miller Riviera». Además, había realizado grandes operaciones en Las Vegas, sobre todo en el «Hotel Sahara».[7]

Otro presidente de la Junta Directiva era el afamado Frank Sinatra, artista de primera línea y productor de importantes programas de televisión en cadena, en los Estados Unidos; asimismo operaba su propia compañía de películas. Con relación al «Hotel Montecarlo de La Habana», tenía el proyecto de trasmitir programas de televisión semanalmente hacia los Estados Unidos.

Los informes que los grupos de la mafia envían al BANDES precisan que Sinatra era un hombre de éxito, en importantes compañías de aviación, que incluían la «Capitol Airlines» y la «TWA»; importantes empresas del transporte y publicidad; así como condueño del «Sands Hotel», en Las Vegas, «[...] el cual es público y notorio, y el de más éxito en la zona [...]».[8]

Director era también Mr. Walter Kirschner, quien había vivido en la Casa Blanca durante doce años, como consejero del Presidente Roosevelt;[9] y en aquel momento (1958), «[...] goza del privilegio de poderse entrevistar con el señor presidente (se refiere a Eisenhower) en su residencia, debido a su amistad personal y como hombre capaz de representar los intereses del Estado por haberlo hecho en ocasiones anteriores, como por ejemplo en Ciudad Vaticano, ya que fue el primer enviado del gobierno de su país [...]».[10]

El nombre de Kirschner aparece en los libros que se han escrito sobre el Presidente Roosevelt y en las memorias presidenciales de Truman.

Otro director de la Junta de Accionistas de la «Compañía de Hoteles Montecarlo S.A.» era Mr. Alfred Dicker, de Washington, D.C., uno de los más prestigiosos constructores de carreteras en Estados Unidos; famoso el conocido productor de películas, programas de televisión, radio y grabaciones de discos, y conocido artista cinematográfico: Mr. Tony Martin, radicado en Los Angeles, California. Hombre de éxito también, aparecía vinculado a diversos negocios de la mafia norteamericana: como condueño del «Hotel Flamingo», uno de los importantes centros mafiosos en Las Vegas, utilizado también para la filmación de muchas películas. Otro director fue el actor de la cinematografía Donald O'Connor.

O'Connor era uno de los productores de películas más jóvenes de Hollywood, estrella cinematográfica desde que tenía veintiún años, cuando comenzó a trabajar con Bing Crosby; poseía gran influencia en las programaciones de la televisión y la radio de Estados Unidos, y su propia compañía de películas.[11]

Se encontraba además como director Mr. I. Blacker, de Miami, Florida, quien operaba los hoteles «Sans Souci», «Deauville» y «Sherry Fonternac». Asimismo Mr. Samuel Edelman, de New York City, operador de grandes compañías inmobiliarias en Nueva York; regenteaba incluso alguno de los más grandes edificios de oficinas en aquella ciudad, y otras múltiples inversiones. Y Mr. Edward Marshall, de Englewood, N.Y., abogado y famoso financista, con grandes intereses en la *Accepttance Finance Co.* y director general de la *Marshall Plan Finance.*

Como se puede apreciar, el grupo de norteamericanos que operaría la empresa «Hoteles Montecarlo S.A.», se caracterizaba por poseer una gran experiencia en los entrelazamientos. Habían sido o eran directores, y habían mayoreado operaciones en los hoteles «Casa Blanca», «Deauville», «Sans Souci», «Sherry Fonternac» y «Versalles», en Miami; y los hoteles «Flamingo», «Sahara» y «Sands Hotel», en Las Vegas, todos vinculados a la mafia.

Las operaciones que se realizarían por la «Compañía de Hoteles Montecarlo S.A.», contaban con la más absoluta cobertura de Meyer Lansky. No es extraño entonces que en los documentos de legalización —quedan algunos documentos que no han podido ser

destruidos—, se encuentren implicadas instituciones como el BAN-
DES, la «Financiera Nacional», el «Banco de Comercio Exterior de
Cuba», el «Banco Financiero S.A.», de Julio Lobo, el «Banco Nacional de Cuba», y la «Compañía Hotelera La Riviera de Cuba S.A.»;
así como otras entidades oficiales o privadas, entrelazadas con grupos, compañías o empresas de la mafia.

Todos los proyectos de la mafia en Cuba a finales de la década
del cincuenta, cruzaban —o se cruzaban— con la «Compañía Hotelera La Riviera de Cuba, S.A.». Entrelazamientos con empresas,
compañías o grupos financieros, para la construcción de grandes
hoteles-casinos, y sus negocios afines —al margen de otros vas-
tos intereses—, reafirman la justeza de que a Meyer Lansky se le
conozca internacionalmente como «el financiero de la mafia».

Lo más significativo del negocio del complejo hotelero «Montecarlo de La Habana» —con el que se iniciaban nuevos y mayores
proyectos de la mafia para Cuba— era el superobjetivo que perse-
guían: esta operación fue concebida para iniciar un proceso dirigido a mejorar —a reforzar, a estabilizar— la imagen del Estado
cubano, no solo en los Estados Unidos sino para con el resto de la
opinión pública mundial; porque el esquema de dominio impuesto
en Cuba había sido puesto en crisis con las operaciones de guerra
que estaba realizando el Ejército Rebelde en las zonas montañosas
de la Sierra Maestra.

Además, los documentos a que hacemos referencia, sobre los
personajes que encabezan la operación de «Hoteles Montecarlo
S.A.», en especial Mr. Miller, Frank Sinatra, Donald O'Connor y
Tony Martin, precisan que:

> [...] Tienen los *managers* ejecutivos de primera categoría en los
> Estados Unidos a su disposición. El señor Miller está conside-
> rado dentro de los Estados Unidos como la única persona capaz
> de levantar lo que los americanos denominan muertos; o sea,
> que debido a su larga experiencia en montajes de shows que son

en realidad la única atracción turística en los Estados Unidos, y debido a sus contactos y conexiones con giros artísticos norteamericanos de primera línea y además para respaldar, ha ofrecido *traer a Cuba las veinte estrellas más importantes de los Estados Unidos para fomentar la publicidad internacional a favor del gobierno que dirige y orienta el Mayor General Fulgencio Batista y Zaldívar.*[12] Es la persona que estará a cargo de la operación del «Hotel Montecarlo de La Habana».[13]

En relación con Frank Sinatra se añade que:

> [...] a los efectos de este hotel quiere televisar desde Cuba hacia todo los Estados Unidos semanalmente, ya que él como productor e interesado en sus programas pretende realizar una doble función primero, darle realce al hotel que preside y segundo, dejar las utilidades que pueda producir la contratación del Show en Cuba en una compañía cubano-americana (léase compañía tapadera de la mafia)[14] que producirá shows desde Cuba y películas, sirviéndole como marco las vistas panorámicas del hotel [...]».[15]

Las pretensiones contra la nación cubana eran de tal magnitud que, en carta del 14 de mayo de 1958 —en los días en que la tiranía de Batista iniciaba la Gran Ofensiva, con diez mil efectivos, contra el Ejército Rebelde dirigido por Fidel Castro—, Jesús M. Otero, administrador del bufete Beguiristaín-Quezada, se dirige al presidente del BANDES para pedirle la más absoluta discreción sobre la operación que está montando la mafia de Estados Unidos en La Habana.

> [...] las partes interesadas (dice la carta en unos de sus párrafos) en la operación y construcción del hotel Montecarlo de La Habana, han proyectado un amplio plan de propaganda internacional [...] y muy principalmente en su valor publicitario del

nombre de alguno de los miembros de la empresa, conocidos mundialmente por sus actividades en el cine, la radio y la televisión [...]. Pensamos que el efecto de publicidad que perseguimos, se vería afectado de trascender al público esos nombres de forma extemporánea, que no sea de acuerdo con el plan señalado, por lo que en este caso es aconsejable de la habitual reserva [...] Podemos asegurar que nuestro plan publicitario [...] puede considerarse de un costo no menor de $ 3 000 000 de dólares [...].[16]

Era demasiado tarde

El presidente de los Estados Unidos, Dwight D. Eisenhower, en sus memorias, asegura que:

> Durante 1958 y de acuerdo con la carta de la OAS, Estados Unidos siguieron cuidadosamente una política de no intervención en Cuba, aunque era muy amplio el apoyo sentimental hacia Castro. Repetidamente embargamos cargamentos de armas destinadas a Castro, y en el mes de marzo suspendimos la entrega de armas a Batista [...].[1]

Tal afirmación no resiste la más leve confrontación con los acontecimientos históricos. Después de marzo de 1958, y hasta los días finales de la guerra, por diversos conductos, Batista siguió recibiendo armas, pertrechos, recursos materiales; y apoyo de políticos y agencias especiales estadounidenses; continuaron los entrenamientos de sus tropas, asesoradas por la misión militar de Estados Unidos que radicada en La Habana; y sobre todo, se hicieron más intensas y audaces las operaciones de sus servicios de Inteligencia. Incluso, en los días en que la aviación de Batista bombardeaba de manera sistemática a vastas zonas campesinas de la antigua provincia de Oriente, la fuerza aérea del dictador se abastecía en los propios arsenales que poseía Estados Unidos en la base naval de Guantánamo.

En septiembre de 1958 se produjo el último viaje a La Habana del inspector general de la CIA (Lyman Kirkpatrick), quien sostuvo reuniones con el jefe de la estación CIA en La Habana, asesores y agregados militares, representantes del Buró Federal de Investigaciones (FBI), funcionarios, agentes secretos, financieros, ejecutivos de empresas norteamericanas, la dirección política de la embajada estadounidense, otros agentes y personalidades privadas y oficiales. Se llegó a la conclusión (según afirmó diez años más tarde Kirkpatrick en el libro *The Real CIA*), que Batista había perdido el control del país, y que toda esperanza solo pendía de un milagro.[2]

En realidad, todo parece indicar que hasta octubre de 1958 — dadas las extraordinarias utilidades que reportaba Batista— los grupos financieros, la mafia y los servicios especiales norteamericanos, mantuvieron una coherente política, sin fisuras, excepto las que dimanaban de las características particulares de cada una de estas fuerzas, o de las maniobras realizadas por John Foster Dulles — desde el Departamento de Estado—, en relación con mantener a Batista regenteando el poder aparente.

Es justamente en los primeros días de noviembre de 1958 que estalla en pedazos esa coherencia, y cada una de las tres fuerzas asume una posición consecuente con sus particulares intereses.

Esta situación entra en su más aguda crisis, porque toda la Isla se encontraba insurreccionada y nada podía detener ya al movimiento revolucionario dirigido por Fidel Castro.

Sin dudas, a estas conclusiones habían llegado mucho antes los especialistas de la Inteligencia norteamericana; sobre todo a partir de fines de julio de 1958, cuando trescientos fusiles guerrilleros en la Sierra Maestra derrotaban a los diez mil soldados de Batista,

durante la Gran Ofensiva de verano; pero eran tales los entrelazamientos de los grupos financieros-mafia-servicios especiales estadounidenses, que a pesar de esa situación, estuvieron haciendo
todavía un esfuerzo conjunto para darle continuidad al esquema
de dominio sobre Cuba.

En los primeros días de noviembre se inician los combates en
los alrededores de Guisa. Fidel, en el propio terreno de la lucha,
dirige esta batalla de fusiles contra tanques y aviones, a nueve kiló-
metros del puesto de mando de las tropas elites del ejército. En realidad, no era que las tropas de Batista estuvieran desmoralizadas,
sino que estaban siendo derrotadas militarmente. La guerra en la
Sierra Maestra, fue una guerra de un heroísmo sin límites. En el
proceso de formación del Ejército Rebelde — después que los expedicionarios del *Granma* fueron casi aniquilados en Alegría de Pío—,
Fidel logra reagrupar siete fusiles y doce hombres —incluyendo
al propio Fidel Castro—, y más tarde a varias decenas de jóvenes.
Esta pequeña agrupación muy pronto se convirtió en una vanguardia de una entereza y un valor solo comparables a las leyendas que
acompañaron las acciones de las huestes que en la segunda mitad
del siglo XIX dirigieron Agramonte, Gómez o Maceo.

Luego, cumpliendo órdenes de Fidel Castro —a partir de octubre de 1958—, Raúl y Almeida en Oriente, y el Che y Camilo en Las
Villas, inician una gran contraofensiva. En ese momento, la poderosa comunidad de la inteligencia norteamericana radicada en La
Habana se encontraba persuadida de que ya nada podía detener el
avance del Ejército Rebelde.

En los primeros días de noviembre de 1958, la Agencia Central de Inteligencia se ve precisada a informarle al presidente
Eisenhower del peligro que amenaza el esquema de dominio sobre
Cuba.[3] Todo parece indicar que fue entonces cuando la CIA plan-
teó por primera vez que debían deshacerse de Batista. Esta medida
propuesta, se convierte para el gobierno de los Estados Unidos en

algo verdaderamente escabroso. No podían imaginar que, cumpliendo órdenes expresas de las *familias* de la mafia radicadas en La Habana, Batista se iba a resistir a los planes de Washington, con el objetivo de obligar al gobierno norteamericano a buscar una opción en la cual —incluso a través de la vía militar— se forzara la continuidad del viejo esquema, en medio de la variante de una farsa electoral que Batista trataba de hacer válida.

La razón de esta resistencia que mostraron los grupos mafiosos instalados en La Habana era que, sin Batista, o sin su cúpula político-militar, no podían impedir que entraran a operar en Cuba las poderosas *familias* de Nueva York, con las que venían guerreando desde 1956, para impedir que se produjera un reparto en los grandes negocios de La Habana.

Solo esto explica por qué Batista rechaza esa ventajosa oferta que le hace el gobierno norteamericano a principios de diciembre de 1958. Le proponen que abandone urgentemente el país, y que él y su familia podrían instalarse de nuevo en Daytona Beach, con el compromiso de que ni los intereses suyos ni los de sus amigos en Cuba, serían molestados.

El general Batista ya tenía depositados en bancos extranjeros —fuera de Cuba— alrededor de trescientos millones de dólares, cómo no aceptar aquel maravilloso ofrecimiento que hacía Washington, cuando era cuestión de que en unas pocas semanas, quizás en unos pocos días, las guerrillas revolucionarias comenzaran a avanzar hacia el occidente del país. Sin embargo, contra todos los pronósticos, Batista se resistió a esta excelente propuesta de Washington.

Todo parece indicar que las *familias* mafiosas de La Habana no confiaban en aquel ofrecimiento del gobierno norteamericano —en un compromiso de tal naturaleza—, y comenzaron a presionar a sus entrelazamientos, en busca de una solución negociada, o de corte militar, intervencionista.

Hoy se sabe que el 9 de diciembre de 1958 llegó al aeropuerto internacional de Rancho Boyeros, en un vuelo especial —un cuatri-motor DC-6B de la «National Airlines»—, un emisario secreto del Gobierno de Estados Unidos que resultó ser conocido ya en Cuba: William D. Pawley.

Pawley había sido un importante funcionario del Departamento de Estado, y poseía una gran experiencia. Había sido también embajador en el Perú y Brasil. Sus múltiples entrelazamientos en los negocios, la política y crimen organizado eran muy poderosos. La norteamericana Penny Lernoux, en sus investigaciones sobre los bancos y la mafia norteamericana, vincula a Pawley con el mundo delincuencial.

Como en el sudeste asiático, los políticos derechistas forjaron una alianza entre la CIA y el crimen organizado en el sur de La Florida. En 1960, cuando la CIA trazaba planes para eliminar a Castro, se valió de un agente contratado, Robert Maheu, para establecer contacto con el gángster John Roselli (en Estados Uni-dos se sigue manejando el criterio de que la mafia fue contra-tada para asesinar a Fidel Castro. Esta afirmación está dirigida a encubrir la verdadera dimensión de la mafia en la sociedad norteamericana. La mafia en Estados Unidos, como no lo era en Cuba, no es un grupo marginal; sino una agrupación del poder real, y por lo tanto, no había que contratarla, máxime cuando había perdido el esplendoroso Imperio de La Habana),[4] que, a su vez, presentó a Maheu a Trafficante y a Sam Giancana, el capo de Chicago. Durante una reunión celebrada en 1961 en el «Hotel Fontainebleau» de Miami, Maheu dio a Trafficante y a Roselli unas cápsulas de veneno que debían introducirse en Cuba para matar a Castro; pero el intento fracasó. Dos años más tarde, Trafficante estuvo de nuevo comprometido con la CIA en una extraña expedición en botes contra Cuba, patroci-nada también por William Pawley, exsecretario de Estado y frío financiero, el cual había sido colega de Paul Helliwell en China

y coofundador de «Flying Tigers», que más tarde fue una línea
aérea de la CIA conocida por el nombre de «Civil Air Trans-
port» y que intervino en el contrabando de armas en el Lejano
Oriente. Pawley participó también en el golpe de la CIA contra
el gobierno Arbenz, en Guatemala, en 1954, junto con otro aso-
ciado de Helliwell [...].[5]

El colega de Pawley, Helliwell, era un abogado-banquero de Miami,
jefe de información especial en China, durante la II Guerra Mundial, para la Oficina de Servicios Estratégicos (OSS), antecesora de la
CIA. Además Helliwell fue el pagador de la CIA en Florida para los
asuntos de la invasión de Playa Girón; realizó incontables actividades entre la CIA y la mafia, y manipuló en el sur de Estados Unidos, el área del Caribe y Las Bahamas, a numerosos bancos puentes
entre operaciones de la CIA y «lavado» de dólares, a cargo de la
mafia norteamericana. Helliwell era el «jefe del prestigioso bufete
"Helliwell, Melrose y DeWolf"».[6]

Pero continuemos con William D. Pawley, quien a fines de 1958
llegó a La Habana para cumplir la misión secreta de entrevistarse
con el general Batista y trasmitirle aquella propuesta de Washington, de la cual se suponía que, de ninguna manera, el general podía
rechazar.

Pawley fue también —veinte años atrás— uno de los artífices
del desmantelamiento de la red tranviaria de La Habana, por lo
cual el transporte urbano en todas las ciudades importantes de
Cuba, como dijimos en otro momento, pasó a ser dependiente de la
gran industria automotriz de Estados Unidos, en cuya distribución
y control la mafia norteamericana poseía intereses no sólo en nuestro país sino en los propios Estados Unidos.

En el centro de esa importante maniobra estuvo William
Pawley, quien también llegó a poseer sustanciales intereses en la
antigua *Habana Electric Railway*. Luego de liquidar la red tranviaria
de La Habana y de otras ciudades de Cuba, traspasó estos negocios

a la llamada «Compañía Cubana de Autobuses S.A.». En aquellos manejos estuvieron implicados un grupo de elementos gangsteriles del autenticismo, que controlaban aquel sindicato.

A pesar de que se manipuló la opinión pública para hacer creer que la red de tranvías de la capital cubana era ineficiente, e incosteable, se produjo un escándalo alrededor de este asunto: «[...] callándose naturalmente las turbias negociaciones realizadas en la operación entre William Pawley y altas autoridades, tan escandalosas que promovieron memorables debates en el Congreso [...]».[7]

La selección por Washington de Pawley era realmente un acierto; amigo de Batista, se conocían personalmente desde hacía más de veinte años. Pawley era además en 1958 dueño de una de las dos más importantes empresas de ómnibus urbanos de la capital cubana.

Según se ha podido reconstruir, Pawley viajó a La Habana no solo para proponerle a Batista que abandonara rápidamente el país, sino para ayudar a conformar un nuevo gobierno que fuera capaz de impedir el avance de la Revolución, utilizando para ello maniobras que serían montadas por los servicios especiales norteamericanos.

La idea era utilizar a un grupo importante de altos militares vinculados a la Inteligencia estadounidense, y a ciertas personalidades de la política tradicional que se habían mantenido —de manera planificada— al margen de los más recientes acontecimientos.

Las misiones que en este sentido había realizado el embajador norteamericano —Smith— habían fracasado. Por lo tanto, era necesario que ahora interviniera alguien considerado por las *familias* de La Habana —y en especial por Meyer Lansky— como hombre puente entre los grupos económicos, la mafia y la Inteligencia estadounidense.

Algunos detalles de la secreta misión que cumplió William D. Pawley en La Habana, se conocen por una audiencia que se realizó en el Subcomité Judicial del Senado de Estados Unidos, el 2 de septiembre de 1960.

[...] PAWLEY: Fui escogido para viajar a Cuba a conversar con Batista, para ver si lo podía convencer de que capitulase. Estuve reunido con él tres horas, en la noche del 9 de diciembre de 1958. No tuve éxito en mi misión, a pesar de que Rubottom (Roy) me había dado permiso para decir que «lo que le ofrezco tiene un carácter tácito y está suficientemente respaldado por el gobierno». Creo que Batista pudo haberlo aceptado. Le ofrecí la oportunidad de vivir en Daytona Beach con su familia, que sus amigos y familiares no serían molestados, que nosotros haríamos un esfuerzo para evitar que Fidel Castro tomara el poder y formara un gobierno comunista, pero que el gobierno encargado de ello debía estar formado por hombres que fueran enemigos suyos (de Batista), pues de otro modo no tendría éxito, y que así Fidel Castro tendría que deponer las armas, o admitir que era un revolucionario que luchaba solo por el poder, no porque se opusiera a Batista.

SENADOR KEATING: ¿Y el nuevo gobierno sería también enemigo de Castro?

PAWLEY: Sí.[8]

La supuesta «discrepancia» entre la CIA y el Departamento de Estado en relación con Cuba, sobre todo en los últimos meses de 1958, contribuye a encubrir la pérfida política norteamericana contra la nación cubana. La política norteamericana hacia la Mayor de las Antillas, durante los años de la tiranía de Batista (1952-1958), fue controlada en las más altas instancias de Washington. Para entender ese largo y mezquino proceso, lo mejor será detenernos en una reflexión que realizaron Wise y Ross, en su libro *El gobierno invisible*, alrededor de la política implementada por la CIA y el Departamento de Estado durante los años cincuenta:

[...] En esto Foster Dulles reflejaba la ética norteamericana; el mundo como quisiésemos que fuese. Mientras asumía esta posición pública, su hermano estaba en libertad de tratar realidades más sórdidas e impuras, de derrocar gobiernos y realizar maniobras políticas entre bastidores en todo el globo, con los fondos casi ilimitados de la CIA. Era, como Allen Dulles dijo una vez, capaz de «combatir el fuego con el fuego», en un mundo muy alejado de la perfección. Debido a que estaba enteramente dedicado a su propia esfera secreta, fue que bajo la dirección de Allen Dulles la CIA tuvo su mayor expansión, particularmente en el campo de las operaciones secretas para el derrocamiento de gobiernos en ultramar.

Al seguir esta política exterior dual, estas operaciones se mantenían en su mayor parte en secreto para el pueblo norteamericano. La excepción, desde luego, era cuando algo salía mal, como en el caso de la Bahía de Cochinos.

Esto no quiere decir que esa misma política exterior de dos caras no se hubiera desarrollado si el director de la CIA y el Secretario de Estado no hubieran sido hermanos. Es muy probable que sí. Pero la fricción natural entre los objetivos y los métodos de los diplomáticos y los «fantasmas», entre el Departamento de Estado y la CIA, se redujo hasta cierto punto debido a la estrecha compenetración de trabajo de los hermanos Dulles. En consecuencia hubo menos necesidad de contén y equilibrio.

En cierto sentido podría decirse que los hermanos Dulles estaban predestinados a tomar en sus manos las palancas del poder en la dirección de los asuntos exteriores de los Estados Unidos [...].[9]

Mientras aparecía en La Habana el hombre «múltiple»: William D. Pawley, para persuadir a Batista, el Departamento de Estado retiraba a su embajador S.T. Smith, alegando que debía viajar a Washington para consultas; pero cuando se puso en evidencia que Batista no aceptaría la propuesta, Smith regresó de manera urgente, con la otra cara de la política: el ultimátum para que el general abandonara el país.

A partir de noviembre, si exceptuamos a las poderosas *familias* que controlaban el Imperio de La Habana, el resto de las fuerzas del poder real habían llegado a la conclusión de que el esquema de dominio norteamericano sobre Cuba, exigía —además de la urgente partida de Batista— un conjunto de operaciones dirigidas a neutralizar, diluir o impedir que el pueblo cubano llegara al poder con una Revolución triunfante.

La entrevista de Batista con el embajador Smith se realizó en la finca «Kuquine». Había sido pedida por el embajador el 14 de diciembre, a través del Ministro de Estado de la tiranía, pero Batista, en un proceso dilatorio que duró tres días, se reunió con el embajador norteamericano en la noche del 17, un día después que estalló en pedazos el puente de Falcón —operación realizada personalmente por el Che—, en la provincia central de Las Villas, para quedar la Isla, a partir de ese momento, partida en dos.

Smith era portador del comunicado oficial de Washington: Batista debía abandonar el país de inmediato; pero el general expresó de nuevo su negativa, no solo para ganar tiempo, sino tratando de condicionar otra vez el viejo esquema de dominio impuesto por Estados Unidos desde el primer tercio de siglo.

Es necesario decir que, además de las múltiples operaciones que estaban montadas por la Inteligencia norteamericana en Cuba, las agencias especiales estadounidenses continuaban con el asesoramiento y continuó flujo de recursos a la dictadura.

Esas agencias especiales estuvieron organizando diversas provocaciones, destinadas a crear un conflicto de envergadura entre el Ejército Rebelde y el gobierno de Estados Unidos, que le permitiera a Washington legalizar una intervención. Estas operaciones organizadas por la CIA —a las que el embajador Smith no era ajeno— se realizaron principalmente en las zonas de guerra de la provincia de Oriente. Maniobras como la retirada de las tropas de Batista que cuidaban el acueducto de Yateras, que suministraba agua a la base naval norteamericana en Guantánamo, para que las instalaciones fueran ocupadas por las tropas norteamericanas; o la retirada de las tropas elites que resguardaban los intereses mineros del grupo financiero Rockefeller, para que las columnas del II Frente Oriental Frank País ocuparan esas instalaciones o poblaciones cercanas a las instalaciones niquelíferas de Nicaro, y esa región se convirtiera en una zona de guerra, con brutales bombardeos por la aviación de Batista que pusieran en peligro la vida de norteamericanos y sus familiares; operación en la que se desplazaron hacia Cuba hasta barcos de guerra de Estados Unidos, incluyendo el portaaviones Franklin Delano Roosevelt, que por entonces permaneció a unas pocas millas de las costas cubanas; además de los conflictos con la base naval de Guantánamo, desde donde se abastecía la aviación batistiana, para los constantes bombardeos sobre zonas campesinas. Para realizar estas operaciones encubiertas existió una precisa coordinación entre el gobierno de Batista y la embajada norteamericana en La Habana; pero estas manipulaciones o maniobras fracasaron una y otra vez gracias a la pericia y firmeza con que el mando rebelde enfrentó la creciente hostilidad de los Estados Unidos.

La opción militar contra Cuba siempre fue una posible variante para el imperialismo norteamericano, en su afán por impedir que el pueblo cubano asumiera el poder.

Volvamos a la entrevista del embajador Smith con el general Batista, en la noche del 17 de diciembre de 1958; mientras las fuerzas rebeldes dirigidas por su Comandante en Jefe Fidel Castro, y las columnas de Raúl y Almeida se disponían a estrechar el círculo de hierro sobre Santiago de Cuba; y Che y Camilo desencadenaban una ofensiva de gran magnitud, contra las tropas que ocupaban las principales ciudades enlazadas por la carretera central, desde Santo Domingo a los límites con la provincia de Camagüey.

Ante debemos decir que Smith no era en ninguna medida un diplomático profesional sino un influyente corredor de la bolsa de Nueva York, residente en Palm Beach, que poseía importantes relaciones en La Florida. Se ha afirmado que la presencia de Smith en Cuba no se debió a un interés de representar al gobierno de Estados Unidos. En realidad, se debió a los estrechos vínculos o intereses afines que poseía con los grupos financieros dominantes en Cuba, en especial, los que tenían que ver con los asuntos mineros en la provincia de Oriente.

El embajador norteamericano era un importante accionista de la *Moa Bay Mining Company*, compañía encargada de explotar los yacimientos de níquel cubano.[10] Los grupos financieros temían que la guerra revolucionaria en Cuba afectara sus grandes negocios: por entonces habían invertido setenta y cinco millones en Moa; cien millones en la Nicaro; pero sobre todo, andaba de por medio una operación sustancial entre Batista y Washington: unos ciertos arreglos que les permitirían a estos grupos financieros explotar las minas de Oriente y embarcar los minerales con excepción total de impuestos. Según los cálculos de los especialistas, esta excepción de impuestos le reportaban a Cuba pérdidas por un monto de casi cuarenta millones de dólares. Y Smith, por supuesto, se encontraba enfrascado en estos trajines.

Sobre la petición de la entrevista con el mandatario cubano, Smith escribió:

> […] Luego de los usuales y diplomáticos saludos, le pedí a Güell (Ministro de Estado) una entrevista con el presidente. Me hallo, le dije, con el desagradable deber de informarle al Presidente de la República que los Estados Unidos no apoyarán más al presente gobierno de Cuba y que mi gobierno opina que el Presi-

dente ha perdido el control efectivo de la situación... Aunque
(Güell) palideció ante mi declaración, se mantuvo sereno.[11]

Tres días después, Smith, sin preámbulos, le expresó a Batista la
decisión de Washington; pero aquello no sería una sorpresa para el
general, advertido como estaba por sus múltiples contactos, desoyó
el ultimátum. Es de presumir que Batista estuvo sometido a grandes presiones. Por su parte, el embajador, conociendo seguramente
lo que estaba en juego, definió su participación de la siguiente
manera:

> [...] De acuerdo con mis instrucciones le expuse al presidente
> que el State Departament miraba con escepticismo cualquier
> plan de su parte, que significara permanecer indefinidamente en
> Cuba. El presidente preguntó si podía ir a Florida con su fami-
> lia a visitar su casa de Daytona Beach. Le sugerí a Batista que
> se pasara un año o más en España o en cualquier otro país del
> extranjero y que no abandonara su salida de Cuba más tiempo
> que el necesario para una ordenada transmisión de poderes.
> [...] Estados Unidos, diplomática, pero claramente, le había
> dicho al Presidente de la República que debía irse de su propio
> país.[12]

Batista resistió hasta última hora las órdenes de Washington, no
por valentía, ni por convicción. En absoluto. No es necesario argumentar. En realidad, la entrevista del embajador Smith con Batista
resultó muy escabrosa; mientras Smith exigía la urgente salida del
dictador —al que hasta ese momento Estados Unidos había sostenido—, Batista mantenía una posición en extremo rígida.

Fue una entrevista —como bien se ha dicho— entre sordos.
Smith hablaba de instaurar un nuevo gobierno de transición, que
fuera enemigo aparente de Batista y enemigo verdadero de Fidel
Castro, para escamotearle al pueblo de Cuba la victoria revolucio-

naria; y Batista, por su parte, hablaba de constitucionalidad, del supuesto derecho que poseía Rivero Agüero a asumir la presidencia, como resultado de las fraudulentas elecciones de noviembre de 1958. Por fin, sin ponerse de acuerdo, Smith abandonó la finca «Kuquine» rayando la medianoche.

Esta resistencia de Batista a una decisión que Washington había tomado desde la segunda quincena de noviembre, revela lo poderosas que eran las *familias* que controlaban el Imperio de La Habana —la mafia, en La Habana, reiteramos, no era un simple elemento marginal—, sobre todo, por sus entrelazamientos con importantes grupos financieros y políticos de Estados Unidos, y las agencias especiales. De lo contrario, una orden de Washington en Cuba, hasta 1958, no podía demorar ni siquiera unas pocas horas sin cumplirse.

El origen de esta resistencia estuvo condicionado porque todavía en los últimos días de 1958, las poderosas *familias* de La Habana consideraban la posibilidad de poner en práctica nuevas variantes que impidieran ser invadidos por sus tradicionales enemigos: el resto de la mafia norteamericana, con los que, de una manera o de otra, venían guerreando desde un largo tiempo por el reparto de Cuba.

Ante la negativa de Batista —negativa de los grupos mafiosos de La Habana— el gobierno norteamericano se vio en una situación extremadamente embarazosa: no podían arremeter contra la mafia, no podían sacar a Batista de la Isla; y sobre todo, no podían impedir el impetuoso avance del Ejército Rebelde.

Así que, desde el 17 de diciembre de 1958, Batista quedó abandonado definitivamente por la diplomacia norteamericana. Esto explica el castigo que recibió por haber desobedecido. El hecho de que, a partir de aquella fecha, no lo dejaran entrar a Estados Unidos, como le habían propuesto hacía unos pocos días, revela el manejo de la corrupta política norteamericana.

Había desobedecido; y con el año nuevo —al huir, unas horas antes de que el Ejército Rebelde iniciara su avance hacia La Habana—, ni siquiera pudo refugiarse en España, sino que los grupos mafiosos tuvieron que gestionarle un asilo en República Dominicana, donde los intereses del Imperio de La Habana mantenían sustanciales negocios. Eran viejos vínculos, además de que, cuando se haga un profundo estudio de las contradicciones y disputas que sostuvo Trujillo con los gobiernos cubanos, se verá que en general, se trataba de una verdadera farsa, que le permitió al dictador dominicano, desde los años cuarenta, usar a La Habana como un centro de inteligencia, para neutralizar o destruir no pocas actividades y planes del movimiento revolucionario dominicano.

En los últimos diez o doce días de 1958 —Batista aún en Cuba— los servicios especiales estadounidense desataron un conjunto de operaciones de gran envergadura, dirigidas a paralizar, diluir o neutralizar el incontenible avance de la Revolución. Estas operaciones aparecen como naturales acontecimientos de un régimen que se derrumba ante la ofensiva del movimiento revolucionario; pero fueron en realidad desesperadas operaciones montadas por la inteligencia norteamericana.

1) La primera operación que montan tiene relación con las gestiones que comenzó a realizar el general Cantillo en la propia zona de los combates. Cantillo gestionó una entrevista con el Comandante en Jefe del Ejército Rebelde, para informarle de la existencia de un complot antibatistiano en las propias filas del ejército de la dictadura. El plan era muy sencillo: tratar de que la Revolución llegara al poder con las fuerzas que hasta ese momento habían servido a la tiranía.

¿Cómo enfrentó Fidel Castro esta maniobra de la Inteligencia norteamericana? ¿La enfrentó con una rotunda negativa? No. Fidel consideró necesario, hasta donde fuera posible, detener un inútil derramamiento de sangre; respondió de manera positiva, para que cesara la guerra civil entre cubanos; pero teniendo en cuenta una esencial condición, para cualquier alianza con tropas del gobierno contrarias desde ese momento a Batista: era de elemental justicia exigida por el pueblo que dicho acuerdo se hiciera sobre la base de que, de ninguna manera podían escaparse los grandes culpables que habían arrastrado a la nación cubana a seis años de crímenes, latrocinios, desmanes y sufrimientos.

Lógicamente, cuando el general Cantillo regresó a La Habana y se reunió con el centro operativo de la Inteligencia norteamericana, las condiciones de Fidel Castro no fueron aceptadas y Cantillo no regresó a Oriente, se dio por terminada la operación.

2) La segunda maniobra que montó la Inteligencia norteamericana se inició cuando se produjo la huida de Batista, en la madrugada del 1ro. de enero de 1959. Era el típico golpe de Estado, utilizando al más viejo Magistrado de Cuba como Presidente de la República, y al propio Cantillo como jefe de las fuerzas armadas.

Por entonces la Inteligencia norteamericana había perdido toda iniciativa —que no recuperaron más—. Atrás habían quedado las manipulaciones contra la Revolución del treinta. Ahora era todo un pueblo, alrededor de su líder, con un valeroso Ejército Rebelde, armado, fogueado, capaz del más alto grado de heroísmo.

¿Cómo enfrentó Fidel Castro esta segunda operación? Desde la misma zona de combate, a través de «Radio Rebelde», se dirigió a todo el pueblo de Cuba y le pidió que iniciara una huelga general revolucionaria, con la orden precisa a los jefes de las Columnas del Ejército Rebelde para que continuaran las operaciones militares, contra todas las posiciones enemigas que pretendieran hacerle resistencia armada a la Revolución.

3) En un desesperado intento, la CIA trató de que el coronel Barquín —quien guardaba prisión en Isla de Pinos—, con el supuesto prestigio de haber sido un militar que se había rebelado contra Batista en los primeros meses de 1956, ocupara el despacho del Estado Mayor del Ejército, en el Campamento Militar de Columbia, para que sirviera de contén al movimiento revolucionario.

En el caso de Barquín, se trataba de un coronel que había sido agregado naval, aéreo y militar del general Batista en Washington; y representante ante la Junta Interamericana de Defensa. Aunque Batista, en esa especie de confusas y viles memorias, no le otorga importancia a Barquín, sin dudas este coronel gozaba de extraordinarias prerrogativas, que le permitieron ocupar tales cargos.

No es posible que siendo un militar con tal representatividad, no mantuviera para esa época vínculos con la inteligencia norteamericana. El hecho es que Barquín organizó en los primeros meses de 1956 una conspiración que fue descubierta, sus encartados detenidos y encarcelados hasta el triunfo de la Revolución.

En esta conspiración de marzo de 1956, Barquín logró nuclear a un pequeño grupo de militares cuyos pensamientos no eran homogéneos. Había resentidos y ambiciosos, pero se sumaron también elementos contrarios a Batista, entre los que se encontraban algunos con verdaderos sentimientos patrióticos.

Posiblemente la propia Inteligencia norteamericana, a través de los cuerpos secretos del país (SIM), le ofrecieron a Barquín las coordenadas para que pudiera nuclear a este pequeño grupo, inducidos por diversas motivaciones.

Es necesario subrayar que en el momento histórico en que Barquín organiza la conspiración de marzo de 1956, el régimen de Batista, y Batista en particular, no afrontaban ningún tipo de problema, ni con los grupos financieros, ni con las *familias* de la mafia instaladas en La Habana; ni con la comunidad de la Inteligencia norteamericana; o sea, que el esquema de dominio impuesto sobre Cuba era estable y, por supuesto, mucho menos existían problemas con el gobierno de Washington, en particular con los hermanos Dulles, cuyos intereses estaban siendo correspondidos de maravilla.

Todavía no se había producido el desembarco de los expedicionarios del yate *Granma* por el sur de la provincia de Oriente; ni siquiera, en ese momento —desde la óptica de Batista de la propia Inteligencia norteamericana—, el movimiento clandestino 26 de Julio, que meses después organizaría la expedición del *Granma*, constituía un inmediato peligro. Batista dominaba el país con férrea mano, para júbilo de los intereses norteamericanos y de los proyectos de entrelazamientos entre los grupos financieros-mafia-comunidad secreta de Estados Unidos.

El único conflicto que existía para marzo de 1956, eran las contradicciones entre las *familias* del Imperio de La Habana, y las pretensiones de los poderosos grupos mafiosos de Nueva York, encabezados por don Vito Genovese, que exigían una participación en los negocios propiciados por el Estado de corte delictivo en Cuba, teniendo en cuenta que, en los propios Estados Unidos, desde 1955, habían comenzado las investigaciones del Comité Daniel, a cargo de los asuntos del tráfico de narcóticos, que conducirían a nuevos procesos o inquietudes alrededor de la mafia.

No creo que en 1956 los hermanos Foster y Allen Dulles
fueran a comprometerse con una aventura desestabilizadora
contra Batista. Para los intereses de los Dulles todo marchaba demasiado bien; claro está que cuando la situación
revolucionaria imperante en la Isla puso en crisis el dominio
imperialista sobre la nación cubana, el propio director de la
CIA le sugiere al presidente de los Estados Unidos —general Dwigth D. Eisenhower—, para evitar que Fidel Castro
asuma el poder, que además de sacar urgentemente a Batista
del país, había que instalar en Cuba a una junta de civiles
y militares, como gobierno de transición o emergencia; y el
hombre propuesto por Allen Dulles para que encabezara esa
compleja operación fue el coronel Barquín.

En los últimos días de diciembre, la inteligencia norteamericana también tuvo el proyecto de situar a Barquín
en el regimiento «Leoncio Vidal» de Santa Clara, para que,
junto con el coronel Pedraza, se hicieran cargo de la situación en la provincia y resistieran el empuje de las fuerzas
que comandaba el Che.

En la pista aérea de Columbia estuvo listo el helicóptero
que debería trasladar a Barquín desde Isla de Pinos a la provincia de Santa Clara; aunque a última hora, ante el avance
incontenible del Che, se descartó esa opción y se decidió
que Barquín tratara de resistir o maniobrar desde el Campamento de Columbia.

Todavía está por realizarse un estudio que nos permita evaluar
en toda su dimensión las complejas y variadas operaciones de la
comunidad de la Inteligencia de Estados Unidos en Cuba durante
1958, con el fin de estabilizar el Estado de corte delictivo, para darle
continuidad al esquema de dominio sobre los intereses de la nación
cubana.

Los agentes secretos de la CIA y el Pentágono llegaron a instalar un centro operativo en la región central de Cuba, para ello utilizaron al II Frente Nacional del Escambray, con la pretensión de contraponer la figura de Eloy Gutiérrez Menoyo al movimiento revolucionario cubano.[13]

Fueron tantos los matices, que este estudio podría incluir las trasnochadas aspiraciones de personajes como Errol Flyn, vagando borracho por los burdeles de Manzanillo, en vano intento por subir a las montañas de la Sierra Maestra. Podría incluir estas y otras operaciones, que más tarde tendrían resonancias en las traiciones de Sorí Marín, Miró Cardona —abogado de Grau en la defensa por el robo de 74 millones—, Díaz Lanz o Hubert Matos.

Desde antes, cierta gente había empezado a sacar sus cuentas en la deslumbrante Habana. Aunque todo parecía seguir igual. El «Night and Day» todavía era capaz de satisfacer a su clientela, allí acudían personajes muy ávidos, deseosos de encontrarse con emociones cada vez más fuertes; el expendio era claro y sencillo, sin ninguna otra complicación, y el más exigente podía contentar cualquiera de sus caprichos. Leo Marine grababa sus discos con la «Sonora Matancera». Los polvos y los sitios del azar eran cada vez más delirantes, con sus ruletas y verdes tapetes. El vuelo hacia la zona franca de la «Isla de las Cotorras» era cubierto solo en media hora. Y, el «Rainbow» —otro de los sitios de encanto—, se encontraba en la margen derecha del río Canímar, con un excelente casino, el bar, un restaurante de especialidades y una sala para los espectáculos; estaba en el camino hacia la playa de Varadero, entre el placer y la dicha; allí permanecían los recuerdos de las estelares actuaciones de Kary Russi y Susan Love, mientras Pepito Garcés dirigía la orquesta y el mágico Ñico Gelpi las producciones.

La presencia de Liberace se predecía otra vez. Estaba por llegar, esta vez acompañado por su hermano George y el cubano Rogelio

Darías, favorito de entonces, quien había introducido en las presentaciones del virtuoso los ritmos de la percusión.

Xiomara Alfaro, Lucho Gatica, René Cabell, Olga Guillot y Celia Cruz, ocupaban los espacios dejados por las estrellas foráneas. Mientras, no había una sola barriada habanera donde las vitrolas no dejaran de prodigar desamparos, traiciones y desesperanzas, en un clima en el que resultaban cada vez más incomparables las gratas melodías del extraordinario Beny Moré.

El movimiento revolucionario en La Habana estaba organizando un show con artistas de la televisión, que actuarían el 1ro. de enero dentro del mismo Castillo del Príncipe, para propiciar la fuga de algunos presos políticos amenazados de muerte.

El 29 de diciembre, el avión del exsenador y exprimer ministro de Carlos Prío, Antonio —«Tony»— Varona,[14] realizaba un aterrizaje en el aeropuerto de la playa Santa Lucía, en la zona norte de Camagüey, acompañado por dos norteamericanos.

Este aeropuerto había sido construido por elementos vinculados a la mafia, que también edificaban un motel en aquel paraje de prodigiosas playas. Varona había quedado en aterrizar al sur de Camagüey, con el compromiso de traer un cargamento de armas; pero ahora lo hacía en el extremo norte de la provincia, con la pretensión de que, ante el inminente derrumbe de la tiranía batistiana, tropas rebeldes que hacía largos meses se encontraban en esa zona, formaran parte ahora del grupo fantasma OA (Organización Auténtica), lo cual le permitiría a Varona entrar en la ciudad de Camagüey para exigir poder político.

Era demasiado tarde. Todo el país era ya una insurrección. En la capital se desbordaban las calles, parques y avenidas. El pueblo tomó la ciudad, y empezaron a romper los parquímetros y las salas de juego deshicieron mesas, tapetes, ruletas; las máquinas tragaperras fueron lanzadas a la calle; y los baluartes militares del régimen, cercados; mientras Santiago de Cuba era ocupado por las fuerzas guerrilleras, y las columnas de Camilo y el Che avanzaban hacia la capital cubana.

Fue muy grande la estampida. Incluso Thomas Duffin, John Jenkis, Irving Levitts, Mike Dade, Milton Warshaw, Robert E. Wtzel, Carl Layman, San Grace, Jack Walter Malone, Morris Segal, Duque Nolan y Frank Cutis..., recogieron rápidamente sus maletas y se aparecieron en el aeropuerto de Boyeros con los pasaportes norteamericanos en la mano, para tratar de irse en el primer avión que saliera.

Armando Feo fue todavía más delirante. Pensó que ya todos se habían olvidado de sus trajines con el gran «Lucky» Luciano, y que su estelar presencia en los principales casinos de la capital no tenía importancia: con varios amigos ocupó una estación de policía y se puso sobre los hombros los grados de comandante.

Debemos reconocer que fue un gran esfuerzo el que realizó el gobierno norteamericano por mantener su maquinaria de poder en Cuba; pero las operaciones de guerra del Ejército Rebelde ya habían empezado a desatar la crisis sobre el esquema de dominio imperial.

Lo único que les quedaba a los grupos financieros-mafia-servicios especiales —ahora desde los Estados Unidos—, era iniciar de inmediato todo un proceso de secretas exigencias, para que, utilizando cualquier medio, los gobernantes de Washington trataran de recuperar aquel esplendoroso Imperio que tan pacientemente había sido construido en la siempre fabulosa Habana.

Notas

1. El paraíso de la rumba

1. Revista *Bohemia*. Sección «En Cuba». La Habana, 8 de septiembre de 1957, pp. 76-77.

2. Hunt R. Philllips: Del artículo publicado en el *New York Times* en 1957, sobre el juego en Cuba. El subrayado es del autor.

3. Afamada mujer que regentaba la más exclusiva cadena de burdeles en La Habana a cargo de la mafia norteamericana.

4. Juan Almeida Bosque: *Presidio, Exilio* y *Desembarco*, Editorial Ciencias Sociales. La Habana, 1987-1988.

5. Revista *Bohemia*, La Habana, 14 de junio de 1957, p. 74.

6. Revista *Bohemia*, La Habana, 4 de agosto de 1957.

7. Archivo Nacional de Cuba. Fondo Banco Nacional. Legajo 591 y 526. Números: 16 y 7, respectivamente.

8. Frederic Sondern Jr.: La Mafia, (*Brotherhood of Evil: the mafia*); Editorial Brugueras S.A., Barcelona, 1960, p. 24.

2. Los primeros mafiosos en Cuba

1. Archivo Nacional de Cuba. Fondo Banco Nacional. Legajo 160. No. 30.

2. Gregorio Ortega: *La coletilla*, Editora Política, La Habana, 1989, pp. 168-169.

3. Revista *Bohemia*. Enrique Cirules: «La mafia norteamericana en Cuba: operaciones y fraudes», La Habana, 11 de octubre de 1991, pp. 15-17.

4. Martin A. Gosch, Richard Hammer: *El último testamento de Lucky Luciano*, Ediciones Grijalbo S.A., Barcelona, 1976, p. 202.

5. Revista *Bohemia*. Enrique Cirules: «Traficante: la era de la cocaína», La Habana, 25 de octubre de 1991, pp. 14-15.

6.   Martin A. Gosch, Richard Hammer: ob. cit., p. 202.

7.   Hortensia Pichardo: *Documentos para la historia de Cuba,* Editorial Ciencias Sociales, La Habana, 1971, p. 513.

8.   Julio Le Riverend: *La república, dependencia y revolución,* Instituto del Libro, La Habana, 1969, p. 229.

9.   Nota del autor.

10. Fulgencio Batista: *Paradojismo,* Ediciones Botas, México, 1964, pp. 40-42.

11. Oscar Pino Santos: *Cuba, historia y economía,* Editorial Ciencias Sociales, La Habana, 1983, p. 470.

12. Mario J. Arango, Jorge V. Child: *Narcotráfico: imperio de la cocaína,* Editorial Diana S.A., México, 1987, p. 116.

13. Nota del autor.

14. Benigno Iglesias Trabadelo: *El Primero de Enero y el «Hotel Deauville»,* (libro inédito). Archivo del autor, p. 11.

15. Archivo Nacional de Cuba. Fondo Banco Nacional. Legajo 192. No. 6.

16. Penny Lernoux: *Esos bancos en los que confiamos,* Plaza & Janes Editores S.A., Barcelona, 1985, p. 95.

17. L. Kirkpatrick: *The Real CIA,* New York, 1968, p. 182.

18. Mario J. Arango, Jorge V. Child: ob. cit., p. 116.

19. Archivo Nacional de Cuba. Fondo Banco Nacional. Legajo 192. No. 7.

20. *Ibid.*

21. Carpeta del «Banco Gelats» que contiene los documentos de envío de los bancos norteamericanos. Archivo del autor.

22. Archivo Nacional de Cuba. Fondo Banco Nacional de Cuba. Libro 232. No. 1. Actas: de la 18 a la 43.

23. Eduardo R. Chibás: Periódico *Luz,* La Habana, 1937.

24. *Nacla's Latin American, Empire Report,* New York, Vol. 6, No. 8, octubre de 1972.

25. Revista *Bohemia.* Sección «En Cuba». La Habana, 3 de abril de 1944.

26. Revista *Bohemia.* La Habana, 11 de junio de 1944, p. 21.

27. Revista *Bohemia.* La Habana, 10 de septiembre de 1944.

3. La era de la cocaína

1.   Amleto Battisti: *La próxima Era,* prólogo de Fernando de la Milla, Editorial Martí, La Habana, 1947.

2.   Revista *Bohemia.* Enrique Cirules: «Los negocios de don Amleto», La Habana, 18 de octubre de 1991, pp. 13-17.

3. Revista *Bohemia*. Antonio Gil Carballo: «El tráfico de drogas en Cuba», La Habana, 8 de octubre de 1944, pp. 70-71.

4. Martin A. Gosch, Richard Hammer: *El último testamento de Lucky Luciano*, Editorial Grijalbo S.A., Barcelona, 1976, p. 351.

5. Revista *Bohemia*. Sección «En Cuba». La Habana, 8 de diciembre de 1946, p. 45.

6. Martin A. Gosch, Richard Hammer:. ob. cit., pp. 358-359.

7. Anthony Summers: *Las vidas secretas de Marilyn Monroe*, Editorial Planeta, Barcelona, 1986, pp. 100-101.

8. Martin A. Gosch, Richard Hammer: ob. cit., pp. 369-370.

9. *Ibid.*, p. 370.

10. Frederic Sondern Jr.: *La Mafia*, Editorial Bruguera S.A., Barcelona, 1960, p. 132.

11. *Ibid.*, p. 133.

12. *Ibid.*

13. *Ibid.*

14. *Ibid.*

15. *Ibid.*

16. *Ibid.*

17. Prólogo del señor Harry J. Anslinger (Comisario de la Oficina de Narcótico del Departamento de Tesorería de Estados Unidos), para el libro *La Mafia*, de Sondern Jr., Edición Editorial Brugueras S.A., Barcelona, 1960, pp. 7-8.

18. Nota del autor.

19. Frederic Sondern Jr.: ob. cit., pp. 133-134.

20. Nota del autor.

21. Frederic Sondern Jr.: ob. cit., pp. 133-134.

22. *Ibid.*, p. 134.

23. Martin A. Gosch, Richard Hammer: ob. cit., p. 372.

24. Frederic Sondern Jr.: ob. cit., p. 134.

4. Los políticos y el crimen organizado

1. Revista *Bohemia*. Sección «En Cuba». La Habana, 14 de enero de 1945.

2. Revista *Bohemia*. Sección, «En Cuba». La Habana, 2 de mayo de 1948, p. 56.

3. E. Vignier, G. Alonso: *La corrupción política administrativa en Cuba: 1944-1952*. En «Ante la Historia», de Guillermo Alonso Pujol, Editorial Ciencias Sociales, La Habana, 1973, pp. 300-301.

4. *Ibid.*

5. Revista *Bohemia*. Sección «En Cuba». La Habana, 20 de mayo de 1948, p. 81.

6. Revista *Bohemia*. Sección «En Cuba». La Habana, 2 de mayo de 1948, pp. 50-51.

7. Nota del autor.

8. Revista *Bohemia*. Sección «En Cuba». La Habana, 2 de mayo de 1948, pp. 50-51.

9. Revista *Bohemia*. Sección «En Cuba». La Habana, 8 de diciembre de 1946, p. 45.

5. Escándalos, robos y fraudes

1. Fidel Castro: «El informe de Fidel Castro al Tribunal de Cuentas», Periódico *Alerta*, La Habana, 4 de marzo de 1952, pp. 1 y 7.

2. Pelayo Cuervo Navarro: «Historiando fraudes», Revista *Bohemia*, La Habana, 7 de noviembre de 1948.

3. *Ibid.*

4. E. Vignier, G. Alonso: *La corrupción política y administrativa en Cuba*: 1944-1952, Editorial de Ciencias Sociales, La Habana, 1973.

5. Oscar Pino-Santos: *Cuba, historia y economía*, Editorial de Ciencias Sociales, La Habana, 1983, pp. 542-549.

6. Comisión del Senado norteamericano presidida por el senador demócrata del Estado de Tennesse, Estes Kefauver, quien investigó el crimen organizado en Estados Unidos entre 1950-1951.

7. Frederic Sondern Jr.: *La mafia*, Editorial Brugueras S.A., Barcelona, 1960, p. 191.

8. Del libro *Crimen en América*, de Estes Kefauver, escrito después que terminó su trabajo al frente del Comité que lleva su nombre. «Por alguna razón ignorada (dice Frederic Sondern Jr. en la página 192 de *La Mafia*, refiriéndose al libro de Kefauver) no recibió la atención que merecía [...]».

9. Frederic Sondern Jr.: ob. cit, p. 194.

10. *Ibid.*, p. 191.

11. *Ibid.*, p. 120.

12. Orestes Ferrara: «Carta a Guillermo Alonso Pujol», Revista *Bohemia*, La Habana, 14 de enero de 1951, p. 63.

13. Martin A. Gosch, Richard Hammer: *El último testamento de Lucky Luciano*, Ediciones Grijalbo S.A., Barcelona, 1975, pp. 399-400.

14. En el artículo «Ante la Historia», de Guillermo Alonso Pujol, escrito después del golpe de Estado de 1952 y publicado por la revista *Bohemia*, del

5 de octubre de 1952, en las páginas 60-63 y 90, al margen de las manipulaciones que trata de realizar el autor sobre aquellos acontecimientos, se
hace evidente que las relaciones y contactos del vicepresidente de Prío con
Batista eran de extrema confianza, y estaban amparados por una vieja y
profunda amistad.

15. Revista *Bohemia*. Sección «En Cuba». La Habana, 22 de julio de 1951, p. 72.

16. Revista *Bohemia*. Sección «En Cuba». La Habana, 29 de julio de 1951, p. 67.

17. *Ibid.*

18. *Ibid.*

19. Revista *Bohemia*: «La violenta polémica Chibás-Sánchez Arango», La
Habana, 29 de julio de 1951, p. 76.

20. Fidel Castro: Informe del Comité Central del PCC al Primer Congreso del
Partido, La Habana, 1975, p. 21.

21. Revista *Bohemia*. Sección «En Cuba», La Habana, 5 de agosto de 1951, p. 75.

22. Revista *Bohemia*: «Tiene que cumplir su destino histórico», La Habana,
12 de agosto de 1951.

23. Revista *Bohemia*. Guillermo Alonso Pujol: «Ante la historia», La Habana,
5 de octubre de 1951, p. 60.

6. Al servicio de la mafia

1. *Informe central al Primer Congreso del Partido Comunista de Cuba*, Edición
DOR, La Habana, 1975, p. 21.

2. Wisse, Roos: *El gobierno invisible*, Ediciones Venceremos, La Habana, 1965.

3. Penny Lernoux: *Esos bancos en los que confiamos*, Editorial Plaza & Janes,
Barcelona, 1985, p. 91.

4. Frederic Sondern Jr.: *La Mafia*, Editorial Brugueras, Barcelona, 1960,
pp. 129-130.

5. Wisse, Ross: ob. cit., p. 108.

6. *Ibid.* (Discurso de Allen Dulles, en la Universidad de Yale, p. 10).

7. Burton Turkus, Sid Feder: *Murder Inc. (Sociedad del Crimen)*, Ediciones
Acervo, Barcelona, 1951, p. 14.

8. Wisse, Ross. ob. cit., p. 115.

9. Oscar Pino-Santos: *Cuba, historia y economía*, Editorial Ciencias Sociales,
p. 548.

10. Wisse, Roos: ob. cit., p. 13.

11. Julio Le Riverend: ob. cit., p. 354.

12.   E. Vignier, G. Alonso: *La corrupción política y administrativa en Cuba: 1944-1952*, Editorial Ciencias Sociales, La Habana, 1973. En: «Ante la Historia», de Guillermo Alonso Pujol, pp. 302-303.

13.   E. Vignier, G. Alonso: ob. cit., Informe al Jefe del Departamento Dirección S.M.I. (Servicio de Inteligencia Militar), del 8 de febrero de 1952, suscrito por el capitán Salvador Díaz-Verson Rodríguez, quien también estuvo vinculado a la CIA y el FBI.

14.   Revista *Bohemia*. Sección «En Cuba», La Habana, 5 de agosto de 1951, pp. 75-77.

15.   Blas Roca: *Fundamentos*, La Habana, mayo de 1952, Año XII, No. 122, p. 393.

16.   *Ibid.*

17.   *Ibid.*

7. El lavado de dinero

1.   Archivo Nacional de Cuba. Fondo Banco Nacional. Legajo 192. No. 6.

2.   *Ibid.*

3.   *Ibid.*

4.   *Ibid.*

5.   *Ibid.*

6.   *Ibid.*

7.   *Ibid.*

8.   Archivo Nacional de Cuba. Fondo Banco Nacional. Legajo 192. No. 7.

9.   *Ibid.*

10.   *Ibid.*

11.   *Ibid.*

12.   *Ibid.*

13.   *Ibid.*

14.   *Ibid.*

15.   *Ibid.*

16.   *Ibid.*

17.   Revista *Bohemia*. Enrique Circules: «La mafia norteamericana en Cuba: operaciones y fraudes», La Habana, 11 de octubre de 1991, pp. 15-17.

18.   Frederic Sondern Jr.: *La Mafia*, Editorial Brugueras S.A., Barcelona, 1960, p. 24.

19.   *Ibid.*

8. La gran tragedia

1. Julio Le Riverend: *La República, dependencia y revolución*, Instituto del Libro, La Habana, 1966, p. 340.
2. *Ibid.*
3. *Ibid.*
4. *Ibid.*, p. 343.
5. *Ibid.*
6. *Ibid.*, p. 344.
7. *Ibid.*, p. 346.
8. *Ibid.*, p. 348.
9. María Caridad Pacheco González: en «Situación de los obreros industriales cubanos en víspera de la revolución». *Revista Cubana de Ciencias Sociales*, La Habana, 1990, p. 100.
10. Informe de la Misión Truslow en Cuba, Edición mimeografiada del «Banco Nacional de Cuba». La Habana, 1951, 4, p. 125.
11. Ibid. (5, p. 244).
12. Revista *Bohemia*. La Habana, 9 de diciembre de 1991, p. 61.
13. BANDES. Creado por la Ley Decreto No. 1589, del 4 de agosto de 1954.
14. Carta del director de la CIA, Allen Dulles, al general Fulgencio Batista, del 15 de julio de 1955. Archivo del Museo del Ministerio del Interior.
15. Ley Decreto No. 1589. Gaceta Oficial de Cuba. La Habana, 27 de enero de 1955. Tomado de *BANDES: corrupción política*, de Erasmo Dumpierre. Academia de Ciencias de Cuba, Instituto de Historia, Serie Histórica. No. 20, La Habana, 1970, pp. 3-4.
16. *Ibid.*
17. Fulgencio Batista: *Paradoja*, Ediciones Botas, México, 1963, pp. 213, 217-219.
18. Erasmo Dumpierre: ob. cit., p. 25.
19. Ibid, pp. 18-20.

9. Las empresas de fachadas

1. Archivo Nacional de Cuba. Fondo Banco Nacional. Legajo 493. No. 5.
2. *Ibid.*
3. *Ibid.*
4. *Ibid.*
5. *Ibid.*
6. *Ibid.*

7.   Nota del autor.
8.   Archivo Nacional de Cuba. Fondo Banco Nacional. Legajo 493. No. 5.
9.   Nota del autor.
10. Archivo Nacional de Cuba. Fondo Banco Nacional. Legajo 493. No. 5.
11. Archivo Nacional de Cuba. Fondo Banco Nacional. Legajo 520. No. 15.
12. *Ibid.*
13. *Ibid.*
14. Archivo del autor: nóminas del casino del «Hilton Hotel Internacional» (Havana Hilton), a la Seguridad Social de Cuba, julio de 1958.
15. Archivo del autor: libro (inédito) *Primero de Enero y el «Hotel Deauville»*, escrito por el obrero gastronómico Benigno Iglesias Trabadelo.
16. *Ibid*, p. 44.
17. *Ibid*, p. 20.
18. *Ibid.*
19. *Ibid*, p. 30.
20. *Ibid*, p. 37.
21. Frederic Sondern Jr.: *La Mafia*, Editorial Brugueras S.A., Barcelona, 1960, p. 24.
22. Nota del autor.
23. Archivo Nacional de Cuba. Fondo Banco Nacional de Cuba. Legajo 517. No. 17.
24. Archivo Nacional de Cuba. Fondo Banco Nacional. Legajo 517. No.17.
25. *Ibid.*
26. *Ibid.*
27. Nota del autor.
28. Nota del autor.
29. Archivo del autor: carta informe del doctor Eladio Ramírez León, vicepresidente del «Banco Financiero S.A.», al doctor Felipe Pazos, presidente del «Banco Nacional de Cuba», del 6 de julio de 1959.

10. Los nuevos inversionistas

1.   Archivo Nacional de Cuba. Fondo Banco Nacional. Legajo 202. No. 12.
2.   *Ibid.*
3.   Directorio Telefónico de Cuba. La Habana, julio de 1937. (Hoja de anuncio entre las páginas 74-75.)

4. Archivo Nacional de Cuba. Fondo Banco Nacional. Libro 232, p. 31. (El apremio aparece con fecha del 19 de junio de 1953.)

5. Del mismo libro 232: Acta 10, del 17 de febrero de 1954.

6. *Ibid.*

7. Archivo Nacional de Cuba. Fondo Banco Nacional. Libro 232. Tomo 1, p. 41.

8. *Ibid.* (Reunión del 17 de junio de 1954.)

9. *Ibid.*

10. *Ibid.* (Acta No. 16.)

11. *Ibid.*

12. *Ibid.* (Acta No. 17, del 15 de diciembre de 1954.)

13. *Ibid.* (Acta del 25 de enero de 1955.)

14. *Ibid.* (Acta No. 20, del 10 de marzo de 1955. Consejo Extraordinario de Directores).

15. *Ibid.*

16. *Ibid.* (Acta No. 20.)

17. *Ibid.*

18. *Ibid.* (Acta No. 28, 8 de febrero de 1956.)

19. *Ibid.*

20. *Ibid.*

21. *Ibid.* (Acta No. 27. Junta Extraordinaria del Consejo de Directores.)

22. *Ibid.*

23. Archivo Nacional de Cuba. Fondo Banco Nacional. Libro 232. Tomo 1. Acta No. 29 (Consejo de Directores, del 9 de mayo de 1956.)

24. Frederic Sondern Jr.: *La Mafia,* Editorial Brugueras S.A., Barcelona, 1960, p. 24.

25. Archivo Nacional de Cuba. Fondo Banco Nacional. Libro 232. Tomo 1. Acta No. 38, del 23 de abril de 1957. Folio 165.

26. Archivo Nacional de Cuba. Fondo Banco Nacional. Libro 232. Tomo 1. Acta No. 42. Folio 174-175. (José Martínez Zaldo renunció como vicepresidente ejecutivo del «Banco Financiero S.A.», el 17 de diciembre de 1957.)

12. Estalla la guerra

1. Archivo Nacional de Cuba. Fondo Banco Nacional. Legajo 526. No. 7.

2. Archivo del autor: Libro del Gabinete Nacional de Identificación, para el registro de Carnet de Extranjeros.

3. Archivo del autor: testimoniante que ha pedido el anonimato.

4.   Frederic Sondern Jr.: *La Mafia,* Editorial Brugueras S.A., p. 24.

5.   Benigno Iglesias Trabadelo. Obrero gastronómico que escribió el libro (inédito) *Primero de Enero y el «Hotel Deauville.* Archivo del autor.

6.   Archivo del autor: nóminas del casino del hotel «Habana Hilton», a la Caja de Seguridad Social de Cuba.

7.   Testimonios de uno de los profesores de las escuelas de *dealers* de La Habana. Archivo del autor.

8.   Archivo Nacional de Cuba. Fondo Banco Nacional. Legajo 526. No. 7. Anexos.

9.   Nota del autor.

10.   Frederic Sondern Jr.: ob. cit., p. 17.

11.   Archivo del autor: testimonios sobre Meyer Lansky en La Habana. Por razones personales el testimoniante ha preferido el anonimato.

12.   Frederic Sondern Jr.: ob. cit., p. 17.

13.   Nota del autor.

14.   Nota del autor.

15.   Frederic Sondern Jr.: ob. cit., pp. 24-25.

13. Frank Sinatra

1.   Archivo Nacional de Cuba. Fondo Banco Nacional. Legajo 591. No. 16.

2.   *Ibid.*

3.   Archivo Nacional de Cuba. Fondo Banco Nacional. Legajo 526. No. 7.

4.   Archivo Nacional de Cuba. Fondo Banco Nacional. Legajo 591. No. 16.

5.   Archivo Nacional de Cuba. Fondo Banco Nacional. Legajo 526. No. 7. (Informe al BANDES, de un grupo de abogados vinculados a la mafia.)

6.   *Ibid.*

7.   *Ibid.*

8.   *Ibid.*

9.   *Ibid.*

10.   *Ibid.*

11.   *Ibid.*

12.   El subrayado es del autor.

13.   Archivo Nacional de Cuba. Fondo Banco Nacional. Legajo 526. No. 7. (Informe al BANDES.)

14.   Nota del autor.

15. Archivo Nacional de Cuba. Fondo Banco Nacional. Legajo 526. No. 7.
16. *Ibid.*

14. Era demasiado tarde

1. Dwight D. Eisenhower: Mis años en la Casa Blanca *(The white house years)*, Editorial Brugueras, S.A., Barcelona, 1966, tomo II (1956-1960), p. 501.
2. F. Sergueev: *La guerra secreta contra Cuba*, Editorial Progreso, Moscú, 1982, pp. 28-29. Tomado del libro: *The Real CIA*, New York, 1968, pp. 167, 174 y 187.
3. Dwight D. Eisenhower: ob. cit., p. 501.
4. Nota del autor.
5. Penny Lernoux: *Esos bancos en los que confiamos*, Editorial Plaza & Janes, Barcelona, 1965, pp. 118-119.
6. *Ibid.*, pp. 91 y 93.
7. Revista *Bohemia*. Sección «En Cuba». «Autobuses». La Habana, 30 de septiembre de 1951, p. 73.
8. Tomado de la Audiencia que realizó el Subcomité Judicial del Senado de Estados Unidos, el 2 de septiembre de 1960.
9. D. Wise, T.B. Ross: *El gobierno invisible*, Ediciones Venceremos, La Habana, 1965, pp. 113-114.
10. F. Sergueev: ob. cit., p. 28.
11. Earlt T Smith: *El cuarto piso*, p. 65.
12. *Ibid.*, p. 170.
13. Roberto Orihuela: *Nunca fui un traidor*, La Habana, 1991, pp. 131-132, 152-153.
14. *Frente Camagüey*, Editora Política, La Habana, 1988.

Bibliografía

ALMEIDA BOSQUE, JUAN: *Presidio*, Editorial de Ciencias Sociales, La Habana, 1987.

_____: *Exilio*, Editorial de Ciencias Sociales, La Habana, 1988.

_____: *Desembarco*, Editorial de Ciencias Sociales, La Habana, 1988.

ARANGO, MARIO J. Y CHILD V., JORGE: *Narcotráfico, imperio de la cocaína*, Editorial Diana, S.A. México, 1984.

BÁEZ, LUIS: *Los que se fueron*, Editorial José Martí, La Habana, 1991.

BATISTA, FULGENCIO: *Respuesta*, Ediciones Botas, México, 1960.

_____: *Paradoja*, Ediciones Botas, México, 1963.

_____: *Paradojismo*, Ediciones Botas, México, 1964.

BATTISTI, AMLETO: *La Próxima Era*, Editorial Martí, La Habana, 1947.

BONSAL, PHILIP W.: *Cuba, Castro, and the United States*, University of Pittsburgh Press, Unites States of America, 1971.

CASTILLO, FABIO: *Los jinetes de la cocaína*, Editorial Documentos Periodísticos, Bogotá, 1987.

CASTRO RUZ, FIDEL: *La Historia me absolverá*, Editora Política, La Habana, 1963.

COLLAZO PÉREZ, ENRIQUE: *Banca y crédito*, Editorial de Ciencias Sociales, La Habana, 1989.

DUMPIERRE, ERASMO: *El BANDES: corrupción y política,* Serie Histórica de la Academia de Ciencias de Cuba, Instituto de Historia, La Habana, 1970.

EISENHOWER, DWIGHT D.: *Mis años en la Casa Blanca,* Editorial Brugueras S.A. Barcelona, 1966.

ESPINOZA GARCÍA, MANUEL: *La política económica de los Estados Unidos hacia América Latina entre 1945 y 1961,* Premio Ensayo Casa de las Américas, La Habana, 1971.

FERRERA HERRERA, ALBERTO: *El Granma: la aventura del siglo,* Editorial Capitán San Luis, La Habana, 1991.

GÁLVEZ, WILLIAM: *Camilo señor de la vanguardia,* Editorial de Ciencias Sociales, La Habana, 1979.

GOSCH, MARTIN A. Y HAMMER, RICHARD: *El último testamento Lucky Luciano,* Ediciones Grijalbo, S.A. Barcelona, 1976.

HORVATH, RICARDO: *Cuba, la oculta,* Editorial Pablo de la Torriente, La Habana, 1987.

IGLESIAS TRABADELO, BENIGNO: *El primero de Enero y el* «Hotel Deauville», (inédito). Archivo del autor.

JULIEN, CLAUDE: *El Imperio norteamericano,* Editorial de Ciencias Sociales, La Habana, 1970.

KOLEV, JRISTO: *La* «cosa nostra», Editorial de Ciencias Sociales, La Habana, 1989.

KUCHILAN, MARIO: *Fabulario, retrato de una época,* Instituto del Libro, La Habana, 1970.

LEÓN TORRAS, RAÚL: *Antología,* Editorial de Ciencias Sociales, La Habana, 1988.

LE RIVEREND, JULIO: *La república, dependencia y revolución,* Instituto del Libro, La Habana, 1966.

LENIN, V.I.: *El Estado y la Revolución,* La Habana, ediciones de la Imprenta Nacional de Cuba.

LERNOUX, PENNY: *Esos bancos en los que confiamos*, Editorial Plaza & Janes, Barcelona, 1985.

ORIHUELA, ROBERTO:*Nunca fui traidor,*Editorial Capitán San Luis, La Habana, 1991.

ORTEGA, GREGORIO: *La coletilla*, Editora Política, La Habana, 1989.

ORTEGÓN PÁEZ, RAFAEL: *Vorágine alucinante en la historia de las drogas*, Ediciones Tercer Mundo, Bogotá, 1981.

PACHECO GONZÁLEZ, MARÍA CARIDAD: «Situación de los obreros industriales en víspera de la Revolución». (Investigación histórica). *Revista cubana de Ciencias Sociales*, La Habana, 1990, Año XXIV, No. III, pp. 100-117.

PINO SANTOS, OSCAR: Cuba, *historia y revolución*, Editorial Ciencias Sociales, La Habana, 1983.

PORTILLA, JUAN: *Jesús Menéndez y su tiempo*, Ciencias Sociales, La Habana, 1987.

PUZO, MARIO: *El padrino*, Editorial Arte y Literatura, La Habana, 1981.

SERGUEEV, F.: *La guerra secreta contra Cuba*, Editorial Progreso, Moscú, 1982.

SERRACINO, RODOLFO: *El grupo Rockefeller actúa*, Editorial de Ciencias Sociales, La Habana, 1987.

SONDERN FREDERIC, JR.: *Brotherhood of evil: the mafia. (La Mafia)*, Editorial Brugueras S.A., Barcelona, 1960.

SUMMERS, ANTHONY: *Las vidas secretas de Marilyn Monroe*, Editorial Planeta, Barcelona, 1986.

TABARES DEL REAL, JOSÉ A.: *La Revolución del 30: sus dos últimos años*, Editorial de Ciencias Sociales, La Habana, 1973.

TURKUS, BURTON B. Y FEDER, SID: *Murder, Inc. (Sociedad del Crimen)*. Ediciones Acervo, Barcelona, 1951.

VARGAS CHACÓN, FÉLIX: *40 años en el delito*, «Memorias del Cumanés», Caracas, 1974.

VIGNIER, E. Y ALONSO, G.: *La corrupción política y administrativa en Cuba*, Editorial Ciencias Sociales, La Habana, 1973.

D. WISE Y T.B. ROSS: *El gobierno invisible*, Ediciones Venceremos, La Habana, 1965.

Otras fuentes consultadas:

Fondo Banco Nacional, del Archivo Nacional de Cuba.

Nóminas del desaparecido Archivo de Seguridad Social de Cuba, de los casinos, Hipódromo, clubes y cabarets de la mafia norteamericana. (Archivo del autor).

Prensa periódica de la época (1934-1958).

Guías telefónicas (1934-1958).

Revista *Bohemia*. En especial, el estudio de la sección «En Cuba», durante los años cuarenta y cincuenta.

Informe Central al Primer Congreso del Partido Comunista de Cuba, La Habana, 1975.

Frente Camagüey, Editora Política, La Habana, 1988.

Informe de la Comisión Truslow, Edición mimeografiada del Banco Nacional de Cuba, La Habana, 1950.

Directorio Bancario de Cuba, Editado por la Asociación de Bancos de Cuba, La Habana, 1954-1955.

De Eisenhower a Reagan, (análisis de varios autores cubanos sobre la política de Estados Unidos contra la Revolución Cubana) Editorial Ciencias Sociales, La Habana, 1987.

Nacla's Latin American & Empire Report, Vol. VI, No. 8., Nueva York, octubre de 1972.

Directorio comercial del municipio, La Habana, 1958.

Revista *Havana Chronicle*, Editada por la Comisión Nacional de Turismo, La Habana, 1941-1942.

Moncada, antecedentes y preparativos, Editora Política, Tomo I, La Habana, 1985.

El financiero de la mafia, Meyer Lansky.

Charles «Lucky» Luciano.

«Lucky» Luciano en el circuito de La Habana.

Umberto Anastasio (Albert Anastasia) y su abogado.

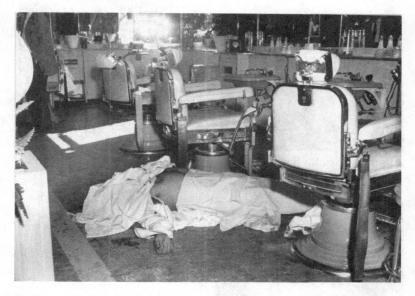

El cuerpo de Anastasio en la barbería del Sheraton Park Hotel
donde fue asesinado.

Amadeo Barletta Barletta.

Amleto Battisti.

Don Vito Genovese.

Santo Trafficante Jr.

Smith, embajador de EE.UU., presenta sus credenciales
en La Habana, julio de 1957.

Batista y Sumner Welles (embajador de EE.UU. en Cuba)
en una recepción en la embajada de Cuba en Washington.

Ramón Grau San Martín.

George Raft, actor estadounidense, quien manejó el Hotel
Capri en nombre de la mafia.

Ava Gardner y su esposo, Frank Sinatra, en una visita a Cuba.

Vista aérea del Hotel Nacional de Cuba, frecuentado por muchos de los mafiosos de La Habana.

Entrada de Tropicana.

En el casino de Montmartre.

Tropicana en 1953.

Ruleta en uno
de los casinos de
La Habana.

Gaspar Pumarejo
y su famoso programa
de televisión,
«Reina por un día».

Fulgencio Batista en la Academia Militar West Point, EE.UU.

La sucursal Habana del National City Bank de Nueva York,
el banco extranjero más importante que operaba en Cuba.

El general Fulgencio Batista y el presidente de EE.UU. Franklin D. Roosevelt, en Washington. Batista fue invitado de honor en la Casa Blanca, en 1942.

ENRIQUE CIRULES (Nuevitas, Cuba, 1938-2016). Narrador y ensayista. Autor de varios libros de cuentos: *Los perseguidos*, 1972; *En la corriente impetuosa*, 1978; *La otra guerra*, 1979; y *Luces sobre el canal*, 1998. Ha escrito también las novelas *La saga de La Gloria City*, 1983; *Bluefields*, 1986; *Extraña lluvia en la tormenta*, 1988; y *Los guardafronteras*, 1983. Entre sus más conocidos títulos se encuentran su novela testimonial *Conversación con el último norteamericano*, 1973 (fundación, auge y destrucción de una ciudad de norteamericanos en Cuba). *Hemingway en la cayería de Romano*, Mención Casa de las Américas 1999; *La vida secreta de Meyer Lansky en La Habana*, 2004, y la novela *Santa Clara Santa*, 2007. *El Imperio de La Habana* obtuvo el Premio Casa de las Américas 1993, y el Premio de la Crítica 1994.

Printed in the United States
by Baker & Taylor Publisher Services